신성종 목사

핵심스마트설교 ⑧

핵심스마트설교 8

말세에 나타날 징조

신성종 목사 지음

도서출판 한글

핵심 스마트 설교(8)

말세에 나타날 징조

2022년 6월 01일 1판 1쇄 인쇄
2022년 6월 05일 1판 1쇄 발행

저 자 신성종
발행자 심혁창
마케팅 정기영
교 열 송재덕
디자인 박성덕
인 쇄 김영배
펴낸곳 도서출판 한글

우편 04116
서울특별시 마포구 신촌로 270(아현동)
수창빌딩 903호

☎ 02-363-0301 / FAX 362-8635
E-mail : simsazang@daum.net
창 업 1980. 2. 20.
이전신고 제2018-000182

* 파본은 교환해 드립니다
* 정가 20,000원
*

ISBN 97889-7073-603-7-93230

‖ 머리말 ‖

당신은 왜 사는가?

신성종 목사(크리스천 문학나무 편집인)

우리가 살다 보면 왜 사는지 종종 잊을 때가 있다. 그래서 가끔은 자신에게 나는 왜 사는가 하고 물어볼 필요가 있는 것이다. 사실 산다는 것은 생각처럼 간단하지 않다. 많은 일들이 연결되기 때문에 마침내는 삶의 목적과 목표를 혼동할 수가 있다. 그래서 많은 사람들이 불행해지고 인생에 실패를 한다. 나는 아침에 일어나면 오늘은 무엇을 해야 할 것인가 하고 그날의 계획을 세워 본다. 가장 좋은 방법은 묵상기도를 통해 자신의 모습을 살펴보면서 나를 향한 하나님의 뜻을 찾으면서 목표를 세우는 것이다.

여기서 중요한 것은 인생의 목적과 목표는 다르다는 점을 분별하는 일이다. 목적은 내 인생의 궁극적 이유를 말하는 것이고, 목표란 그 목적을 이루기 위한 구체적인 수단과 방법을 말하는 것이다. 목적은 추상적인 것이 일반적이지만 목표는 구체적인 것이 특징이다. 그러나 많은 사람들은 이 목적과 목표를 혼동한다. 그래서 돈 버는 일에 일생을 다 허비하고 사업을 한다고 허비를 한다. 그러다가 늙고 죽을 때가 되어서야 내가 살아온 목적이 잘못된 것을 발견하고 후회를 하지만 그때는 이미 늦는다. 필자는 대학에 들어간 후에는 등록금을 벌기 위해서 가정교사를 하기도 하고 미국에 가서는 방학 때 농장에 가서 노동을 하기도 했다. 정원에 가서 풀을 깎기도 하고, 식당에 가서 접시 닦는 일을 하기도 했다. 그러나 등록금을 번 후에는 다시 공부하는데 전념했다. 박사 학위를 받은 후에는 가르치고 책을 쓰기 위해서 공부를 지금도 계속하고 있지만 다행히도 목적과 목표를 혼동하지는 않았다. 그러나 방황이 전혀 없었다고 하면 그것은 거짓이다. 그래서 노년이 되어 자신을 살펴보면 남들처럼 벌어놓은 재물은 없지만 한 번도 굶은 적은 없었다. 빈손으로 왔다가 빈손으로 가는 인생이니 후회는 없다. 그러다 보니 그동안 4만여 권의 책을 읽었고 백사십 권이 넘는 책을 썼다.

　나의 인생의 목적은 나의 설교와 강의와 글을 통해 하나님의 영광을 드러내려고 최선을 다한 것이다. 내가 살아온 것이 성공인지 실패인지는 후세가 평가하겠지만 확실한 것은 곁눈질하지 않고 열심히 외길로 살아왔다고 생각한다.

　나는 목표를 시간적 순서에 따라 정한다. 어떻게 보면 좀 따분한 삶이기는 하지만 그러나 후회는 없다. 지금까지 살아온 대로 다시 살라고 하면 그렇게 열심히 살 것 같지는 않다. 하나님께 영광이란 목적을 위해 때로는 목회를 했고, 때로는 학교에서 강의를 했고, 선교를 하기도 하였다. 나의 잡념을 정리하기 위해 시를 쓰다가 시인으로 등단하기도 했다.

　사랑하는 형제자매들이여, 당신들의 삶의 목적은 무엇이며 그것을 이루기 위해서 어떤 목표를 세우고 있는가? 과연 당신의 목표가 목적과 상충되지는 않는가? 우리들의 삶의 목적은 하나님이 기뻐하시는 것인가? 목표는 당신의 목적과 직접 연결이 되고 있는가? 혹시나 방황하고 있지는 않는가? 인간이 산다는 것은 간단하지 않기 때문에 방황할 때도 없지 않지만 그러나 그것이 하나님께서 기뻐하시는 것인가를 자신에게 자주 물어보아야 한다.

　그때 필요한 것이 묵상기도이다. 많은 사람들은 예배 때만 묵상기도하는 것으로 알고 있지만 아침마다 일어나서 매일 매순간 점검해 보지 않으면 허송세월을 할 수 있음을 잊지 말자.

　이번에 심혁창 장로님의 도움으로 그동안 내가 설교했던 내용들을 모아 수십 권의 책들을 출판하게 된 것을 주님께 감사한다. 별로 잘 쓴 글들은 아니지만 많은 후배 목사들에게 자신의 설교와 비교해 보고 또 요약해서 자신이 살을 붙이면 좋은 자신의 설교가 되리라 믿고 감히 나의 치부들을 내놓는다. 일반 성도들은 가족들과 함께 큰소리로 읽어보면 큰 은혜가 될 것이다.

작은 종 신성종 드림.

목 차

성령을 근심하게 하는 죄

(엡4:30)

그리스도인의 생활을 에베소서 4장에서는 다음 세 가지로 표현하고 있습니다.

① 벗어 버리라(22-23)

② 입으라(24)

③ 버리라(25이하).

나사로를 살리신 이적 속에서 주님은 '원문에서' 이렇게 말씀하셨습니다. "그를 풀어놓으라. 수의를 벗기라. 그를 가게 하라"(요11:44). 다시 말해서 우리는 옛 생활의 '수의'를 벗고 새 생활의 '은혜'의 옷을 입어야 합니다.

1. 버릴 것

그리고 버릴 것이 있습니다. 그것을 에베소서 4-5장에서는 여러 가지로 나열하고 있습니다. 거짓말(25), 분노(26), 도적질(28), 더러운 말(29), 악독, 떠드는 것, 훼방(31), 인자하지 않고 용서하지 않고 사랑하지 않는 것(32), 음행, 더러운 것, 탐욕(5:3) 은밀히 행하는 모든 악 (5:11-12), 술 취함(5:18) 등입니다.

2. 성령을 근심 할 때 오는 결과

(1) 성령을 의심할 때

구약시대에는 성령을 근심케 하였을 때에는 성령을 거두어갔습니다. 그러나 신약시대에는 요 14:16절의 말씀대로 영원토록 거할 것을 보증하셨으므로 죄를 책망할지언정 우리는 떠나지는 않습니다. 그러면 구체적으로 어떤 결과가 나타날까요? 하나님과의 교제는 물론 능력과 즐거움이 보류됩니다. 수 7:1, 20-21절에 보면 아간의 죄 때문에 여호와께서 이스라엘에게 말씀하시는 것을 중지하셨습니다. 갈 5:22절의 말씀대로 희락이 없어졌습니다.

(2) 대적이 되심

사 63:10절에 "그들이 반역하여 주의 성신을 근심케 하였으므로 그가 돌이켜 그들의 대적이 되사 친히 그들을 치셨으니." 롬 8:13절에 "너희가 육신대로 살면 반드시 죽을 것이로되." 즉 죽음이 온다고 하였습니다.

3. 성령께서 근심할 때 우리가 할 것

(1) 먼저 죄를 고백해야 합니다(요일 1:9).
(2) 하나님의 용서를 믿어야 합니다(요일1 : 7:2:2).
(3) 다시는 성령을 근심하게해서는 안 됩니다(요8:110.

맺는말

신자들이 가장 많이 범하는 죄가 성령을 근심하게 하는 죄입니다. 성령은 우리가 성화되기를 원하고 계시기 때문에 성령의 인 치심을 받은 후에는(엡1:13) 계속해서 성령의 충만함을 받고 그것을 유지하도록 말씀의 연구와 기도생활과 봉사에 힘써야 할 줄로 믿습니다.

성도가 가장 기뻐할 것은

(눅10:17-24)

눅 10장은 예수님께서 칠십인 제자들을 임명하여 권능을 주어 파송을 한 칠십인 파송장입니다. 제자들이 전도 중에 권능이 나타난 것을 기뻐하며 보고하였을 때 주님은 더 기뻐해야 할 것이 있다고 하셨습니다.

1. 칠십인 제자가 기뻐한 이유는?

주님이 주신 권능의 체험으로 기뻐하였습니다. 그러나 이것은 잠정적이며 교만에 빠질 위험성을 갖습니다. 또한 눈에 보이는 것에 의존할 위험성이 큽니다.

2. 주님은 참으로 기뻐해야 할 근거를 제시하였다

그것은 이름이 천국에 기록되는 기쁨입니다. 이것은 세 가지 성격을 가집니다.

(1) 영원한 것

땅의 것들은 영원한 것이 하나도 없습니다. 권력도 물질도 아무것도 영원치 않고 다 한정이 있습니다.

(2) 영광스러운 것

천국에 이름이 기록된다는 것은 천국백성이 된다는 뜻이요 하늘나라의 기업을 소유하게 된다는 것입니다. 그러므로 이것은 참으로 영광스러운 것입니다.

(3) 더 큰 만족

참 만족이란 한정적인 것보다 영원한 것에서 오고 외적인 것보다 내적인 것에서 오는데 이름이 천국에 기록된다는 것은 영생의 소유자가 되었다는 뜻이요 구원을 받았다는 뜻입니다. 구원이나 영생이란 사후에만 있는 그런 것이 아니고 심지어 이 세상에서도 우리가 누리는 것입니다. 요 10:10절에 보면 "내가 온 것은 양으로 생명을 얻게 하고 더 풍성히 얻게 하려는 것이라"고 하였습니다. 여기서 중요한 것은(더 풍성한 삶)이란 말입니다. 이것이 바로 이 세상에서 우리가 누릴 수 있는 영생의 성격입니다. 구원이란 것도 죄의 용서나 천국백성이 되는 것에서 끝나는 그런 좁은 것이 아니고 이 세상에서의 건강한 삶, 온전한 삶을 의미합니다. 그러므로 영생이란 미래적인 면과 현재적인 면을 갖습니다.

그러면 본문이 주는 교훈은 무엇인가요? 본문이 주는 가장 큰 교훈은 성도의 생활의 본질은 기뻐하는 것이라는 점과 그리고 이 기쁨은 여러 가지가 있다는 것, 그리고 중요한 것은 더 중요한 것 때문에 기뻐해야 한다는 것입니다.

3. 칠십인 제자들의 문제점은?

눈에 보이는 현상 때문에 기뻐하였습니다. 귀신들이 쫓겨나는 것은 눈에 보이는 현상입니다. 그러나 우리의 이름이 천국에 기록되는 것은 눈에는 안 보입니다. 이것은 오직 믿음으로만 알 수 있는 비밀입니다. 그러므로 이것은 믿음에 근거한 기쁨입니다. 이것이 우리 성도들에게는 중요하다는 말입니다.

4. 성도들이 기뻐하지 말 것은 무엇인가?

(1) 원수가 넘어지는 것(잠24:17)

"원수가 넘어질 때에 즐거워하지 말며 그가 엎드러질 때에 마음에 기뻐하지 말라" 그러나 우리는 원수가 넘어질 때에 시원함을 느낍니다. 이것이 잘못이라는 말입니다.

(2) 우상(행7:41: 사1:29)

(3) 불의(고전13:6)

(4) 재물이 풍부함(욥1:25)

(5) 처와 첩을 많이 두는 것(전2:8)

(6) 좋은 집(겔26:12)

5. 항상 기뻐하는 생활을 하려면?

기쁨은 성도의 본질입니다. 그래서 바울은 우리에게 항상 기뻐할 것을 말씀한 것입니다. 갈 5:22절에 성령의 9가지 열매를 말씀하는 가운데 두 번째가 '희락' 즉 기쁨이라고 하였습니다. 그런데 오늘날 성도들에게 이 기쁨이 사라지고 있습니다. 기도생활도 형식화되어 기쁨이 없고 교회생활도 교인들을 제도와 강압적인 헌금과 봉사로 꽉 얽매어서 기쁨이 없습니다. 사실 예수 믿고 수십 년 되면 별로 기쁨이 없어집니다. 그저 그냥 믿습니다. 하나의 관습이 되어 그냥 믿습니다. 왜 그런가요? 가장 큰 이유는 내가 나 자신을 위해 기뻐하는 것을 구하기 때문입니다. 그러나 하나님을 기쁘게 해드리고 주님을 기쁘게 해드리고 남을 기쁘게 하는 것을 목표로 살아보십시오. 이것은 계속적인 기쁨이 되고 무한한 기쁨이 됩니다. 이것을 먼 데서 구하지 말고 먼저 가족관계에서 남편은 아내를 어떻게 기쁘게 해줄까를 찾아보시면 됩니다. 아내는 남편을 어떻게 기쁘게 해줄까를 찾아보고 큰 것을 생각지 말고 아주 작은 것에서 시작하십시오. 남편이 아내가 바쁠 때 설거지를 해주어 보세요. 아기를 업고 일할 때 아이를 안아주어 보세요. 세상에 이것보다 더 뿌듯하고 기쁜 것이 없을 것입니다. 아내도 남편이 저녁 때 직장에서 피곤하여 돌아왔을 때 어깨를 한 번 주물러 주어 보세요. 그러면 남편은 "야, 내 아내가 세상에서 최고다"라고 금방 생각할 것입니다.

인간이 행복해지는 비결은 사실 따지고 보면 아주 간단한 것입니다. 그것은 행 20:35절에 나옵니다. "주는 것이 받는 것보다 복이 있습니다." 주는데 참 기쁨이 있고 행복의 비결이 있다는 말입니다.

이제 바라기는 우리 모두가 처음 예수 믿을 때의 그 흥분과 기쁨이 다시 회복되고 오히려 더 깊어지기를 축원합니다. 날마다 더욱 새롭고 항상 기뻐하는 나날들이 되시기를 주님의 이름으로 축원합니다.

선한 사마리아인

(눅10:25-37)

선한 사마이라인의 비유를 보면 이 세상에는 네 가지 종류의 사람들이 있음을 말하고 있습니다. 첫째는 율법사와 같은 법적으로 결함이 없는 사람, 둘째는 강도들과 같이 남에게 피해를 주는 사람, 셋째는 제사장과 레위인과 같이 종교의식에 사로잡혀 있는 사람, 넷째는 사마리아인과 같이 이웃 사랑을 실천하는 사람이 있다고 했습니다.

1. 네 가지 유형의 사람들

첫째로 율법사와 같은 사람이 있습니다.

외적으로 결함이 없습니다. 율법을 잘 지키고, 내 이웃이 누구냐고 생각합니다. 그러나 남을 위해 한 것이 없습니다. 모든 것은 나를 중심으로 생각하는 이기주의자입니다.

둘째로 강도와 같은 빼앗는 사람들이 있습니다.

위협해서 빼앗는 것입니다. 제일 비겁한 사람은 정치적인 힘으로 빼앗는 사람들입니다. 법을 악용해서 빼앗는 사람들입니다. 나와 전혀 무관하다고 생각하지 말자. 우리 안에는 누구나 기득권자가 되고, 권력자가 그러면 그렇게 할 소지가 다 있기 때문입니다.

셋째로 제사장과 레위인들과 같은 종교인들이 있습니다.

이들은 이기적이고 실천하지 않는 신앙인들이요 도피적인 사람들입니다. 핑계는 많습니다. 시간 때문에, 율법에 어긋나기 때문에, 나의 분야가 아니고, 내 일이 아니기 때문에 등등……

넷째로 주님의 형상을 닮은 사마리아인과 같은 사람들이 있습니다.

(1) 그를 보고 불쌍히 여겼습니다.
(2) 다음에는 가까이 갔습니다.
(3) 그 후에는 싸매어 주었습니다.
(4) 주막으로 데리고 갔습니다.
(5) 다시 와서 모자라는 것을 갚겠다고 하였습니다.

이 얼마나 세심한 사람인가요?

2. 사마리아인의 철학은 무엇인가?

'누가 이웃이냐'는 것이 아니라 '내가 어떻게 이웃이 되겠느냐'에 있었습니다. 오늘 우리 사회가 필요로 하는 사람은 바로 이런 사람입니다.

3. 우리는 누구인가?

(1) 예루살렘에서 여리고로 내려가는 여행자입니다.
(2) 강도 만난 사람입니다. 강도에는 세 가지 유형이 있습니다. 힘으로 누르는 강도, 권력으로 누르는 강도, 영적으로 누르는 강도인 사탄 마귀입니다.

4. 누가 우리의 이웃인가?

(1) 아내가, 남편이 가장 가까운 이웃입니다.
(2) 주님의 친구인 지극히 작은 자들이 우리의 이웃입니다(마25:40,45).

5. 우리는 모두 이웃이 되어야

그러므로 우리는 모두가 이웃이 되어야 합니다. 이웃을 위해 기도해 주고, 도와주고, 함께 더불어 사는 사회가 되도록 합시다. 이것이 바로 한국인의 아름다운 새 모습이 아니겠습니까?

생명의 떡

(요6:41-51)

　사람에게 있어서 중요한 것은 뭐니 뭐니 해도 먹는 문제입니다. 지금 이디오피아는 물론 아프리카 대륙이 온통 굶주림으로 난리입니다. 그런데 먹는 문제는 가난한 사람에게만 문제가 되는 게 아닙니다. 부자에게도 먹는 문제는 대단히 심각합니다. 최근 신문보도에 의하면 영국의 명문귀족사회에 마약의 회오리바람이 불고 있다고 합니다. 처칠의 조카인 브랜포드 후작은 삼년간 복용했다고 해서 이미 체포되어 벌금형을 받았고 심지어 마가레트 공주까지 관련되어 있다는 소문이고 보면 먹는 문제는 가난한 사람만이 아니라 생명을 가진 모든 사람에게 관계되는 문제입니다. 사실 미국을 비롯해서 소위 선진국에서는 마약문제가 대단히 심각합니다.

　기왕에 먹는 문제가 나왔으니 잠깐 그 역사를 살펴보면 그것이 얼마나 심각한 문제인가를 알 수 있습니다. 인류의 조상인 아담과 하와는 선악과를 따먹음으로 인해서 에덴동산에서 쫓겨났습니다. 노아는 먹지 말아야 할 포도주를 먹고 취하여 하체를 드러내는 망신을 당하였고 그것을 본 함의 후손인 가나안에게는 저주가 임하는 심판을 받게 되었습니다. 또 유다 지파의 아간은 여호와의 물건을 보고 탐내어 먹음으로써 이스라엘이 아이 성에서 크게 패하는 결과를 가져왔습니다. 이처럼 인간이 먹는 문제는 대단히 광범위합니다. 그리고 그 결과도 다양합니다.

하나님은 인간을 창조한 후에 식욕을 주셨습니다. 그러나 여기에는 자동차의 브레이크처럼 그것을 제어하는 장치가 있어야 합니다. 그래서 하나님은 양심이란 제동장치를 주셨습니다. 그런데 인간이 선악과를 따 먹고 범죄한 후에는 양심의 브레이크가 고장이 나서 그냥 달리기만 합니다. 그래서 아무것이나 먹습니다. 뇌물도 먹고, 아편도 먹고, 술도 먹고, 담배도 먹고, 죄도 그냥 막 먹습니다.

그러나 인간에게는 먹을 것과 먹지 말아야 할 것이 있습니다. 그래서 인간의 장수나, 인간의 성공이란 것도 따지고 보면 이 먹는 것과 직결됩니다. 인간이 먹어야 할 것은 육체를 위한 음식과 영혼을 위한 음식으로 양분할 수 있습니다. 저는 이 시간 영혼의 음식에 대해서만 말씀드리겠습니다.

1. 영적으로 굶주린 기갈

지금 인류에게 가장 시급한 것은 많은 영혼들이 굶주리고 있다는 사실을 깨닫는 것입니다.

아모스 선지자는 이렇게 말했습니다. 암 8:11 "양식이 없어 주림이 아니며 물이 없어 갈함이 아니요 여호와의 말씀을 듣지 못한 기갈이라". 물론 아프리카에 많은 사람들이 굶주리며 죽어가는 현상도 심각한 것은 사실입니다. 그러나 하나님의 말씀을 먹지 못하여 지옥으로 가는 사람이 35억이 넘는다는 것을 우리는 기억해야 합니다. 심지어 기독교인들도 주일날 목사님이 주시는 배급만 받아 겨우 살아가는 사람들이 얼마나 많습니까? 예수님이 이 땅에 오신 것은 단순히 우리를 구원하는데 있는 것만은 아닙니다. 풍성케 하시려고 오셨습니다. 요 10:10절에 "내가 온 것은 양으로 생명을 얻게 하고 더 풍성히 얻게 하려는 것이라".

그런데 지금 기독교인들은 주님의 뜻과는 반대로 영적으로 가난하게 살고 있고 또 불신자들은 영적으로 전혀 먹지 못하고 있습니다. 이 사실을 우리는 깨달아야 합니다.

2. 영혼의 양식은 일반 세상이 줄 수도 먹일 수도 없다

이 세상에는 고전이나 그밖에 좋은 책들이 많이 있습니다. 그것들은 우리의 정서를 기름지게 하고 살찌게 합니다. 그러나 그것들은 영혼의 양식은 아닙니다. 땅에서 만들어진 것으로 영혼까지 살찌우지는 못합니다. 하늘로서 내려온 것이 아니면 안 됩니다. 그러므로 고전이나 명저들을 아무리 많이 읽어도 그것으로 영혼이 살지 못합니다. 그런데 그 해답이 35절에 있습니다.

"내게 오는 자는 결코 주리지 아니할 터이요 나를 믿는 자는 영원히 목마르지 아니 하리라."

예수님만이 인간의 기갈을 면케 해 주실 수 있다는 말씀입니다.

3. 생명의 떡이란 무엇인가?

(1) 생명의 떡이신 예수님

예수님이 바로 생명의 떡입니다. 45절에 "내가 곧 생명의 떡 이로라"고 하셨습니다. 또 요 1:1절에 보면 예수님은 태초부터 하나님과 함께 계신 로고스 즉 말씀이라고 하셨습니다. 그러므로 예수님을 먹어야 삽니다. 이 예수님을 먹는다는 말이 무엇인가요? 식인종처럼 먹는 것인가요? 아닙니다. 이것은 은유적 표현입니다. 따라서 여기에는 두 가지의 뜻이 있습니다. 첫째는 주를 영접합니다(요1:12), 둘째는 그의 지체가 됩니다.

(2) 주님의 말씀이 생명의 떡입니다.

(3) 하나님의 말씀을 선포하고 적용한 설교도 생명의 떡입니다.

4. 먹어야 할 생명의 떡

그러므로 우리가 해야 할 것은 이 생명의 떡을 먹어야 하는 것입니다. 그러면 구체적으로 어떻게 먹습니까?

(1) 쉽게 먹는 방법은 설교를 듣는 것

그러므로 예배 참석은 성도의 기본이 되는 것입니다.

(2) 성경을 읽는 것

성경을 읽으면 성령의 역사로 하나님의 말씀을 깨닫게 됩니다. 아무리 무식해도 구원에 필요한 지식을 얻을 수 있도록 성령은 역사하십니다. 그러나 또 성경에는 그 어떤 학자도 겸손케 할 만큼 알 수 없는 신비한 말씀들이 있습니다. 그것은 기도만 해서는 알 수 없습니다. 연구해야만 알 수 있도록 하나님은 만드셨습니다. 왜냐하면 하나님은 인간에게 자유의지를 주셔서 자발적으로 그리고 게으르지 않게 하시려고 그렇게 하신 것입니다.

(3) 성찬식에 참여하는 것

성찬식에 참여하는 것이 하나님의 말씀을 먹는 방법입니다. 그것을 우리는 눈에 보이는 말씀이라고 말합니다.

(4) 예수님을 묵상하고 명상하는 것

이것이 하나님의 말씀을 가장 깊이 있게 먹는 방법입니다. 그래서 시편 1:2절에서는 복 있는 사람에 대하여 말씀하는 가운데

"오직 여호와의 율법을 즐거워하여 그 율법을 주야로 묵상하는 자로다"라고 말씀한 것입니다.

구약의 성도들이 율법을 묵상하는 것처럼 신약의 성도들도 예수님을 묵상하고 주야로 생각하는 것입니다.

5. 생명의 떡을 먹는 성도가 꼭 해야 할 사명

(1) 생명의 떡을 나누어주기

그것은 생명의 떡을 없는 사람에게 나누어 주는 일입니다. 육체의 양식은 나누어줄수록 점점 줄어듭니다. 그러나 하나님의 말씀, 즉 생명의 떡은 나누어줄수록 늘어나는 것이 다릅니다. 육체의 양식은 가만히 두면 물처럼 시나브로 날아가 버립니다. 그러나 영적 양식은 쓸수록 점점 늘어나는 것이 특징입니다.

세상의 지식도, 기술도 자꾸 써먹으면 늘어나듯이 하나님의 말씀도 남에게 줄수록 늘어납니다. 많은 사람들은 내가 머리가 좋아서 박사가 되고 교수가 된 줄로 착각합니다. 아닙니다. 가정교사로 공부를 싫어하는 아이들에게 많이 주었고, 교사로 혹은 교수로 많이 주었고, 강사로 여기저기 다니며 많이 주다 보니 내 지식이 넓어지고 깊어진 것입니다. 그래서 우리는 하나님의 말씀을 자꾸만 가르쳐야 합니다. 그러나 무엇보다 중요한 것은 내 자신이 이 말씀대로 사는 것입니다. 이것이 생명의 떡을 먹는 성도가 해야 할 두 번째 사명입니다. 그러면 어떻게 이 말씀대로 살 수 있나요?

첫째로 이 말씀이 나의 살과 피가 되도록 외우고 명상해야 합니다.

둘째로 가장 기본적인 것부터 하나씩 실천해야 합니다. 예를 들면 주
    일성수, 십일조 생활, 매일 성경 읽기, 매일 기도하기, 전도하
    기 등입니다.

셋째로 성령의 충만함을 받아 열매 맺는 생활을 하는 것입니다. 열매
    의 순서는 먼저 하나님에게 사랑, 희락, 화평. 다음은 이웃에
    게 오래 참음, 자비, 양선의 열매를 맺고. 끝으로 나 자신에게
    충성, 온유, 절제의 열매를 맺는 것입니다. 하나님께 영광을

돌리는 생활이란 바로 열매 맺는 생활을 말합니다.

맺는말

아담과 하와는 먹었기 때문에 죽었지만 우리는 먹지 않기 때문에 죽습니다. 그러므로 날마다 하나님의 말씀을 먹읍시다. 마 4:4 "사람이 떡으로만 살 것이 아니요 하나님의 입으로 나오는 모든 말씀으로 살 것이라." 요 6:27절에 "썩을 양식을 위하여 일하지 말고 영생하도록 있는 양식을 위하여 하라"고 하였습니다. 왜 우리는 그 소중한 시간을 썩는 양식만을 위하여 소비합니까? 이제는 썩지 않는 영원한 생명의 떡을 위하여 좀 더 많은 시간을 바치고 말씀이 없어 죽어가는 사람들을 위하여 봉사하는 생활을 합시다. 그것이 바로 풍성한 영적 삶의 비결인 것입니다.

생명을 구원하기 위하여 일하자

(딤후4:1-4)

인간의 생명은 영원 속에서 볼 때에는 눈 깜박할 찰나에 지나지 않습니다. 인간의 경험도 부스러기에 지나지 않습니다. 그러므로 지혜 있는 사람은 자기의 생각대로 하지 않고 하나님의 말씀에 귀를 기울이고 그 말씀에 순종합니다. 성경은 우리가 사는 이 시대를 무엇이라고 말씀하고 있습니까?

1. 우리는 말세를 살고 있다고 정의합니다

말세란 말은 성경에 두 가지로 표현하고 있습니다. last day 와 the last day로 구분하고 있습니다. 또 복수형으로 표현할 때에는 이것은 예수님의 초림에서 재림 때까지의 모든 복음시대를 말합니다. 다시 말하면 2000년 전에도 말세고 지금도 말세란 말입니다.

그러나 단수로 표현할 때에는 주님의 재림직전 즉 말세 지말을 의미합니다. 그러면 지금은 어떤 때인가요? 지금은 last day가 아니라 the last day라는 말입니다. 주님의 재림직전이란 말입니다. 그것은 마태복음 24장에 나오는 4가지의 징조가 벌써 일어나고 있기 때문입니다. 즉 정치적 군사적 위기가 세계적으로 팽배해 있고 기근과 지진이 꼬리를 물고 있고, 도덕적 부패가 극에 달해 있고 거짓 그리스도가 여기저기에 나타나고 있는 것을 보아 예수님의 재림의 시기는 이제 무르익은 것이 분명합니다. 마 24:14절은 지금 우리가 당면한 시기를 말한 후에 꼭 해야 할 것을 이렇게 말하고 있습니다. "이 천국 복음이 온 민족에게 증거되기 위하여 온 세상에 전파 되리니 그제야 끝이 오리라." 문제는 복음 전파가 일어나야 주님이 재림하신다는 말입니다. 말하자면 이 시대를 살고 있는 우리에게는 민족복음화와 북한선교와 세계를 위한 제사장 교회로서의 삼대사명을 가지고 있다는 말씀입니다. 우리는 생명을 구하기 위하여 일하지 않으면 안 됩니다.

2. 왜 우리는 생명을 구하는 일을 해야 하는가?

5가지의 이유가 있습니다.

(1) 부활하신 주님의 지상명령이기 때문

여기서 지상명령이란 땅위에서의 명령이란 뜻이 아니고 최고의 명령이란 뜻입니다. 마 28:19절에 보면 "그러므로 너희는 가서 모든 족속으로 제자를 삼아 아버지와 아들과 성령의 이름으로 세례를 주라"고 하였습니다. 여기서 '너희는 가서'란 말은 지역을 초월하고, 국경을 초월해서 복음을 전하기 위하여 가라는 말입니다. 선교를 뜻하는 말입니다.

(2) 추수할 것을 우리에게 명령하셨기 때문

마 9:37절에 보면 "추수할 것은 많되 일꾼은 적으니" 즉 저와 여러분이 생명을 구하는 일꾼이 되라는 말씀입니다. 계시로 14장을 보면 두 가지 종류의 추수가 있다고 하였습니다. 하나는 곡식 추수요 다른 하나는 포도 추수라고 하였습니다. 곡식 추수는 은혜의 추수이고 포도 추수는 심판의 추수를 말합니다. 그런데 포도 추수는 천사들이 하지만 은혜의 추수인 곡식 추수는 우리에게 맡겨주신 것입니다. 이 얼마나 감사한 일이고 얼마나 큰 축복입니까? 이 민족의 장래를 저와 여러분의 손에 맡겨주신 것입니다. 그런데 우리가 이런 중차대한 사명을 가지고 있으면서도 가만히 앉아만 있다면 그 책임은 대단히 큽니다. 에스겔 3:18절에 이런 말씀이 있습니다. "말로 만인에게 일러서 그 악한 길을 떠나 생명을 구원케 하지 아니하면 그 악인은 그 죄악 중에서 죽으려니와 내가 그 피 값을 네 손에서 찾을 것이라." 이 얼마나 무서운 말씀입니까?

(3) 복음을 전하지 않으면 내게 화가 있을 것이기 때문

고전 9:16절에 "내가 복음을 전할지라도 자랑할 것이 없음은 내가 부득불 할 일임이라. 만일 복음을 전하지 아니하면 내게 화가 있을 것임이로다"고 하였습니다.

(4) 우리 민족이 사는 길이 민족복음화에 있기 때문

아모스 선지자는 "보라 날이 이를지라 내가 기근을 땅에 보내리니 양식이 없어 주림이 아니며 물이 없어 갈함이 아니요 여호와의 말씀을 듣지 못한 기갈이라"고 외쳤습니다. 지금 우리는 경제적으로 선진국에 진입하려고 하는 찰나에 있습니다. 자동차가 1000만대를 돌파했습니다. 그러나 지금 우리 사회에는 상대적 빈곤 때문에 계층간의 대립의식이 극에 달해 있습니다. 영적으로 고갈될 대로 고갈되어 있습니다. 옛날보다 월등히 잘살고 있건만 불만은 극에 달해 있는 것입니다. 그 무엇도 이 민족을 구원할 수 없습니다. 오직 민족복음화만이 유일한 희망입니다. 그러므로 생명을 살리는 일을 하지 않으면 안 됩니다. 딤후 4:2절에 "너는 말씀을 전파하라 때를 얻든지 못 얻든지 항상 힘쓰라"고 말씀한 대로 우리는 복음을 전합시다.

(5) 생명을 살리는 선교는 하나님이 가장 기뻐하시는 일이기 때문

고전 1:21절에 "하나님께서 전도의 미련한 것으로 믿는 자들을 구원하시기를 기뻐하셨도다"라고 하였습니다. 인생의 행복은 남을 기쁘게 해주고 하나님을 기쁘게 해드릴 때 옵니다. 그러므로 우리는 생명을 구

원하는 일에 힘써야 합니다.

3. 어떻게 생명을 구원하는 일을 할까?

(1) 전도의 문이 열리도록 기도해야

계 3장에 보면 빌라델비아 교회에 보내는 편지에서 "볼지어다 내가 네 앞에 열린 문을 두었으되 능히 닫을 사람이 없으리라"고 하였습니다. 여기서 열린 문이란 전도의 문을 말합니다. 그런데 이 전도의 문은 기도를 통해서만 열립니다. 전도방법연구에 앞서 우리는 '구하라, 찾으라, 문을 두드리라'는 말씀에 먼저 귀를 기울여야 합니다.

(2) 전도요원을 모집해서 훈련해야

전도는 전쟁입니다. 그래서 전쟁에서 하는 방법을 그대로 사용하지 않으면 안 됩니다. 물론 전쟁이란 전 국민이 다 함께 싸우는 것입니다. 그럼에도 불구하고 군인을 따로 뽑아서 훈련시키고 싸웁니다. 여전도회니 남전도회니 하는 기관은 말하자면 전도요원들입니다. 그런데 뽑아는 놓고 훈련이 없습니다. 과연 우리는 어떤 훈련을 시키고 있나요? 그래서 이제는 친목기관으로 전락하고 말았습니다. 평신도들을 병신도들로 만들고 있습니다. 뽑았으면 훈련시켜야 합니다. 구체적으로 전도하는 방법을 가르치고 행하도록 도와주어야 합니다.

(3) 일반 성도들에게 '와서 보라'의 전도방법을 실천케 해야

요 4장에 보면 사마리아 여인이 주님을 믿고 난 다음에 나가서 전도했을 때 많은 결심을 맺었습니다. 특별한 방법이 있었던 게 아니고 와서 보라는 식의 전도방법이었습니다. 이 전도방법은 가장 쉬우면서도 사람들이 가장 무시하는 방법이다

(4) 안드레식 전도 방법인 'man to man'식으로 하는 것

요한복음에 보면 1:42절에서는 베드로에게, 6:8절에서는 어린이들에

게, 12:20절 이하를 보면 헬라인들에게 전도한 것을 볼 수 있습니다. 많은 사람들은 이런 식으로 해서 언제 전도하느냐고 말합니다. 그러나 이런 식으로 전도해서 기독교는 지금까지 성장해 왔습니다.

⑸ 정거장식 전도방법이 대단히 유용

이것은 사도 바울이 좋아했던 방법입니다. 전략적 요충지대에 복음을 전하는 방법입니다. 학교, 직장, 군대 등 전략적으로 중요한 곳에 복음을 집단적으로 전하는 것입니다.

그밖에도 가가호호 집을 방문하는 '70인 전도방법'이 있고 100주년 기념회에서처럼 모두들 외치고 나팔 불고 하는 '여호수아 전도방법'이 있습니다. 이제 문제는 연약한 우리가 어떻게 감당할 수 있느냐는 것입니다. 이런 우리를 위해 주님은 "내가 항상 너희와 함께 있으리라"고 약속했습니다. 이것이 바로 주님의 보증 수표입니다. 우리는 힘이 없고 지혜가 없고 말할 줄 모르지만 주님이 우리와 함께할 때 모든 것은 문제가 없습니다. 그러면 우리는 생명을 살리는 일을 힘차게 할 수 있습니다. 사 6:8절에 이사야는 하나님께서 부르실 때 "내가 여기 있나이다"라고 응답했습니다. 우리도 이사야처럼 하나님의 부르심에 응답하여 금년에 많은 생명을 구원하는 우리가 되기를 축원합니다.

새로운 시작

(고후5:17)

그 나라를 알려면 그 나라의 대학을 보라고 했습니다. 마찬가지로 그 나라의 교회를 알려면 그 나라의 신학교를 보면 되고 그것도 대학원을 보면 앞으로 우리 교단이 어떻게 될 것인가를 알 수 있다는 말입니다. 솔직히 말하면 우리 교단은 보수신앙을 지금까지 파수해온 교단입니다.

그러나 학문적인 면에서는 소위 자유주의자들보다 앞섰다고 말할 수 없는 입장입니다. 그런데 저는 분명히 믿기를 신앙이 좋으면 학문도 앞서야 하고 생활도 앞서야 한다고 믿고 있습니다.

그러면 우리 대학원은 어디로 가야 할까요? 우리는 대학의 시작이 12세기 르네상스와 함께 유럽에서 시작하였다는 것을 잘 알고 있습니다. 이때 두 개의 조합이 있었습니다.

하나는 대학생들의 조합인 '유니버시타스'요 다른 하나는 교수들의 조합인 '코레지움'을 발판으로 발전하였습니다. 이것이 오늘의 유니버시티(종합대학교)요, 컬리즈(단과대학)입니다. 이것은 학문의 자유를 침해하는 외풍을 막으려는 데서 시작한 것입니다.

지금 우리 학원은 학문의 자유가 없습니다. 교육정책은 물론 학내 인사, 학교운영과 재정에 이르기까지 어느 것 하나도 교수들이나 학생들의 견해가 조금도 참고 되지 않고 있습니다. 학교는 비학문인들에 의해 좌지우지 되고 있습니다. 이것은 문교부의 관료주의에서부터 교단의 기계적 획일주의에 이르기까지 다양합니다. 그러나 보다 큰 책임은 안에 있는 우리 학문인들의 소극적 자세, 안일무사한 자세에 있습니다.

아무튼 우리는 이런 어려움 속에서도 우리 학원이 살아야 우리 교단이 살고 한국교회가 살고 우리나라가 산다는 것을 우리는 기억해야 합니다.

그러기 위해서는 우리 대학원이 먼저 살아야 합니다. 그러려면 '새로운 시작'을 하지 않으면 안 됩니다. 새롭다는 말은 헬라어로 '네오스'란 말과 '카이네'란 두 단어가 있는데 네오스란 시간적으로 새로운 것을 말하고 카이네란 질적으로 새로운 것을 말합니다. 우리에게 필요한 것은 카이네입니다. 질적으로 새로워지는 것입니다.

여기서 질적으로 새로워진다는 말은 반드시 과거의 전통을 무시한다든지 혹은 방향의 전환을 의미하는 것은 아닙니다. 이것은 보다 깊어진다는 뜻이요 보다 이 시대에 적응한다는 말입니다. 다시 말해서 학문적 르네상스가 일어나야 한다는 말입니다.

지금 우리 사회는 민주화 혹은 자유화의 바람이 거칠게 불고 있습니다. 이때 자칫하면 우리의 보수적 개혁주의 신학이 자유주의 신학에 영향을 받을 위험성이 있습니다. 그렇다고 우리는 두려워하거나 도피신학에 빠질 필요는 없습니다. 우리의 신학은 절대적인 것은 아니지만 지금까지 오랫동안 이어온 자랑스러운 전통 있는 신학입니다. 이것을 우리는 보다 적극적으로 발전시키고 발전시켜서 우리의 후배들에게 이어줄 수 있어야 합니다. 과거 우리의 선배들은 신사참배와 신신학의 물결 속에서도 이 신학을 지켜왔습니다.

우리도 파수해야 합니다. 그러나 우리에게는 단순히 파수의 사명으로 끝나는 것이 아니라 발전시켜야 하는 새로운 시점에 있는 것입니다. 이를 위해 이번 학기에도 남보다 더 기도하고 남보다 더 책을 읽고 남보다 더 힘쓰는 우리가 되어야 할 것입니다.

우리는 어떻게 시작할까?

(1) 바르게 시작

바르게 시작하자, 이것은 실질적인 면에서 전통에서의 시작을 말합니다. 전통은 오랜 세월 동안 닦아놓은 선배들의 공로입니다. 그러나 이것이 절대가 아니기 때문에 항상 발전시켜야 그 시대에 적응할 수가 있는 것입니다.

(2) 착실하게 시작

착실하게 시작해야 합니다. 이것은 원어교육은 물론 현대어에 대한 중요성을 말하는 것입니다. 왜냐하면 어학은 바로 학문의 기본수단이기 때문입니다.

(3) 교육 목적을 하나님의 영광에 두어야

끝으로 이번 학기에도 하나님께서 우리와 함께 하심으로 많은 학문적 결실이 있기를 바라마지 않습니다.

새끼 둘 보금자리

(시84:3; 삼하18:32-33)

본문 삼하 18장에 보면 다윗은 전쟁이 벌어졌는데도 그의 관심은 그의 아들 압살롬에게 있었습니다. 압살롬은 반역을 일으켜 다윗을 대적하는 자가 되었지만 다윗은 오히려 아들이 잘 있다는 소식을 듣고 싶었던 것입니다. 이것은 부모의 심정입니다. 제비만이 새끼 둘 보금자리를 원하는 것이 아닙니다. 우리도 다 그것을 원합니다.

1. 자녀의 좋은 소식은 접촉을 통해 듣게 된다

(1) 자녀와의 접촉은 근본적인 것

그런데 다윗은 압살롬과의 접촉을 잃고 말았다. 그 결과 압살롬의 아버지에 대한 반역이 일어난 것입니다. 사실은 반역의 씨앗은 훨씬 전에 뿌려진 것입니다. 압살롬의 이복형제인 암논을 복수하기 위해서 죽였습니다. 그리고 도망을 갔습니다. 그 후에 그는 예루살렘에 돌아와 아버지를 보았지만 그때는 벌써 2년이 지난 다음이었습니다. 이 떨어져 있는 동안에 압살롬은 반역을 위한 모든 계획을 세운 것입니다. 물론 이것은 극단적 경우지만 그러나 이것이 우리에게 가르쳐주는 것은 자녀와의 접촉이 끊어지면 자녀들은 어떤 의미에서 반역을 계획한다는 사실을 기억하십시오. 지금 여러분들이 자녀들과의 접촉을 게으르게 하면 이것은 문제가 생기고 있다는 신호입니다.

(2) 자녀에게 시간을 투자

세상에 투자 가치가 있는 것이 많지만 자녀에게 시간을 투자하는 것만큼 보람 있는 것은 없습니다. 최소한 자녀들이 살아 있는 동안 머리 아픈 일은 면하게 됩니다. 그렇지 않으면 자녀야 말로 원수가 될 수도 있습니다. 당시 다윗은 분명히 그의 아들 압살롬이 예루살렘에 있다는 것을 알았습니다. 그러나 다윗은 압살롬을 만나려고 노력하지 않았습니다. 그는 이때 아들과 만났어야 했습니다. 그러나 다윗은 정사로 바빠서 아들을 만날 기회를 놓치고 말았습니다. 비극은 바로 여기에서 시작합니다. 지금 얼마나 많은 사람들이 직장일이 바빠 자녀들과 만나는 노력을 못하고 있나요? 이것이 바로 오늘날 청소년 문제의 원인이 되고 있다는 것을 알고 있나요? 그러나 직장보다도 자녀문제가 더 중요합니다. 자녀를 위한 희생은 가치가 있습니다. 심지어 에드워드 케네디는 자녀들과의 좋은 관계를 갖기 위해서 대통령 후보가 되는 것을 포기한 사람입니다. 이런 부류의 사람들을 우리는 얼마든지 볼 수 있습니다. 왜 그랬을까요? 그것은 자녀들을 위한 투자는 절대로 헛되지 않기 때문입니다.

2. 대화는 자녀교육에 절대적으로 중요

다윗과 압살롬은 대화가 전혀 없었습니다. 대화를 가졌을 때에는 서로 대립되고 있었습니다. 오늘날의 문제도 바로 여기에 있습니다. 부모와 자녀와의 대화의 단절이 문제입니다. 왜 남북관계도 아닌데 계속 대화를 단절하고 있나요? 그러면 어떻게 부모들이 자녀와의 대화를 해야 합니까?

(1) 자녀들의 성격을 이해해야 대화 가능

성격에는 크게 4가지가 있습니다. 첫째는 다혈질의 성격(남과 잘 어울린다. 그러나 흥미를 한 곳에 집중하지 못하고 장난이 심하다. 베드로처럼 충동에 의해

새기 둘 보금자리 35

행동하기 쉽다). 둘째는 담즙질의 성격(의존심이 없고 강한 고집을 가진다. 퉁명스럽고 비꼬는 말투를 잘 쓴다. 솔직한 면이 있다). 셋째는 우울질의 성격(사색적이고 감성적이어서 예술에 소질이 많다. 그러나 피해의식이 많고 열등감에 빠지기 쉽다. 잘못을 저지르고도 안 그랬다고 주장합니다). 넷째는 점액질의 성격(조용하고 말이 적어 사람들에게서 호감을 받는다. 금방 약점이 잘 나타나지 않지만 이기심이 많고 관대함이 전혀 없다)이 있습니다.

그러나 대부분의 사람들이 이 성격이 두 가지 혹은 세 가지가 섞여 있으며 많은 경우 그 중에 제1성품, 제2성품 등으로 나타납니다. 그러므로 자녀의 성품. 이것은 하나님이 주신 것이기 때문에 어떻게 할 수가 없습니다. 그러므로 이것을 이해해야 대화가 가능합니다.

(2) 돌보고 있음을 말하라.

얼마 전에 사회학자가 십대아이들과 인터뷰를 했습니다. 그들의 가정과 부모에 대한 인상을 물은 것입니다. 그런데 이래도 흥 저래도 흥 하면서 자란 자녀들은 부모에 대해 전혀 감사하지 않았고 반대로 엄격한 훈련을 받으며 자란 아이들은 감사하는 마음을 가졌다는 통계가 나왔습니다. 한 소녀는 이렇게 말했습니다. 여름철 저녁을 먹고 길거리에 나와서 노는데 8시가 되니 어떤 부모들은 자녀를 찾으러 나오고 또 어떤 아이들은 부모와 약속 시간이 되어 들어가야 한다고 가버렸으나 자기는 10시가 넘어도 나오는 사람이 없고 야단치는 사람도 없었다고 고백하였습니다. 이것이 바로 문제의 시작인 것입니다. 부모는 자녀에게 관심을 보여야 합니다. 저희 집은 그렇게 엄격한 교육을 하는 것은 아니지만 그러나 두 가지 면에서는 대단히 엄격합니다. 하나는 어떤 친구와 사귀고 있는가? 둘째는 저녁 식사시간에 늦지 않게 들어오는가?입니다.

(3) 자녀가 하는 말 경청

부모들이 자녀의 이야기를 듣는다는 것은 사실 지루하고 어떤 때는 중노동과도 같습니다. 부모는 항상 말을 하려고만 하지 들으려고 하지 않습니다. 그러나 들어야 합니다. 진정으로 들어야 합니다. 저도 아이들의 말을 들어보지만 저런 얘기를 과연 들어야 하는가 할 정도로 쓸데없는 얘기만 늘어놓습니다. 그러나 그래도 들어야 합니다. 왜냐하면 이것이 바로 사랑의 교환이기 때문입니다. 부부간에도 마찬가지입니다. 연애할 때야 문학적이고 멋진 말들이 많지만 결혼하고 나면 쓸데없는 말들이 많아집니다. 저는 말하는 것을 싫어하기 때문에 주로 듣습니다. 듣고 나서 전에 한 얘기야 하면 왜 미리 말하지 않았느냐고 합니다. 그러나 대화의 제목이 없을 때가 얼마나 많은가요? 나는 아이들과 저녁 식사 후에 날마다 대화하자고 하지만 아이들이 시간이 없다고 하면서 각자 자기 방으로 갑니다. 그래도 노력해야 합니다.

(4) 자녀에게 신뢰성을 준다

자녀들의 이야기를 들어보면 부모들이 모르는 것을 많이 알고 있습니다. 특히 감정의 차이가 너무도 큽니다. 이것을 우리는 세대 차이라고 합니다. 부모가 자녀의 이야기를 신뢰성을 가지고 들어주면 지금 자녀들이 어떤 생각을 하고 있으며 그들의 문제가 무엇이며 그들이 가고 있는 방향이 어딘가를 알 수 있습니다.

(5) 대화는 독선이 아닌 쌍방통행으로

부모들은 자녀들이 가지고 있지 않은 경험이란 세계가 있습니다. 그러므로 서로가 수직적 위치에서가 아니라 수평적 위치에서 듣고 말하는 것이 필요합니다. 여기서 서로 배우기도 하고 감정이 통하는 사랑을 느끼게 됩니다. 다윗은 위대한 왕이었지만 바로 이것을 하지 못했던 것입니다. 이것이 바로 그의 만년의 비극의 씨가 된 것입니다.

3. 관심을 가질 때 오는 좋은 반응

(1) 자녀에 대한 깊은 관심

부모들은 자녀에 대해서 반드시 관심을 가져야 합니다. 왜냐하면 자녀는 하나님께서 부모에게 맡겨준 양들이기 때문입니다.

다윗은 아들 압살롬에 대해 관심을 가지고 있었습니다. 그렇듯 우리도 자녀들에 대해서 관심을 가져야 합니다. 그러나 이 관심이 잘못된 방향으로 표현될 때가 있습니다. 어떤 때는 참견조로 또 어떤 대는 명령조로 또 어떤 때는 책망조로 나타납니다. 그것은 비효과적입니다.

(2) 관심이 늦을 수도 있음

다윗은 압살롬에 대해 관심을 가졌으나 문제는 너무 늦었습니다. 압살롬이 반역을 한 뒤에야 비로소 관심을 가지게 되었습니다. 그러나 이것은 너무 늦은 관심이었습니다. 세상에 어떤 부모가 자녀에 대해 무관심하겠습니까? 그러나 대부분은 늦게 관심을 보이는데 문제가 있습니다.

(3) 관심은 밖으로 표현되어야

다윗은 늦게야 아들에 대해 관심을 나타냈습니다. 그의 아들을 위해서 죽기를 원하였습니다. 그러나 그의 관심은 밖으로 나타내지 못한 채 끝나고 말았습니다. 이것이 오늘날 청소년의 문제가 생기게 되는 원인이 됩니다.

4. 마땅히 행할 것을 아이에게 가르치는 것

잠언 22:6절에 "마땅히 행할 길을 아이에게 가르치라 그리하면 늙어도 그것을 떠나지 아니하리라"고 하였습니다. 그러고 보면 오늘의 청소년 문제는 마땅히 행할 길을 가르치지 않은 데 있습니다. 따라서 여기서 중요한 것은 마땅히 행할 길이 무엇이냐입니다.

이것은 부모가 보는 길이 아닙니다. 하나님의 길, 즉 하나님께서 그 어린아이에게 주신 기질을 말합니다. 그 기질에 따라 가르쳐야 합니다. 그러면 어떻게 효과적인 교육을 할 수 있는가? 교육학자들은 : 지시＋사랑＋꾸준한 노력＝효과적인 교육이라고 말합니다. 이 3단계가 바로 있어야 합니다. 부모는 아이가 악을 떠날 수 있도록 가르쳐야 합니다. 때로는 채찍 드는 것을 주저하지 말아야 합니다. 최근 현대교육의 영향으로 자녀들을 아무렇게나 기르는 경향이 있는데 이것은 비성경적입니다. 잠 13:24절에 "자식을 사랑하는 자는 근실히 징계하느니라"고 하였고 22:15절에는 "아이의 마음에는 미련한 것이 얽혔으나 징계하는 채찍이 이를 멀리 쫓아내리라"고 하였습니다. 또 23:14절에는 "그를 채찍으로 때리면 그 영혼을 음부에서 구원하리라"고 하였습니다. 29:15절에는 "채찍과 꾸지람이 지혜를 주거늘 임의로 하게 버려두면 그 자식은 어미를 욕되게 하느니라." 물론 채찍은 감정적인 것이어서는 안 되며 언제나 일관성이 있어야 합니다. 매는 항상 사랑을 가지고 때려야 합니다.

맺는말

부모는 자녀에게 좋은 보금자리를 주고 싶어 합니다. 대개 부모들은 잘 먹이고 잘 입히고 키우는 것만이 잘한 줄 착각합니다. 바로 여기에 문제가 있습니다. 진정한 자녀의 보금자리는 사람다운 삶을 살 수 있도록 가르치는 곳이어야 합니다. 왜냐하면 부모는 자녀들의 최초의 학교요 여기서 모든 자녀들의 운명이 결정되기 때문입니다. 지금 여러분들의 자녀는 어디에 있습니까? 지적으로 어떤 수준에 있으며 도덕적으로나 영적으로는 어디에 있습니까? 다윗처럼 늦게야 접촉하고 대화하고 관심을 가지고 있지는 않습니까? 그러면 우리의 자녀들은 압살롬처럼 반역자가 될 것입니다. 그러므로 다시 한 번 부모로서의 책임을 생각해 보면서 후회 없는 행복한 가정을 이루기를 축원합니다.

산을 옮길만한 믿음

(마17:14-20)

한국교회는 천이백 만의 신도를 가지고 있으나 안타깝게도 힘이 없습니다. 무엇 때문인가요? 형식화되어 가는 믿음이 문제입니다. 신앙을 사용하지 않고 묻어두는 것이 문제입니다. 오늘 우리는 능력 있는 믿음의 소유자가 됩시다. 산을 옮길만한 믿음의 사람이 됩시다. 본문은 신앙만능을 말씀하고 있습니다.

1. 제자들이 귀신을 쫓아내지 못하고, 병을 고치지 못한 이유는?

(1) 귀신을 쫓아내고 질병을 고치는 권능

전에 제자들이 예수님으로부터 귀신을 쫓아내고 질병을 고치는 권능을 부여 받았습니다. 마 10:1,8절에. 그러나 여기서는 많은 군중들 앞에서 믿음의 능력을 발휘하지 못하여 서기관들로부터 조롱을 받았습니다. 무엇 때문입니까? 변화산의 체험이 없었기 때문입니다. 체험이 전부는 아닙니다. 그러나 체험 없는 신앙은 죽은 신앙입니다. 그러므로 말씀 중심의 체험을 가져야 합니다.

(2) "믿음이 없고"(17절)

20절, "믿음이 적은 연고니라."

막 9:23 "할 수 있거든이 무슨 말이냐 믿는 자에게는 능치 못할 일이 없느니라".

(3) 패역한 세대(17절)

"패역한 세대여"라고 주님은 책망했습니다. 삐뚤어진 세대란 뜻입니다.

2. 산을 옮기려면?

(1) 산 믿음이 있어야

겨자씨만한 믿음이라도 산 믿음이 있어야 합니다. 믿음은 전능하신 하나님을 전적으로 의존하는 것이기 때문에 아무리 작아도 능력이 나타납니다. 이처럼 믿음은 영적 능력의 근원이 됩니다. 그런데 왜 우리는 그런 믿음이 없습니까?

죽은 믿음이요 잠자는 믿음이기 때문입니다. 그러므로 히 11장에 나오는 믿음의 영웅들처럼 되어야 합니다.

(2) 산이라는 뜻

산이란 무엇인가요? 유대인들은 '불가능한 것을 산'이라고 부릅니다. 우리는 각자 불가능하다고 생각하는 것이 다 있습니다. 그것이 바로 나의 산입니다. 이 산을 기도로 해결합시다.

"나사렛 예수의 이름으로 명하노니"(행3:6)

(3) 구한 것은 받은 줄로 믿음

"무엇이든지 기도하고 구하는 것은 받은 줄로 믿으라 그리하면 너희에게 그대로 되리라"(막11:24).

"그 말하는 것이 이룰 줄 믿고 마음에 의심치 아니하면 그대로 되리라"(막11:23).

3. 믿음은 모든 것을 해결

믿음이 있으면 너희가 못할 것이 없으리라고 했습니다. 신앙만능을 말씀하신 것입니다. 그런데 우리는 못하고 있습니다. 못하는 이유는 기도가 없기 때문입니다. 막 9:29에 "기도 외에 다른 것으로는 이런 유가 나갈 수 없느니라". 약 4:3에 "구하여도 받지 못함은 정욕으로 쓰려고 잘못 구함이니라." 하였습니다. 그러므로 우리는 잠자는 믿음이나 형식화된 믿음이 아니라 산 믿음을 회복해서 놀라운 능력을 발휘할 수 있기를 축원합니다.

사탄의 정체

(눅10:17-20)

1. 사탄은 과연 존재하는가?

많은 사람들이 사탄의 존재에 대해서 성경에는 기록되어 있지만 지금은 존재하지 않는 미신적인 얘기라고 합니다.

그러나 사탄의 존재는 성경에만 존재하는 것이 아니라 물리적으로나 역사적으로나 실존적으로도 존재하고 있다는 것이 실증되고 있습니다.

밀톤이 쓴 실낙원에 이런 구절이 나옵니다. "수많은 유령이 보이지 않는 세상을 거닐고 있습니다. 우리가 깨어 있을 때나 잠잘 때나…….

"과연 그렇습니다. 더욱 무서운 것은 지금 우리가 어떤 면에서 사탄의 시대에 살고 있다는 것입니다. 예를 들면 자연 속에서 사탄의 역사가 강하게 나타나고 있습니다. 식물세계에 있어서 흑사병이나 충해나 곤충으로 인해 농부들이 과거 어느 때보다 더 고통을 당하고 있다는 점입니다. 그래서 점점 더 강한 농약을 사용하고 있고 그 결과 농약으로 인한 공해가 너무나 심합니다.

또 인간의 육체는 과거 어느 때보다 무수한 박테리아에 의해 여러 가지의 질병이 더욱 강하게 나타나고 있습니다. 좋은 약들이 많이 생산되고 의학이 발전되고 있음에도 불구하고 병으로 고통당하는 사람들은 더욱 늘어가고 있습니다.

역사를 보아도 악마의 존재는 증명되고 있습니다. 옛날은 물론이고 현재에도 우리나라 안에서만도 민속이란 이름 아래 점점 더 마술이나 무당, 그리고 영의 숭배가 성행하고 있습니다. 텔레비전을 보면 바다에서는 용왕에게, 산에서는 산신령에게 여기저기 지성인들까지도 귀신들을 섬기고 있다는 점입니다. 또 실존적으로 사탄은 증명되고 있습니다. 지금은 알코올중독자들과 마약중독자들이 점점 늘어나고 있습니다. 옛날에는 이것을 복술이라고 불렀는데 그 뜻은 '약을 조제합니다'라는 말입니다. 소위 약국(pharmacy)이라는 말이 여기서 유래되었습니다. 또 심리적으로 불안정한 사람들이 늘어가고 있고 도박이나 살인과 강간 등이 해마다 늘어나고 있습니다. 인신매매로 인해 여자들이 밤에 밖에는 나갈 수가 없을 지경입니다. 그런데 이것이 결코 우연이 아닙니다. 더구나 성경은 어두움을 지배하는 사탄이 이 마지막 때에 우는 사자와 같이 삼킬 자를 찾는다고 하였습니다. 그러므로 사탄은 존재할 뿐 아니라 강하게 역사하고 있습니다.

2. 악마의 정체는 무엇인가?

불행한 것은 우리가 악마에 대해 자세한 기록을 가지고 있지 않다는 점입니다. 악마는 누구이며 어떻게 인간 세계를 침투하고 있는지 성경은 말씀하고 있지 않기에 저마다 다른 소리를 하고 있습니다. 어떤 사람들은 귀신들렸다는 말은 질병을 미신적으로 표현한 것이라고 오해하고 있습니다. 특히 의학이나 과학을 연구한 분들이 그렇게 생각합니다. 또 김기동은 귀신이란 불신자의 영혼이라고 말합니다. 또 어떤 분들은 전에 있었던 사람들의 영혼이 분리된 것이라고 믿고 있습니다. 그러나 이것은 헬라인들의 생각일 뿐 성경의 말씀은 아닙니다.

성경은 악마는 타락한 천사들이라고 말씀하고 있습니다(마25:41). '루

시퍼'(Lucifer)라고 불리는 이 천사장은 하나님과 맞서려고 하다가 쫓겨난 존재였습니다. 이 악마의 정체는 첫째로 영적인 존재라는 것입니다. 영적이란 말은 무형적이고 비물질적이란 말입니다. 그래서 눈에 보이지 않습니다. 둘째로 악마는 사람처럼 행동합니다. 악마는 개개인을 통하여 혹은 영적인 매체를 통하여 생각하고 말하고 행동합니다(행19:15-16).

3. 악마가 하는 일은 무엇인가?

악마의 근본적인 목적은 평화를 깨뜨리고, 인간에게 근심과 슬픔과 불행, 그리고 의심과 걱정을 주어 모든 혼란을 초래한다는 것입니다.

(1) 인간의 신경계통을 혼란시킴

인간의 신경계통을 혼란시킴으로써 정신을 분열시킵니다. 그래서 자살의 충동을 주기도 하고 정신을 불안정하게 하고, 영적으로 도덕적으로 불결한 생활을 하도록 유혹하고 아니면 신비주의에 빠지게도 합니다. 둘째는 하나님과 대립하도록 유혹합니다. 사탄이란 말의 뜻이 바로 '적, 즉 하나님의 원수'란 말입니다(욥1:6; 마13:39).

오늘날 질병의 전부를 악령의 역사로 보는 김기동의 베뢰아파의 견해는 전적으로 잘못된 것입니다. 왜냐하면 세상에는 많은 병들이 과로나 긴장, 피로, 영양부족 같은 자연적인 원인에서 비롯되는 경우가 많기 때문입니다. 그러나 사탄이 인간의 정신과 육체를 속박할 수 있다는 것을 우리는 알아야 합니다. 과학만능을 믿는 사람들은 이 사실 자체를 부정하고 있습니다.

그런데 악령에 의한 병은 두 가지의 특징이 있습니다. 병적인 말과 병적인 행동을 합니다. 입에서 거품을 내기도 하고 경련을 일으키면서 육체로 초자연적인 힘을 나타냅니다. 또 입으로 욕설질, 괴성, 모독, 저주를 합니다. 이 경우 약이나 정신과 의사의 치료만으로는 완치가 안 됩니다. 영적인 원인을 찾아내서 함께 치료를 받도록 해야 합니다. 현대 의학에서는 이것을 단순히 정신과에서 취급하기에 못 고치는 경우를 흔히 볼 수 있습니다.

더욱 놀라운 것은 때때로 악마는 자연적인 힘을 지배함으로써 현세의 안정을 위태롭게 만듭니다. 욥기에 보면 사탄은 번갯불과 회오리바람과 질병을 사용하였다고 했습니다.

(2) 악마는 미래를 예언

첫째 점성술입니다.

사람들은 별을 살아있는 신으로 생각하고 십이궁으로 나누어 천궁도를 풀이함으로 나타나는 강력한 암시에 의해 인간의 운명을 알아내는 것입니다. 이러한 것들에 빠지면 신비적인 것에 심취되어 운명론자가 될 위험성이 많습니다.

둘째는 카드점입니다.

트럼프 점은 카드 배열을 보고 미래를 점치는 기교입니다. 요즈음 사람들이 배우자를 얼마나 더 기다려야 하는지 혹은 주식이 오를지 안 오를지 알기 위해 이런 점을 칩니다. 행 16장에 보면 빌립보에서 바울이 무당적인 점쟁이 소녀가 악마로부터 지식을 받아서 예언한 경우도 있습니다. 악마는 이러한 것들을 통해서 우리를 자기에게 붙들어 매어서 마침내 멸망케 하려고 하는데 문제의 심각성이 있습니다.

셋째는 손금입니다.

손바닥에는 네 개의 중요한 선이 있습니다. 마음선, 운명선, 생명선으로 나누어져 있고 다음에는 일곱 개의 운성으로 되어 있습니다. 엄지손가락 밑에는 비너스 궁, 그리고 둘째손가락에서 작은 손가락까지는 머큐리 궁, 아폴로 궁, 새턴 궁, 쥬피터 궁이 있고 작은 손가락 밑에는 화성과 달궁이 있어서 이것을 보고 여러 가지의 암시를 합니다. 이 모든 것은 분명하거나 확실한 것은 전혀 아니라는 것을 알아야 합니다.

넷째로 꿈 풀이입니다.

고전 13:8-10절에 보면 영감적인 예언은 성경이 완성되면서 끝이 났다고 말하고 있습니다. 그러므로 꿈을 하나님의 계시처럼 생각하면 큰 잘못 입니다. 때때로 꿈을 통하여 교훈을 받습니다만 계시적인 것으로 생각하면 안 됩니다. 모든 것들의 결정은 성경을 통해서만 올바른 것입니다.

다섯째로 마술입니다.

마술은 정교하고 조직적인 가짜과학이라고 볼 수 있습니다. 성경에는 마술을 비판하면서도 그 실제를 인정하고 있습니다. 구약의 출애굽기 7-10장이나 다니엘서에도 나타나고 있습니다. 마술의 종류는 대단히 많습니다.

그 중에 흑 마술과 백 마술이 있습니다. 행 8:9절에는 흑 마술을 통하여 사마리아 사람들을 놀라게 한 경우입니다. 이것은 귀신이 직접적으로 나타나서 신비한 요술을 부리는 경우입니다. 그러나 더 무서운 것은 백 마술입니다. 백 마술은 양의 가죽을 쓰고 나타나는 것입니다. 경건한 모습으로, 또 성령의 이름을 사용해서 때로는 성경의 구절을 인용하면서 역사합니다.

여섯째 최면술입니다.

사람에게는 지구에서 자석의 영향을 받아 사람을 치유하는 능력이 생겨질 수 있습니다. 이것을 이용하는 것입니다. 그러나 이것은 살후 2:9-10절의 말씀대로 사탄의 역사입니다. 그런데 중요한 것은 마술의 결과라는 점입니다. 마술은 하나님 안에 있는 신앙을 파괴하고 창조자와의 올바른 관계를 파괴합니다.

맺는말

지금도 신유의 은사는 나타납니다. 그것은 하나님의 창조적 능력을 보여주심으로 영광을 받기 위해서입니다. 또 한편으로는 우리를 신앙적으로 강하게 만들기 위해서입니다.

그러나 마술이나 최면술이나 그 밖의 사탄의 유혹에 넘어가서는 안 됩니다. 말씀과 믿음 위에 굳게 서야 합니다. 말세에 사탄은 여러 가지 형태로 나타나기에 하나님의 말씀으로 분별하고 믿음으로 이겨야 합니다. 엡 6장의 말씀처럼 우리 모두가 하나님의 전신갑주로 무장하고 승리하시기를 축원합니다.

사무엘의 결심

(삼상 12:19~25)

새해가 되면 우리는 여러 가지의 결심을 합니다. 비록 '작심삼일'이란 말이 있기는 하지만 그러나 결심은 아름다운 것입니다. 1986년의 새해의 첫 주일을 맞아서 사무엘 선지자의 결심을 살펴보면서 우리도 오늘 함께 아름다운 결심하는 날이 되기를 먼저 축원합니다.

1. 사무엘은 우리에게 4가지의 결심을 할 것을 말함

(1) 공포는 인간의 공통점

두려워하지 말라고 하였습니다. 두려움은 인간의 공통점인데 이것 때문에 많은 사람들이 할 것도 못하고 맙니다. 바실이란 왕이 '두려움의 정복'이란 책에서 자기는 아주 어려서는 혼자 침대에 가서 자는 것을 두려워하였고 그 후에는 학교에 가는 것을 두려워하였고 더 커서는 일하러가는 것을 두려워했다고 고백하였습니다. 사실 어머니들은 자녀들을 두려워하고 아버지들은 직업을 두려워하고 이렇게 사람들은 누구나 그 무엇, 혹은 그 누구를 두려워합니다.

　(예화) 아랍 동화에 이런 얘기가 전해져 옵니다. 어떤 대상이 바그다드를 지나 사막으로 가다가 페스트 병을 만났습니다. '아니 너 어디를 가느냐?' 그랬더니 페스트가 하는 말이 '바그다드에 사람들을 죽이러 간다.' '그러니? 몇 명이나 죽이려고 그러니?'

'5천 명.' 얼마 후에 다시 페스트 병을 만났습니다. 대상은 화가 나서 말했습니다. '아니, 너 지난번에는 5천 명만 죽이겠다고 했는데 왜 열배인 5만 명이나 데려갔느냐?' 그러자 페스트 병이 하는 말이 '아, 우리는 5천 명만 데려갔는데 나머지 사람들은 괜히 무서워 떨다가 죽었답니다.'라고 대답했다고 합니다.

결국 인간은 괜히 두려워하기 때문에 죽는다는 말입니다. 그래서 마침내는 '두려움을 두려워하는' 지경에까지 이릅니다. 그러나 두려움은 이제는 안 두려워해야지 한다고 해서 안 오는 것은 아닙니다. 그것은 믿음이 없거나 아니면 믿음이 약해서 생기는 것입니다. 막 5:36절에 보면 회당장 야이로가 딸이 병들어 죽게 되어 두려워 예수님을 찾아 왔습니다. 마침 딸이 죽었다는 전갈이 왔습니다. 그러나 예수님은 "두려워말고 믿기만 하라"고 말씀하셨습니다. 즉 두려움은 믿음이 부족한 데서 온다는 말입니다.

(2) "여호와를 좇는 데서 돌이키지 말고"(10절)

가끔 우리는 믿다가 그만두는 사람들을 봅니다. 여호와를 좇다가 '세상을 향하여 돌아가' 하고 돌아서는 사람들입니다. 가롯 유다가 그 대표적 인물입니다. 그는 모든 사람이 부러워할 만한 사도직을 귀한 줄 모르고 돈에 눈이 어두워 '뒤로 돌아가'하고 후퇴한 사람입니다. 그러므로 우리는 새해에는 믿음에 후퇴하지 않도록 결심합시다. 세상에 모든 것이 방학이 있고 휴가가 있으나 믿음생활에는 방학도 없고 휴가도 없습니다. 왜냐하면 믿음생활에는 후퇴란 없기 때문입니다. 우리는 예수님을 좇던 수많은 사람들이 심지어 호산나 찬송하리로다 하면서 찬송하던 사람들이 방향을 돌이켜 십자가에 못 박으소서 하면서 부르짖은 것을 잊을 수가 없습니다. 새해에는 이런 변덕쟁이 신앙인이 되지 않도록 결심합시다.

(3) "오직 너희 마음을 다하여 여호와를 섬기라"고 하심

섬긴다는 말은 두 가지의 뜻을 가지고 있습니다. 하나는 예배드린다는 말이고 다른 하나는 종이 된다는 말입니다. 예수님은 하나님의 아들이요 왕이신 데도 일생 동안 섬기는 생활을 하셨습니다. 요 13장에서 볼 수 있듯이 그는 제자들의 발을 씻기셨습니다. 그리고 말씀하셨습니다.

"너희 중에 누구든지 크고자 하는 자는 너희를 섬기는 자가 되고 너희 중에 누구든지 으뜸이 되고자 하는 자는 너희 종이 되어야 하나라. 인자가 온 것은 섬김을 받으려 함이 아니라 도리어 섬기려 하고 자기 목숨을 많은 사람의 대속물로 주려 함이니라."

나는 제주도 일출봉에서 해를 향해 수산협회 책임자 되는 사람이 제사지내는 것과 그것을 티브이로 중계하는 것을 보면서 참 큰일 났구나 어느 때까지 우상을 섬기는 민족이 되겠는가? 작년에는 단군전을 짓겠다고 난리를 치더니 새해에는 피조물에게 제사를 지내니 큰일 났구나하고 생각했습니다. 사실 하나님을 섬기지 않으면 피조물이나 섬기는 어리석은 사람이 됩니다.

(4) 헛된 것을 좇지 말라

21절 "헛된 것을 좇지 말라"고 하였습니다. 성경에서 헛된 것이란 우상을 의미합니다. 우리는 모든 우상을 파괴해 버리지 않으면 안 됩니다.

(예화) 인도의 정복자인 마하무드는 구쟈라트의 도시를 점령하였을 때 언제나와 같이 그 도시의 우상을 파괴해 버리는 일에 착수하였습니다. 그 중에 높이가 5미터나 되는 하나의 큰 우상이 있었습니다. 그 우상을 믿고 있던 승려들과 신도들은 이것만은 그냥

내버려달라고 사정했으나 그는 그것을 파괴해 버렸습니다. 그랬더니 놀랍게도 그 부서진 우상의 발 아래에서 다이아몬드를 비롯한 수많은 보석이 나왔습니다. 이처럼 우상을 파괴하는 것은 우리에게 큰 축복이 됩니다. 왜냐하면 우상이 점령하고 있던 우리의 마음속에 하늘의 보화가 쌓이게 되고 성령의 은사와 은혜가 그곳에 수북이 쌓일 것이기 때문입니다. 그러면 우리의 우상이 무엇인가요? 골 3:5절에 보면 "탐심은 우상숭배니라"고 하였습니다. 지금 우리 사회는 황금만능주의로 인해 모든 가치관이 뒤틀리고 있습니다. 이런 헛된 것을 버리고 하나님만을 섬기는 생활을 해야 합니다. 그리하면 이 모든 것을 너희에게 더하시리라고 주님은 약속하십니다.

2. 바른 것을 결심하고 실전할 때에 하나님이 주시는 축복은?

(1) 하나님의 백성이 받는 복

22절 "여호와께서 너희로 자기 백성을 삼으신다."고 하였습니다. 많은 사람들이 미국의 시민권을 가지는 것을 최고의 영광으로 생각합니다. 그 이유는 많은 특권이 주어지기 때문입니다. 어디나 여행할 수 있고 실직할 때 국가로부터 실직 수당이 주어집니다. 늙은 뒤에는 social security를 받고 생활할 수가 있습니다. 무엇보다도 미국의 보호를 받게 됩니다. 더구나 하나님의 백성이 되는 것은 수많은 하늘의 축복뿐 아니라 하나님의 보호를 받습니다. 하나님의 백성이 된다는 것이 이처럼 큰 축복이 됩니다.

(2) 주의 백성이 받는 혜택

22절 "자기 백성을 버리지 아니하실 것이요" 우리는 성경에서 버림받은 사람들을 많이 봅니다. 예를 들면 에서는 장자의 직분을 받았으나 팥죽 한 그릇보다 천하게 보았기 때문에 버림을 받았고 르우벤은 야곱의 장자였으나 물과 같이 불안정하여 작은엄마인 빌하와 범죄하여 그 자리를 유다에게 빼앗겼고, 사울은 이스라엘의 초대 왕으로 선택되었으나 꾸준치 못하고 의심이 많고 마술을 좋아하다가 왕위를 다윗에게 빼앗겼습니다. 국고 맡은 궁내대신 셉나는 엘리아김에게 그 자리를 빼앗겼고 총사령관인 요압과 아비나답은 불충성하다가 그들의 직분을 바나야와 사독에게 빼앗겼습니다. 가룟 유다는 돈에 욕심을 부리다 그 자리를 맛디아에게 빼앗겼습니다. 다 버림받은 사람들입니다. 그러나 하나님의 백성이 되면 결코 버림을 받지 않습니다. 바라기는 우리들 가운데는 한 사람도 버림받지 않기를 축원합니다.

(3) 선하고 의로운 도를 가르침

끝으로 선하고 의로운 도를 가르쳐주겠다고 하였습니다. 인간은 가야 할 도 즉 길이 있습니다. 그것은 피조물로서의 사명과 갈 길을 말합니다. 그런데 사람들은 기차가 탈선을 하는 것처럼 자기가 걸어가야 할 도를 이탈하여 비참한 인생을 살게 됩니다.

그러나 사무엘처럼 하나님 앞에서 바른 결심을 할 때 이런 잘못된 길로 가지 않도록 선하고 의로운 도를 가르쳐주겠다고 약속하셨습니다. 이 도는 중보의 기도를 통해서 이루어집니다. 여기서 중요한 것은 '기도하기를 쉬는 죄'란 말입니다.

기도를 쉬는 것이 죄가 된다는 말씀입니다. 우리는 지금까지 얼마나 많이 기도하기를 쉬는 죄를 범하였나요? 그러나 주님은 성령과 함께 중보의 기도를 쉬지 않고 우리를 위해서 해주십니다. 마 28:20절에 보면 "볼지어다 내가 세상 끝 날 때까지 너희와 항상 함께 있으리라 하시니라"고 하였습니다.

금년의 시작을 함께하신 알파의 하나님께서 금년 끝 날까지 우리와 함께하시는 오메가의 하나님이 되실 것을 믿습니다. 왜냐하면 내가 세상 끝 날까지 너희와 항상 함께 있으리라고 약속했기 때문입니다. 이 약속은 조건적 약속이 아니라 무조건적 약속입니다.

우리의 믿음의 많고 적음에 관계없이 조건 없이 함께 해주신다고 한 약속입니다. 믿으십니까? 바라기는 여러분의 믿음대로 이루어지기를 주님의 이름으로 축원합니다.

사랑의 열매

(고전13장)

　여러해 전에 구인회인가 뭔가 하는 사람이 천당표를 한 장에 10만원씩 팔아서 치부한 일이 있었습니다. 경찰당국이 사기죄로 조사하는 중에 직행표로 갔는지 모르지만 그만 조사중에 죽고 말았습니다. 이 사건이 우리에게 확인해 준 것은 우리는 다 미래에 대해 불안해하고 있으며 보다 확실한 보장을 받고 싶어 한다는 점입니다. 그래서 여러 가지 종류의 보험회사들이 폭리를 취할 수 있는 것은 이런 심리를 역으로 이용하고 있기 때문입니다.

　물론 믿음이 있으면 다 구원받지만 문제는 믿음이란 눈으로 볼 수 없기 때문에 어떤 때는 있는 것 같기도 하고 또 어떤 때는 없는 것 같기도 합니다. 그래서 많은 사람들이 눈에 보이는 어떤 증거를 찾습니다. 어떤 사람은 방언을, 또 어떤 사람은 병 고치는 은사를 원합니다. 그러나 이것보다 더 확실하고 더 유익하고 더 영원한 구체적 증거를 이 시간에 말씀드리려고 합니다.

　그것은 사랑이란 열매입니다. 에이 나는 뭐라고, 뭐 특별한 것이라도 말할 줄 알았는데 겨우 그거야 할지 모릅니다. 아닙니다. 저도 뭔가 눈에 보이고, 손에 잡을 수 있는 좀 더 확실한 것을 갖기 위해 얼마나 애를 썼는지 모릅니다. 많이는 안 해보았지만 방언도 해보고 병도 치유해

보고 환상도 보고 예언도 해보고 그러나 결론은 너무나 허무하다는 것밖에 없었습니다. 결국 이런 종류의 성령의 은사들은 너무 주관적이고 거기에 머물러 버리는 앉은뱅이와 같은 성장하지 않는 신앙으로 만들어 버립니다. 그래서 찾은 것이 주관적으로도 느낄 수 있고 객관적으로도 알 수 있고 또 이론적으로도 증명할 수 있는 것이 없을까 하고 찾은 결과 그것이 다름 아닌 늘 들은 사랑의 열매라는 것을 발견했습니다.

저는 이것을 발견하고 얼마나 기뻤는지 모릅니다. 왜냐하면 이것만 가지면 천국의 입장권도 산 것이나 마찬가지고 이 세상에서도 천국과 같은 생활을 할 수 있고 하나님의 영광도 가는 곳마다 나타낼 수 있고 마음과 가정에도 천국이 이루어지고 그야말로 이것이 모든 것의 열쇠요 핵심이요 비결이라는 것을 깨닫게 된 것입니다.

사실 세상사람 누구에게나 꼭 필요한 것이 있다면 그것은 사랑입니다. 어린아이는 물론 어른, 노인 할 것 없이 누구에게나 필요합니다. 심지어 공산당에게도 필요하고 기업가들에게도 필요하고 불교신자에게도 필요하고 유교신자에게도 필요하고 약한 사람에게도 필요하고 권력자들에게도 필요하고 도대체 필요 없는 사람이 없는 것이 바로 사랑입니다. 너무 으니 필요 없다는 사람도 있습니다. 그런데 이것은 돈을 가지고도 못 사고, 권력으로도 못 뺏고 지식으로도 얻지 못하는 것이 바로 사랑입니다. 오직 사랑으로만 얻을 수 있는 것입니다. 그러면 도대체 이 사랑이란 정체는 무엇인가요? 옛 시인은 사랑을 이렇게 노래했습니다.

"사랑이란 기 어떻드뇨 길더뇨 짧으더뇨 모나드뇨 둥그더뇨 밟고 남아 자기자이러냐 하그리 긴 줄은 모르되 끝 간 데를 몰라라"

잘 알 수 없는 신비한 것이라는 말입니다. 사실 사랑 하면 사람마다 다 다른 뜻으로 사용합니다. 가족 간에는 친절이란 뜻으로, 부부간에는 애정이란 뜻으로, 영동술집에서는 성관계의 뜻으로, 이웃 간에는 동정이란 뜻으로 대단히 넓게 사용하고 있는 것이 사실입니다. 그러나 기독교에서는 사랑이란 아가페라는 뜻으로 즉 가치 없는 사람을 돌봐주는 은혜와 같은 뜻으로 사용하고 있습니다. 또 모든 것의 완성이란 뜻으로도 사용합니다. 그래서 롬 13:8에 "남을 사랑하는 자는 모든 율법을 다 이루었나니"라고 했고, 10절에서는 "사랑은 율법의 완성이니라"고 하였습니다. 그러면 이제 고전 13장에 나타난 사랑의 열매에 대하여 말씀드리겠습니다.

1. 사랑은 다른 어떤 성령의 은사보다 뛰어나다

발람, 사울, 가룟 유다 같은 사람은 방언, 예언, 이적의 은사를 행하였지만 지옥에 갔습니다. 마 7:22-23에 보면 주의 이름으로 귀신을 쫓아내고 권능을 행하였으나 내가 너희를 도무지 알지 못하니 불법을 행하는 자들아 내게서 떠나가라 하고 쫓아내셨습니다.

2. 사랑이 없으면 아무리 큰 업적도 하나님 앞에서는 무가치하다.

하나님께 드려진 금은보화, 강같이 흐르는 제사의 기름도 사랑 없이는 무가치합니다. 왜냐하면 하나님이 요구하는 것은 사랑이기 때문입니다. 사랑 없이 행하는 것을 우리는 '외식'이라고 합니다. 우상에게 바쳐진 제물이 아무리 많아도 무가치한 것은 그것이 사랑으로 바쳐진 것이 아니고 재앙을 받지 않으려고, 또는 축복을 받으려고 억지로 드린 것이기 때문입니다.

3. 사랑은 믿음이란 나무에 달린 열매

사랑은 그 자체가 믿음이란 나무에 달린 열매이며, 또 성령의 첫 번째 열매입니다. 그뿐 아니라 사랑은 그 자신이 또 여러 가지 열매를 맺습니다. 이제 본문에 나타난 열 가지 열매만 간단하게 살펴보겠습니다.

(1) 남한테 받은 모욕을 온유하게 참음

다른 사람에게서 받는 해나 모욕을 온유하게 참아냅니다(4절).

(2) 선을 행함

남에게 항상 선을 행합니다(4절). 비록 보상을 그들에게서 못 받는다 해도 의인의 부활 때에 주님이 보상할 것을 믿기 때문입니다. 켈서스는 "기독교인들은 서로 알기도 전에 사랑한다"고 비판했습니다.

(3) 투기하지 않음

투기하지 않습니다(4절). 에스더 5:13절 "유다 사람 모르드개가 대궐 문에 앉은 것을 보는 동안에도 이 모든 일이 만족하지 아니하도다." 우리말에도 사촌이 땅을 사면 배가 아프다는 말은 바로 투기의 심리를 말한 것입니다. 헨리 샤오는 '사랑은 망원경으로 보지만 투기는 현미경으로 본다'고 했습니다.

(4) 겸손힘

겸손합니다(4-5절). 자신의 무가치함, 미미함을 의식하면서 건방지고 무례하고 야심적인 행동을 하지 않는 것을 말합니다.(시11:1. 롬12:16.)

〔예〕빌 2:5이하(예수님의 경우)

(5) 나만 생각지 않음

자기만 생각지 않습니다(5절). 마 19:19절을 보면 기독교는 자기 사랑을 부정하지 않는 것을 알 수 있습니다. 오히려 자기 사랑을 절제합니다. 다만 지나친 자기 사랑, 자신에게만 국한된 사랑을 금합니다. 다시 말해서 타인의 것도 생각하는 것입니다.

〔예〕사랑은 인간의 영혼이 이기주의에서 봉사로 옮겨가는 입구요 길입니다.

(6) 성내지 않음

성내지 않습니다(5절). 엡 4:26절을 보면 화는 누구나 내지만 그것 때문에 죄 짓기까지 이르러서는 안 된다고 가르치고 있습니다.

(7) 악평 않음

악평하지 않습니다(5절). 사랑은 모든 것을 망원경을 통해서 보고 시기와 질투는 현미경을 통해서 봅니다.

(8) 진리 편에서 거룩함

진리의 편에 서서 거룩한 행실을 유도합니다(6절). 사람은 사랑하는 것을 닮고 그것을 향하여 성장합니다.

(9) 고난을 감수

모든 고난을 기쁘게 감수합니다(7절).

〔예〕 자살은 아무도 사랑하지 않기 때문입니다.(최근 선진국에서 자살사건이 많음)

(10) 은혜 충만

다른 모든 은혜가 넘치게 됩니다(7절).

4. 사랑은 영원함

세상의 모든 것은 다 잠정적이고 일시적이지만 사랑은 영원합니다.

5. 하나님의 나라는 사랑의 나라(8절).

참으로 행복하기를 원하십니까? 인격의 완성을 원하십니까? 천국에 들어가는 확실한 증거를 원하십니까? 사랑의 열매가 바로 그것입니다. 이 사랑은 뿌리 깊은 믿음에서 열려지고 성령으로 말미암아 맺어지는 열매입니다. 이 사랑의 열매가 저와 여러분들에게 넘치기를 축원합니다.

불평과 원망이 있을 때

(민16:41-50)

아담과 하와가 범죄한 후에 인간에게 공통적으로 생긴 것은 어디를 가나 불평과 원망이 있었다는 점입니다. 요즈음 오공화국 때 권력을 누렸던 분들에 대한 불평과 원망은 말할 것도 없고 심지어 가정과 교회 안에도 이런 불평과 원망이 비일비재합니다. 그러나 문제는 하나님께서 이런 불평과 원망을 금지하고 있다는 점입니다. 시편 37편, 1절과 7-8절에 보면 "행악자를 인하여 불평하여 하지 말라"고 했습니다. 심지어 마 5:23-4절에서는 예물을 제단에 드리다가 거기서 형제에게 원망 들을만한 일이 있는 줄 생각나거든 예물을 제단 앞에 두고 먼저 가서 형제와 화목하고 그 후에 와서 예물을 드리라고 했습니다. 하나님 앞에 예물을 드리는 것이 얼마나 중요합니까? 그런데도 형제들에게 원망 들을만한 일이 있을 때에는 그것보다 먼저 화목하고 그 후에야 제사를 드리라는 것입니다. 다시 말하면 원망하면서 제사를 드리면 하나님이 안 받으시기 때문에 아무 소용이 없다는 말입니다. 그래서 이 시간에는 '불평과 원망이 있을 때' 그 결과는 무엇이며, 또 우리는 어떻게 이것을 극복하여 참된 하나님의 축복을 받을 수 있을 것인지를 살펴보면서 함께 은혜를 나누려고 합니다.

1. 불평과 원망의 생리

(1) 상대를 비난하고 미워하는 심리

불평이란 마음에 들지 않아서 불만을 가지는 것을 말합니다. 그러나 원망은 마음에 불평을 품는 것으로 끝나는 것이 아니라 상대방을 탓하고 미워하는 것을 말합니다. 그러므로 불평보다 원망이 더 무서운 결과를 가져옵니다. 그러면 불평과 원망의 생리는 무엇입니까? 무엇보다도 불평과 원망은 전염병처럼 번집니다. 먼저 내 안에 다른 생각들을 다 질식시켜 버리고 불평과 원망으로 꽉 차게 해줍니다. 그래서 여기를 눌러도 불평이고 저기를 눌러도 원망이 나옵니다.

(2) 불평과 원망이 가져오는 죄

불평과 원망이 더욱 무서운 것은 이것이 우리를 범죄케 하고 우리를 죽게 만든다는 점입니다. 출애굽기 14장에 보면 이스라엘 백성이 모세를 원망하였습니다. 이유는 죽음에 대한 두려움 때문이었습니다. 앞에는 홍해바다가 있고 뒤에는 애굽 군대가 따라오고 있었습니다.

'아니, 애굽에 매장지가 없어서 여기서 죽게 하느냐? 차라리 종이 되어 애굽 사람들을 섬기는 것이 이 광야에서 죽는 것보다 더 낫겠노라.' 하면서 불평과 원망하는 사건이 일어났습니다. 또 출애굽기 15장에는 마라에서 이스라엘 백성들이 모세를 원망한 사건이 기록되어 있습니다. 이번에는 먹을 물이 없었기 때문이었습니다.

16장에는 이스라엘이 음식이 없어서 원망한 기록이 나옵니다. 애굽에서는 비록 노예 신분이지만 고기 가마 곁에 앉아서 배불리 먹었는데 차라리 그때 생활이 지금보다 더 낫다고 불평과 원망을 하였습니다. 또 민수기 16장에 보면 고라의 자손들이 모세의 권위에 대해 도전하면서 당을 지어 원망을 하였습니다.

　이런 불평과 원망은 이유야 무엇이든 간에 결과적으로는 하나님께 대한 불평이요 반역이기 때문에 결국 이것은 죄를 짓는 것이 되고 맙니다. 요셉의 경우를 보십시오. 창 37장을 보면 그의 형제들이 요셉이 아버지의 사랑을 독차지 한 것에 대해 불평하자 결국은 동생을 미워하게 되어 마침내 노예로 팔아버리는 결과를 가져온 것이 아닙니까? 불평과 원망은 하나님께 죄를 짓는 것은 물론이고 형제까지 미워하는 결과를 가져온 것을 볼 수 있습니다.

　우리는 성경에서 수많은 불평과 원망의 경우를 볼 수 있는데 한 가지 분명한 것은 이로 인해 다 죄를 짓고 말았다는 것입니다. 그래서 이것을 바로 해결하지 않았을 때에는 하나님으로부터 심판을 받은 것을 볼 수 있습니다. 고전 10:10절에 보면 "저희 중에 어떤 이들이 원망하다가 멸망시키는 자에게 멸망하였나니 너희는 저희와 같이 원망하지 말라"고 했습니다. 불평과 원망을 하면 결국 내가 멸망하고 맙니다. 그러므로 불평과 원망은 성도들이 마땅히 버려야 할 신앙적 태도입니다.

　(3) 불평과 원망은 더 큰 죄를 초래

　불평과 원망은 아무것도 해결해주지 못하고 오히려 점점 더 많은 불평과 원망을 가져옵니다. 왜냐하면 불평은 불평을 낳고 원망은 원망을 낳기 때문입니다. 무엇 하나 잘되도록 해결해주는 것이 없습니다. 여러분, 왜 우리에게 불평이 생기는지 아십니까? 그것은 우리에게 문제가 남보다 커서 그런 것이 아니라 우리의 마음이 좁아서입니다.

　(4) 불평불만은 하나님의 은혜를 상실케 함

　그러나 불평과 원망의 가장 큰 문제점은 하나님이 주신 은혜를 못 보게 하고, 마침내는 이미 받은 것마저 상실하게 합니다. 하나님은 우리에게 누구에게든 그에게 필요한 것을 반드시 주십니다. 그런데 불평하고 원망하면 지금 가지고 있는 것마저 잃게 됩니다. 에서는 야곱이 어머니의 사랑을 받는 것을 불평하고 원망했습니다. 자기는 동생보다 아버지의 사랑을 독차지 하고 있었는데 그것은 생각지 않고 못 받는 것만 생각하였습니다. 그 결과 그는 장자권까지 상실하는 불행을 초래했습니다.

우리는 6.25때 정말 배 한번 부르게 못 먹었습니다. 그 때와 비교하면 지금은 열 배는 잘살고 또 굶는 사람도 별로 없습니다. 그러나 지금 우리의 사회를 보면 옛날보다 불평이 훨씬 더 많고 원망이 더 많습니다. 따라서 지금보다 국민 소득이 더 많아지면 우리의 불평과 원망이 줄어들 것이라고 생각하지면 이것은 정말 잘못입니다. 따지고 보면 불평과 원망은 외적인 조건과는 전혀 관계없습니다. 있다면 그것은 그 사람의 사고방식과 관계가 있을 뿐입니다. 무엇과 비교하느냐에 따라 불평도 나오고 감사도 나옵니다.

저는 어려서 부모님들에게서 사람은 항상 내려다보고 살아야지 쳐다만 보고 살면 안 된다는 교훈을 들었습니다. 사람은 아무리 올라가도 또 자기보다 잘사는 사람이 반드시 있기 때문에 위만 보면 불평과 원망이 끝날 수가 없다는 것입니다. 그러므로 우리는 바울처럼 비천에 처할 줄도 알고 풍부에 처할 줄도 아는 일체의 비결을 배워야 합니다.

(5) 불평불만은 미래를 망가뜨림

끝으로 불평과 원망은 미래에 받을 축복까지 잃게 만들어줍니다. 하나님은 우리에게 필요한 것을 적당한 시기에 하나씩 하나씩 주시는데 불평과 원망을 하다가 보면 그만 그릇 준비하는 것을 잊고 맙니다. 그래서 정작 하나님이 복을 주실 때는 못 받고 맙니다. 받아도 다 줄줄 새어버리고 맙니다.

이 얼마나 불행한 일입니까? 그러므로 우리는 불평과 원망이 하나님께 대한 죄악임을 깨닫고 그것을 버릴 수 있기를 바랍니다.

2. 불평과 원망을 버릴 때 하나님께서 주시는 축복

첫째로 무엇보다도 받은 것을 족한 줄로 아는 비결을 배웁니다. 바울은 빌 4:11-12절에서 이렇게 말했습니다. "내가 궁핍하므로 말하는 것이 아니라 어떠한 형편에든지 내가 자족하기를 배웠노니 내가 비천에 처할 줄도 알아 모든 일에 배부르며 배고픔과 풍부와 궁핍에도 일체의 비결을 배웠노라." 자족한다는 것은 많이 있어서 되는 것이 아니고, 불평과 원망을 버릴 때 됩니다. 인간의 욕심은 태평양보다 커서 아무리 넣어도 차지를 않습니다. 해결방법은 한 가지 방법밖에 없습니다. 그것은 욕심을 버리고 눈을 낮추는 것입니다.

둘째로, 불평과 원망을 버리면 하나님의 섭리의 손을 보는 영안이 열립니다.

롬 8:28절에 "우리가 알거니와 하나님을 사랑하는 자 곧 그 뜻대로 부르심을 받은 자들에게는 모든 것이 합력하여 선을 이루느니라"는 말씀대로 지금은 없지만 미래에 있게 될 하나님의 축복의 손길을 영안으로 보게 됩니다. 그래서 감사를 하게 되는 것입니다.

셋째로 지금 없는 것까지 채워주시는 축복을 받습니다. 불평과 원망을 버리면 마음에 감사가 생기고 찬송이 나오고 그래서 항상 기뻐하며 쉬지 않고 기도하는 생활을 하게 됩니다. 그러면 마음의 그릇이 남보다 빨리 준비됩니다. 하나님은 복을 주실 때에 준비된 사람부터 차례로 줍니다. 노아의 홍수 때도 보면 하나님은 물을 필요한 만큼 내려 보냈습니다. 참으로 하나님은 경제적이십니다.

넷째로 불평과 원망이 없어야 모든 일이 잘 풀리고 하나님의 심판을 면합니다. 약 5:9절에 "형제들아 서로 원망하지 말라. 그리하여야 심판을 면하리라"고 했습니다. 불평과 원망을 하다 보면 입에서 욕이 나오고 자칫하면 저주가 나오고 후회되는 일만 하게 되고, 그래서 하나님 앞에서 심판만 쌓는 일을 합니다.

3. 어떻게 불평과 원망을 극복할 수 있을까?

첫째로 무엇보다도 하나님을 전적으로 의지해야 합니다. 사람을 의지할 때는 불평과 원망이 나옵니다. 너 때문에 내가 이렇게 되었다, 아니 네가 나에게 그럴 수가 있느냐 하고 불평하고 원망합니다. 그러나 하나님을 의지하면 이런 것들이 사라집니다. 남이 나에게 잘해주면 감사하고 못해 주면 으레 그렇거니 하고 생각합니다. 그것 때문에 불평이나 원망을 하지 않습니다.

두 번째는 적극적 사고방식을 가져야 합니다. 우리는 하나님 안에서 낙관주의가 되어야 합니다. 모든 것을 어둡게 보면 마침내는 불신자와 똑같아집니다. 이론적으로만 신자지 실질적으로는 불신자와 같습니다. 그러므로 믿는 사람은 절대로 비관주의자가 될 수가 없습니다. 또 비관주의자가 되어서도 안 됩니다. 지금 여러 분들이 무엇을 보고 있느냐에 따라 여러 분들의 5년 후의 운명이 결정됩니다. 밝고 빛난 위를 보고 있습니까? 아니면 어둡고 추한 밑을 보고 있습니까? 모든 것을 긍정적으로 생각하고 있습니까? 아니면 부정적으로 생각하고 있습니까? 밝고 빛난 위를 보고 적극적으로, 긍정적으로 생각하고 있는 분들은 현재가 무엇이든 간에 장래가 밝게 전개될 것입니다.

그러나 부정적으로 모든 것을 어둡게 생각하시는 분들은 지금 아무리 조건이 좋아도 몇 년 후에는 그가 생각한 대로 퇴보된 생활을 하실 것입니다. 그러므로 우리는 불평과 원망을 버려야 합니다.

끝으로 항상 기뻐하고 쉬지 말고 기도하고, 범사에 감사하면 불평과 원망은 눈처럼 사라집니다. 어떤 목사님은 「교우상호간의 불평록」이라는 특별한 노트를 휴대하고 다녔습니다. 교인들 가운데 누가 와서 다른 사람의 일을 불평하거나 원망하면 그것을 적고 '사인하시면 이것을 공적으로 조사해서 해결하겠습니다.'라고 말했습니다. 때마다 불평을 하던 사람이 뭐 그렇게까지 하실 것은 없습니다. 하고 불평을 중지했다고 합니다. 그래서 그는 목회 40년 동안 단 한 줄도 이 불평록에 기록을 하지 못했다고 합니다. 지금 여러분들의 손에는 두 권의 노트가 있는 것을 기억하시기 바랍니다.

하나는 감사의 노트요. 다른 하나는 불평과 원망의 노트입니다. 이제 여러분들의 미래는 어디에다 더 많이 쓰느냐에 따라 결정됩니다. 물론 이미 과거에 불평과 원망의 노트에 벌써 쓴 것이 있을 것입니다. 이것을 지워야 우리는 행복해집니다. 지우는 방법은 꼭 하나밖에 없습니다. 그것은 회개입니다. 주님의 보혈만이 이것을 지울 수 있습니다. 지우고는 다시는 불평과 원망의 노트에 쓰지 마세요. 아예 이 불평과 원망의 노트는 저 깊은 바다에 던지시고 오직 감사의 노트만 가지고 다니면서 잊지 말고 부지런히 기록하시기 바랍니다. 그러면 여러분들은 이 세상에서 가장 행복한 사람이 되리라 확신합니다.

이제 설교를 맺으려고 합니다. 사람은 보다 향상하기 위해서는 때때로 비판이 필요합니다만 그러나 불평과 원망은 아무런 유익을 주지 못합니다. 이제 불평과 원망은 저 바다에 던져 버리고 이제부터는 항상 기뻐하고 쉬지 말고 기도하고 범사에 감사하면서 삽시다. 모든 것을 밝게 보고 적극적 사고방식을 가지고 사시기 바랍니다. 그러면 하나님께서는 축복을 흔들어서 채워주실 것을 믿습니다. 이런 귀한 축복이 여러분 모두에게 함께하기를 주님의 이름으로 축원합니다.

부모의 죄

(삼상 2:27-36)

우리는 지금 다 부모이거나 아니면 장차 결혼해서 부모가 될 사람들입니다. 그런데 이 부모가 된다는 것은 하나님을 대신해서 우리에게 주신 자녀들을 키운다는 뜻입니다. 따라서 부모가 된다는 것은 큰 책임이 따르고 이것을 감당치 못할 때에는 심판이 따른다는 것을 기억해야 합니다.

최근 우리 사회에서 가장 큰 문제는 많은 가정이 이혼을 하여 파산되거나 청소년들이 탈선 혹은 범죄에 빠져 있다는 점입니다. 지난 5일 조선일보에 보면 어린이 가장이 한해 23%가 늘고 있다는 충격적 보고가 보도되었습니다. 지난해 4월에 4,901명이나 되었다고 합니다. 이들은 식당종업원, 신문배달, 구두닦이로서 월 5-6만원 정도의 수입으로 살고 있다는 것입니다. 이것은 어머니의 가출과 이혼의 결과로 생긴 결과라고 합니다. 가정이 무너지면 이처럼 큰 불행이 다가옵니다. 따라서 과연 지금이야 말로 가정회복의 운동이 일어나야 하는 시점에 와 있습니다. 그래서 이 시간에는 삼상 2장을 중심으로 '부모의 죄'란 제목으로 가정이 황폐해 가는 근본 원인을 함께 찾아보면서 우리는 다 자녀를 바로 키워 하나님께는 영광을, 사회에는 유익을, 가정에는 기쁨과 자랑이 되기를 축원합니다.

오늘은 그중에서도 구약의 부모 중에서 자녀를 바르게 기르지 못하여 자신은 물론 나라를 망하게 하였던 엘리 선지자의 가정을 살펴보면서 우리 자신을 비교해 보기를 원합니다. 그러면 엘리가 부모로서 범한 죄가 무엇인가요? 엘리는 우리가 잘 아는 대로 사사시대의 마지막 때의 사람입니다. 그는 사사요, 제사장으로서 두 아들 홉니와 비느하스를 두고 있었습니다. 그는 결단코 나쁜 짓을 한 적이 없습니다. 그러나 그의 문제는 부작위(不作爲) 즉 '안한 죄'입니다. 눅 16:19절 이하에 보면 부자와 나사로의 이야기가 나옵니다. 여기에 나오는 부자는 무슨 악한 일을 행한 기록이 없습니다. 그러나 그는 지옥에 갔습니다. 그에게 잘못이 있었다면 그것은 '안 한 죄'입니다. 그러므로 우리는 행한 죄만 나쁜 것으로 생각지 말고 안 한 죄도 크다는 것을 알아야 합니다. 엘리가 바로 그런 사람입니다.

1. 그러면 엘리의 죄는 무엇인가?

(1) 자녀에 대한 의무를 등한히 여긴 죄

가장 큰 죄는 부모로서의 자녀에 대한 의무를 등한히 여긴 죄입니다. 엘리는 잘못을 범하는 아들들을 부모로서 금하지 아니하였고(삼상 3:13) 그리고 영적 지도자로서 마땅히 징계하고 가르쳐야 할 의미를 등한히 여기었습니다. 이것을 우리는 부모로서의 지도력 상실이라고 말할 수 있습니다. 인류의 첫 번째 가정인 아담의 가정의 비극도 아담의 지도력 상실에서 비롯된 것을 알 수 있습니다. 하와가 뱀과 데이트를 하고 유혹을 받도록 가만히 둔 것은 아담에게도 책임이 있다는 말입니다. 이것은 마치 아내가 춤바람이 나도록 내버려둔 남편처럼 아내에 대한 남편의 지도력의 상실에서 비롯되는 것입니다. 지금 한국의 가정의 위기는 남편들의, 아버지들의 권위와 지도력 상실에 근본 이유가 있습니다. 그런데 이 지도력 상실은 하나님 중심의 생활을 등한히 하였기 때문에 옵니다.

이것을 구체적으로 말하면 1:12절 "여호와를 알지 아니하더라." 자녀가 하나님을 알지 못하는 것은 바로 부모의 책임이라는 말입니다. 부모는 가정의 제사장입니다. 가정의 제사장이 될 수 없다면 자녀를 낳지 말아야 합니다. 부모의 자격증에 가장 중요한 것은 자녀들에게 여호와 하나님을 알게 하는 것입니다. 그런데 하나님의 종인 엘리가 자기의 아들들을 하나님께로 인도하지 못하였다고 하니 이 얼마나 큰 비극인가요? 현대가정들이 황폐화되고 있는 것은 바로 부모들이 가정의 제사장의 역할을 감당하지 않기 때문입니다. 그런데 놀라운 것은 사무엘도 두 자녀 즉 요엘과 아비야도 뇌물을 취하고 판결을 굽게 하였으나 성경 어디에도 사무엘을 책망한 것을 볼 수 없습니다. 왜 그럴까요? 그것은 엘리는 부모로서 자녀교육을 등한히 하였고 사무엘은 비록 자녀들이 하나님을 믿게 하지는 못하였으나 부모로서의 최선을 다하였기 때문입니다. 문제는 부모가 자녀교육을 위해 힘썼느냐 아니냐입니다. 그래서 삼상 9:3을 보면 사무엘의 자녀들에 대해 이렇게 기록하고 있습니다. "그 아들들이 그 아비의 행위를 따르지 아니하고 그 이를 따라서 뇌물을 취하고 판결을 굽게 했다"고 하였습니다. 따라서 하나님은 사무엘에게 책임을 묻지 않았던 것입니다.

(2) 두 아들이 하나님의 제물과 예물을 탐하여 착취

29절에 보면 엘리의 두 아들은 하나님의 제물과 예물을 탐하여 착취하였다고 하였습니다. 사람들이 제사를 드리고 고기를 삶으면 그들은 하인을 보내 세 발 달린 쇠갈고리로 고기 삶는 솥이나 냄비나 가마에 마구 찔러 갈고리에 걸려나오는 것은 무엇이든지 가져오게 하였습니다. 15절에 보면 심지어 하인을 보내어 단에서 제물의 기름을 태우기도 전에 제사장은 삶은 고기를 원치 않는다고 하면서 날고기를 강요하였던 것입니다. 그런데도 엘리는 그것을 책망하지 않고 가만히 내버려둔 것입니다. 불의를 보고도 가만히 두는 것이 얼마나 큰 죄인가를 우리는 알아야 합니다.

(3) 아들들을 하나님보다 더 소중히 여김

엘리가 자기 아들들을 하나님보다 더 소중히 여기었다는데 문제가 있었습니다. 29절에 "네 아들들을 나보다 더 중히 여겨." 이것이 다름 아닌 우상입니다. 우리는 어버이 주일을 맞아 과연 나는 나에게 맡겨주신 자녀를 얼마나 사랑하였는가를 살펴보고 반성하여야 합니다. 사실 오늘의 대부분의 문제는 자녀를 바로 사랑하지 못하는 데서 옵니다. 먼저 우리는 이 자녀가 하나님께서 맡겨주신 최고의 보물인 것을 알아야 합니다.

(예화) 코닐리아의 고백(로마의 여인들이 모여서 자신의 보물을 자랑하고 있었습니다. 그러나 코닐리아는 두 아들이 보물이라고 말함)

(예화) 75년에 일어난 일. 그때 가장 큰 지진이 일어났습니다. 숭인상가 아파트에 있을 때인데 밤 9시경이었습니다. 집이 흔들리자 각기 귀한 것을 챙겨가지고 잠옷 바람으로 탈출을 하였습니다. 우리는 두 부부가 아들 하나씩을 데리고 나왔습니다. 어떤 사람은 보물을 들고 제각기 귀한 것을 가지고, 역시 우리 집에서 제일 귀한 것이 자녀들입니다. 저녁 때 어머니 다녀왔어요, 오냐 이제 왔니 하고 자녀를 기다리는 부모가 있는 가정의 자녀는 절대로, 잘못될 수가 없습니다.

그러나 아무리 돈이 많아도 환경이 좋아도 이런 사랑의 기다림 없는 집은 자녀들의 영혼이 죽어간다는 것을 기억하십시오. 그러나 자녀가 귀하지만 하나님보다 더 사랑하면 그것은 자녀를 망치게 되고 우상화되는 것을 기억해야 합니다.

2. 심판의 메시지를 무시한 죄

엘리는 하나님으로부터 심판의 메시자가 전달되었으나 이것을 무시해버리는 아주 큰 과오를 범하였습니다. 그 결과 그는 자신에게는 물론 자녀들에게도 심판을 받게 하였습니다. 심판의 메시지는 여러 통로를 통해 전달됩니다.

(1) 성경을 통한 심판의 메시지

심판의 전달은 인간의 죄를 다 보시는 하나님에게서 참고 참으시다가 마침내 직접 주십니다. 이것은 오늘날에는 성경말씀을 통해서 옵니다. 암 3:2에 "내가 땅의 모든 족속 중에 너희만 알았나니 그러므로 내가 너희 모든 죄악을 너희에게 보응하리라." 에드가 후버는 '오늘 하나님의 말씀을 배우지 않는 자는 내일에 범죄자가 될 가능성이 많다'고 한 말을 새겨들어야 할 것입니다.

(2) 양심을 통하여 오는 메시지

양심을 통하여 심판하십니다. '너 그래서야 되겠니?'하고 양심이 말할 때 우리는 귀를 기울이고 들어야 한다는 말입니다. 그래서 고후 4:2에 "하나님 앞에서 각 사람의 양심에 대하여 스스로 천거하노라." 누가 말하는 것이 아니라 양심이 스스로 말합니다. 이것이 바로 하나님의 음성입니다.

(3) 주의 종을 통하여 경고

하나님의 종을 통하여 경고하십니다. 27절에 "하나님의 사람이 엘리에게 와서 그에게 이르되 여호와의 말씀에 너희 조상의 집이 애굽에서 바로의 집에 속하였을 때에 내가 그들에게 나타나지 아니하였느냐?"는 경고가 나옵니다. 오늘날에는 설교를 통하여 하나님은 말씀하시는 것입니다. 그러나 문제는 엘리가 하나님의 심판의 경고를 듣지 않았다는데 있습니다.

3. 엘리에게 임한 하나님의 심판

"나를 멸시하는 자를 내가 경멸이 여기리라" = 불충성하는 자에게는 심판이 임한다고 하였습니다. 심판의 메시지가 어떤 것이었는지 다음 다섯 가지로 구분됩니다.

(1) 신체적으로 쇠잔한 기력

기력을 빼앗았습니다. "네 눈을 쇠잔케 하고"(33절), 엘리는 제일 먼저 눈이 어두워졌습니다. 마치 삼손처럼 되었다는 말입니다. 인간의 기력은 제일 먼저 눈을 통해서 알 수 있습니다. 피곤증도 눈에서 제일 먼저 나타납니다. 생기도 눈에서 제일 먼저 알 수 있습니다.

(2) 후손의 명을 단축시킴

생명의 단축을 가져왔습니다. "네 집에 영원토록 노인이 없을 것이며"(32절). 엘리 자신은 늙어서 죽었으나 그의 자녀들은 젊어서 죽는 심판을 당하였습니다.

(3) 경제적 궁핍

번영의 상실, 경제적인 역경이 오는 것도 심판임을 알아야 합니다. 사업이 망하고 도산되는 것도 하나님의 심판일 경우가 많습니다.

(4) 환경적 고난

고통을 가져왔습니다. "네 마음을 슬프게 할 것이요"(33절). 이 세상에서 제일 부모의 마음이 아픈 것은 자녀들이 남에게 욕을 먹고 나쁜 짓을 범할 때입니다. 우리에게 고난과 역경이 왔을 때는 내가 먼저 하나님 앞에서 범죄한 것이 없는가 살피고 회개해야 합니다. 물론 의인이 당하는 고난도 있습니다.

(5) 죽음

죽음 = "집에 생산하는 모든 자가 젊어서 죽으리라"(33절), 엘리는 나이 많아 실로에 앉아 있을 때에 블레셋과의 전투소식과 그의 아들들의 전사. 그리고 법궤를 빼앗긴 소식을 듣고 그 자리에서 꺼꾸러져 목이 부러져 죽었습니다(4:18), 나중에 사울은 엘리의 후손들을 많이 죽였습니다(삼상 22:17-20). 또한 솔로몬은 사독의 자손으로 엘리의 가족을 대치하였습니다(왕상 2:26-27, 35).

맺는말

어버이 주일을 맞이하면서 우리는 자녀들이 잘못을 범할 때에 그냥 내버려두는 것이 얼마나 큰 죄인가를 알아야 합니다. 엘리 가정처럼 망합니다. 그러므로 우리는 맡겨주신 생명들을 바로 가르치고 양육하여 큰 축복을 받기를 축원합니다. 이렇게 되면 디모데의 외조모인 로이스와 어머니인 유니게처럼 훌륭한 자녀를 키워 역사에 남는 위대한 일을 하게 합니다. 이 시간 우리는 부모로서의 사명을 다시 한 번 다짐하면서 귀한 복 받기를 주님의 이름으로 축원합니다.

부르심의 목적과 우리의 사명

(딤후1:9-14)

창 3:9절에 하나님께서 "아담아 네가 어디 있느냐?"하시면서 부르신 이래 하나님은 역사를 통하여 계속하여 우리를 부르고 계십니다. 신약에서는 예수님을 통해 "수고하고 무거운 짐진 자들아 다 내게로 오라 내가 너희를 쉬게 하리라"고 부르셨습니다. 이렇게 하나님은 계속해서 우리를 부르십니다. 구약시대에는 하나님께서 신약시대에는 주님이, 그리고 성령시대인 오늘날에는 성령께서 부르십니다. 그러면 왜 하나님은 우리를 부르셨을까요? 그리고 이 부르심에 대한 우리의 태도는 어떠해야 하며 우리의 사명은 무엇인가요?

1. 부르신 목적

(1) 새 생명을 주시려고 부르심

딤후 1:10절에 "저는 사망을 폐하시고 복음으로써 생명과 썩지 아니할 것을 드러내신지라." 아담의 범죄 이후 만고의 영웅들이 참 생명을 얻고 싶어도 얻지 못했던 것을 예수님 안에서 우리에게 주셨다고 하였으니 이 얼마나 큰 축복인가요? 이를 위해 주님은 우리를 부르셨습니다.

부모를 통해 주신 육체의 생명은 잠정적인 것이고 하나님이 주시는 새 생명만이 영원한 것입니다.

(2) 화평케 하려고

고전 7:15절에 "하나님은 화평 중에서 너희를 부르셨느니라"고 하였습니다. 오늘날 이 세계의 문제점은 다툼과 분쟁입니다. 미·소가 다투고 있고, 이스라엘과 아랍이 다투고, 이란과 이락이 다투고, 남북이 다투고 있습니다. 세계 도처에 다툼이 없는 곳이 없습니다. 이런 우리들을 화평케 하시려고 주님은 부르신 것입니다.

요즘 여야의 시각적 차이를 보고 대학생들과 정부의 시각적 차이점을 보면서 참된 화해는 그리스도 안에서만 가능하다는 것을 절감합니다. 왜냐하면 주님께서 태어나실 때 "지극히 높은 곳에서는 하나님께 영광이요 땅에서는 기뻐하심을 입은 사람들 중에 평화로다"라고 했기 때문입니다. 그러므로 마음의 평화도 주님을 통해서 주어지고 가정의 화평도 주님을 통해서 이루어지고 국가와 사회 및 세계 평화도 주님을 통해서 이루어집니다.

(3) 상을 주시려고

빌 3:14절에 "하나님이 위에서 부르신 부름의 상을 위하여 좇아가느라"고 했습니다. 사람은 누구나 상을 받기를 원합니다. 그런데 하늘에는 썩지 아니할 면류관과 상이 있다고 하였습니다. 이를 위해 하나님은 우리를 부르고 계시는 것입니다.

(4) 영원한 기업을 주시려고

히 9:15절에 보면 "부르심을 입은 자로 하여금 영원한 기업의 약속을 얻게 하려 하심이니라"고 했습니다. 이 세상에서도 기업을 가진 사람들은 떵떵거리고 사는 것을 볼 수 있는데 그것은 비교도 되지 않는 영원한 하늘의 기업을 주시기 위해 우리를 부르셨다고 하였습니다. 하늘의 기업이란 곧 하나님의 기업입니다. 그것은 크게 세 가지입니다. 첫째는 창조요 둘째는 구원이요 셋째는 심판입니다. 이것을 우리에게 주신다고 하였습니다.

(5) 영원한 영광에 들어가게 하려고

벧전 5:10절을 보면 "모든 은혜의 하나님 곧 그리스도 안에서 너희를 부르사 자기의 영원한 영광에 들어가게 하신"다고 하였습니다. 그런데 우리의 죄로 인해 우리는 이 영광을 상실하였습니다. 롬 3:24절에 "모든 사람이 죄를 범하였으매 하나님의 영광에 이르지 못하더니" 즉 하나님께서 우리를 위해 예비한 영광이 있었으나 인간이 죄를 범함으로 그것을 상실하게 되었다는 말입니다. 그러나 하나님은 그것을 이제 우리들에게 주시기 위하여 부르셨다는 말입니다. 이처럼 하나님이 우리를 부르신 것은 참 생명과 화평, 상과 영원한 기업과 영광에 들어가게 하시려고 우리를 부르셨다고 하였습니다.

2. 부름 받은 자의 태도

(1) 무엇보다 우리는 감사해야

사실 우리는 하나님의 부르심에 합당한 존재들이 못됩니다. 자격은 없지만 그냥 은혜로 우리를 불러주신 것입니다. 우리가 제직이 된 것은 작년에 잘한 것이 있어서가 아니라 한번 더 기회를 주니 잘해 보라고 불러주신 것입니다. 그러므로 우리는 먼저 감사해야 합니다. 마음으로 감사하고 입으로 감사하고(기도와 찬양과 전도) 몸으로 감사해야 합니다.

(2) 부르심에 대한 확신을 가져야

많은 사람들은 부르심을 받았을 때 내가 과연 감당할 능력이 있는가? 하고 자격부터 생각합니다. 그러나 이것은 잘못입니다. 하나님이 부르신 것이 분명하면 거기에는 근심의 여지가 없습니다. 그냥 믿고 나가면 됩니다. 비록 요단강이 가로막고 있을지라도 염려할 필요가 없습니다.

하나님께서 "전진하라, 일어나 이 요단강을 건너라"하고 말씀하실 때 거기에는 불가능이란 있을 수 없는 것입니다. 그러므로 믿어야 하고 확신을 가져야 합니다.

(3) 맡겨주신 일에 충성해야

고전 4:1-2절에 "사람이 마땅히 우리를 그리스도의 일군이요 하나님의 비밀을 맡은 자로 여길지어다. 그리고 맡은 자들에게 구할 것은 충성이니라"고 하였습니다. 충성이란(온 정성을 다하는 것)을 말합니다. 요즘 교회에 보면 직분을 하나의 명예로만 생각하는 사람들이 늘어가는데 이것은 큰 잘못입니다. 직분은 명예직이 아니고 봉사직입니다. 아무것도 안 하면서 직분만 맡으려 해서는 안 됩니다. 예수님은 말씀하시기를 "내가 섬김을 받기 위해서 온 것이 아니라 섬기기 위해서 왔다"고 하였습니다. 그런데 주님을 따르는 많은 사람들은 섬김을 받으려고만 합니다. 그러면 어떻게 충성해야 하나요? 첫째로 시간을 가지고 충성하고 교회의 모든 집회에 적어도 제직들은 참석해야 합니다. 둘째는 물질을 가지고 충성해야 합니다. 교회의 모든 재정은 제직이 책임을 지지 않으면 안 되기 때문입니다. 셋째는 맡은 부서에서 책임을 감당해야 합니다. 교회는 주님의 몸이기 때문에 다 중요합니다. 그런데 책임을 맡다 보면 마음에 맞지 않는 것이 가끔 있습니다. 그래도 우리는 충성하지 않으면 안 됩니다. 요즘 보면 협조적 방해꾼이 적지 않게 있습니다. 책임만 맡고 일은 안 하는 사람들을 두고 하는 말입니다. 끝으로 충성해야 합니다. 연초에 제직이 되었을 때만 나팔꽃처럼 반짝해서는 안 됩니다. 인내하면서 참고 봉사해야 합니다.

(4) 성도들의 본이 되도록 힘써야

본래 본이란 단어는(휘포그람모스)라고 하는데 그 뜻은 펜글씨 배우는 사람들을 위해 점을 찍어서 이렇게 쓰라고 견본을 만들어 놓은 것을 말합니다. 신입교인들은 목사를 본받기보다 먼저 제직들을 본받습니다. 그리고 판단합니다. 마치 식당에 간 사람이 주인을 만나기 전에 안내하는 사람, 일하는 종업원을 보고 그 식당을 평가하듯이 교회도 마찬가지입니다. 그러므로 제직들은 그 교회의 얼굴입니다. 그 교회의 표준입니다. 무엇에 본이 되어야 하나요?

첫째는 교회출석에 본이 되어야 합니다.

둘째는 헌금생활에 본이 되어야 합니다.

셋째는 봉사에 본이 되어야 합니다.

넷째는 전도하고 사랑하는 일에 본이 되어야 합니다.

그러기 위해서는 자기 성장을 위해 계속 힘쓰지 않으면 안 됩니다.

사람의 몸은 성년이 되면 성장이 중지되고 말지만 속사람은 계속해서 성장합니다. 이것을 성화라고 합니다. 엡 4:13절에 "그리스도의 장성한 분량이 충만한 데까지" 자라야 한다고 하였습니다. 이제 바라기는 우리 모두가 육체적으로는 물론 중요한 것은 우리의 인격, 우리의 신앙, 우리의 속사람이 성장할 수 있기를 주님의 이름으로 축원합니다.

복을 누리며 살자

(잠3:7-18)

잠언은 하나님께서 어리석은 인생들에게 지혜를 주시기 위해서 기록한 책입니다. 지혜를 히브리어로 '호크마', 고구마가 아니고 호크마라고 하고 헬라어로는 '소피아'입니다. 이태리 영화배우 가운데 소피아 로렌이란 여자 배우가 있는데 아마도 지혜 있으라고 그렇게 이름을 지은 것 같습니다. 과연 어떻게 사는 것이 복을 누리면서 사는 것인가요? 본문의 말씀을 중심으로 함께 은혜를 나누려고 합니다.

1. 지혜란 무엇인가?

우리는 가끔 '저 사람 참 지혜가 있어'라고 말합니다. 과연 무엇이 지혜인가요? 먼저 지혜란 단순히 지식이나 학문이나 철학이 아니라는 점입니다. 아무리 많이 배워도 또 학문이 깊어도 지혜가 없는 사람이 적지 않습니다. 그러면 지혜란 무엇인가요? 지혜란 두 가지의 성격을 가집니다. 첫째의 지혜는 여호와를 경외하는 것에 기초한다는 점입니다. 그래서 잠 1:7절에 "여호와를 경외하는 것이 지식의 근본"이라고 했습니다. 그러므로 하나님을 모르는 사람은 아무리 배워도 지혜가 없는 사람이라고 할 수 있습니다. 둘째로 지혜란 실제적인 것입니다. 지식이란 생활에 다 적용되는 것은 아닙니다. 그러나 지혜란 다 생활에 적용되고 사용되는 것입니다. 그래서 지혜는 지식이나 학문이나 철학보다도 우리에게 더 필요하고 중요한 것입니다. 그래서 지혜는 지식이나 학문이나 철학보다도 우리에게 더 필요하고 중요한 것입니다.

오늘의 주제가 되는 복이란 것은 바로 이 지혜와 뗄 수 없는 관계를 갖습니다. 그래서 13절에도 "지혜를 얻은 자와 명철을 얻은 자는 복이 있나니"라고 말씀한 것입니다. 사실 복이란 얼마나 알고 있느냐 얼마나 학문을 했느냐와는 전혀 관계가 없고 지혜가 얼마나 있느냐와만 관계가 있는 것입니다.

2. 지혜를 얻지 못하는 이유

(1) 자기를 스스로 속이는 과시

스스로 속이고 있기 때문입니다. "에헴, 나는 지식이 있고 똑똑하다구" 하면서 사람이 저 잘난 맛에 산다는 말은 바로 이것을 두고 하는 말입니다. 그러나 7절에서 말합니다. "스스로 지혜롭게 여기지 말지어다." 우리나라에는 3가지 종류의 '박'이 있습니다.

첫째는 수박인데 요즈음같이 더울 때 시원하게 먹을 수 있어 좋습니다. 다음은 호박인데 이것은 찌개를 해먹거나 부침개를 해먹을 때 좋습니다. 세 번째는 가박(假博)이란 것이 있는데 이것은 사람들을 속이는데 사용합니다. '으음 나는 지식이 있단 말이야'하고. 그러나 이런 것은 스스로 속이는 행위입니다. 이것은 따지고 보면 무지에서 비롯된 것입니다. 갈 6:7절에 성경은 말씀하고 있습니다. "스스로 속이지 말라. 하나님은 만홀히 여김을 받지 아니하시나니 사람이 무엇으로 심든지 그대로 거두리라."

(2) 하나님을 떠난 오만

하나님을 떠나서 구하기 때문입니다. 약 1:5절에 지혜를 얻는 비결을 분명하게 말씀하고 있습니다. "너희 중에 누구든지 지혜가 부족하거든 모든 사람에게 후히 주시고 꾸짖지 아니하시는 하나님께 구하라. 그리하면 주시리라"

3. 왜 지혜가 필요한가?

(1) 복잡한 상황 탈피를 위해

인생은 복잡하기 때문입니다. 인생 구조 자체가 복잡합니다. 그래서 이 사회의 모든 것들이 무엇 하나 복잡하지 않은 것이 없습니다. 생각하는 것과 사는 것과 사람들과의 관계가 다 복잡하다 보니 지혜가 필요한 것입니다.

(2) 미래를 모르기 때문

우리는 미래를 모르기 때문에 지혜가 필요합니다. 아무리 많이 배운 사람이라도 내일 일을 알지 못합니다. 아니, 일분 후에 일어날 일도 알지 못합니다. 멀리 있는 별나라를 연구하면서도 바로 눈 위에 있는 눈썹이 몇 개인지를 모르는 게 인생입니다. 그래서 우리는 하나님의 지혜가 필요한 것입니다.

4. 지혜가 우리에게 복

(1) 영생으로 인도

16절에 지혜는 "그 우편 손에는 장수가 있고." 여기서 장수란 단순히 오래 사는 것을 의미하는 것은 아닙니다. 이것을 신약에서는 영생이란 말로 표현합니다. 요한복음 17:3절에 보면 "영생은 곧 유일하신 참 하나님과 그의 보내신 자 예수 그리스도를 아는 것이니이다."라고 했습니다. 여기서 '안다'는 말은 '기노스코' 즉 깊은 관계를 의미하는 말입니다. 주님과 깊은 관계를 가지는 것이 바로 영생이란 말입니다. 주님을 알고 주님과 깊은 교제를 가지는 것보다 더 큰 복이 어디 있습니까?

(2) 부귀를 보장

16절 하반절에서 "그 좌편 손에는 부귀가 있나니"라고 하였습니다. 그런데 이상한 것은 경제학자 치고 부자가 된 사람을 못 봅니다. 지식은 있지만 지혜가 없기 때문입니다.

(3) 기쁨과 평강의 첩경

17절에 "그 길은 즐거운 길이요 그 첩경은 다 평강이니라"고 하였습니다. 기쁨과 평강은 지혜의 산물이라는 말입니다. 지혜는 떠나야 할 것이 무엇이며 떠나지 말아야 할 것이 무엇인지 가르쳐줍니다. 불의한 사람들이 처음에는 잘되는 것 같으나 나중에는 망하는 것을 우리는 봅니다. 악은 절대로 행복을 가져오지 않습니다. 사탄은 언제나 쉽게 행복을 구하는 방법을 가지고 우리를 유혹합니다. 사탄은 행복이란 아름다운 것에 악이란 떡고물을 묻혀서 줍니다. 사람들은 행복에 굶주린 나머지 악의 떡고물도 보지 않고 먹다가 그만 악을 삼키게 되고 그 결과 망하고 맙니다.

5. 하나님의 지혜를 얻으려면?

(1) 하나님을 경외해야

7절에 "여호와를 경외하며" 즉 여호와를 경외할 때 지혜를 얻게 됩니다. 잠 1:7절에도 "여호와를 경외하는 것이 지식의 근본"이라고 하였습니다.

(2) 하나님의 징계에 순종해야

11절에 두 번째 해답이 나옵니다. "내 아들아 여호와의 징계를 경히 여기지 말라. 그 꾸지람을 싫어하지 말라." 사람은 단 것을 좋아합니다. 어린아이들이 설탕이 든 단 것을 좋아하다가 이빨이 다 썩고 마는 것처럼 듣기 좋은 말만 들으려고 합니다. 어른도 단 것 좋아하면 고혈압이나 당뇨 같은 성인병에 걸리기 쉽습니다. 그러나 반대로 약은 입에는 쓰지만 몸에는 좋습니다. 말씀도 마찬가지입니다. 사람들은 칭찬 듣는 것을 좋아합니다. 그러나 이것이 사탄의 방법임을 기억해야 합니다. 사탄은 우리에게 '아 잘합니다, 잘해'하며 교만하게 만드는 것입니다. 그러나 하나님은 우리에게 사랑하는 아들처럼 꾸지람을 주십니다. 이것을 받아들일 줄 아는 사람이 지혜 있는 사람입니다.

(3) 지혜의 가치를 인정해야

지혜의 귀중성을 알아야 지혜자가 됩니다. 다이아몬드의 귀중성을 알지 못한 아프리카인들에게는 그것은 하나의 돌에 불과하듯이 지혜가 정금보다 귀하고 세상의 그 무엇으로도 이에 비교할 수 없다는 것을 알아야 합니다.

(4) 믿음의 눈으로 바라봐야

믿음의 눈을 가지고 사물을 볼 때 참 지혜를 얻게 된다. 이 세상은 하나의 교과서와 같습니다. 자연이나 날마다 되어가는 역사는 다 하나님의 교과서입니다. 이것을 믿음의 눈으로 보면 지혜가 됩니다.

(5) 말씀을 듣고 기도로 간구해야

끝으로 성경의 말씀에 항상 귀를 기울이고 기도로 간구해야 지혜 있는 사람이 됩니다.

맺는말

사람은 누구나 하나님께서 주신 분복이 있습니다. 그 분복은 수치로 셀 수 없는 큰 것입니다. 그런데 이것을 사람들이 누리지 못하고 죽는 것은 지혜가 부족하기 때문입니다. 그러므로 우리는 하나님에게서 지혜를 얻어 우리에게 주신 분복을 누리면서 살다가 주님 앞에 서는 우리가 다 되기를 축원합니다.

보혜사이신 예수님

(요일2:1-6)

　　건강한 사람이라도 한두 번 병을 앓아보지 않은 사람이 없고 병원에
안 가본 사람이 없을 것입니다. 병원에 입원해 보면 가장 큰 소원이 무
엇인지 아십니까? 부자 되는 것이 아니고, 권력자가 되는 것도 아니고,
학자가 되는 것도 아니고, 그저 자연을 두 다리로 신나게 한 번 걸어 보
는 것입니다. 이처럼 건강은 중요합니다. 그런데 인간은 대대로 앓아
오는 병이 있습니다. 어떤 의사도 고치지 못했고 어떤 변호사도 해결하
지 못한 병입니다.

　　그것은 '죄'라는 병입니다. 그런데 하나님은 이 병을 고쳐주시기 위해
서 하나의 치료 방법을 준비하셨습니다. 곧 '의로우신 예수 그리스도'이
십니다. 사실 죄인인 사람은 그 어떤 사람도 우리를 도와줄 수 없습니
다. 오직 의로우신 예수 그리스도밖에는 아무도 우리의 병을 해결할 수
없습니다. 왜냐하면 이 병은 법적인 것이고 또 마음의 병이요 영혼의
병이기 때문입니다. 세상의 병원에는 내과, 외과, 산부인과 그리고 심지
어 정신병원이 있지만 아직도 영혼과는 없습니다. 왜냐하면 영혼은 아
무도 고칠 수 없기 때문입니다. 그리고 이것은 또한 법적인 문제이기
때문에 변호사 없이는 해결할 수가 없습니다. 변호사가 있다고 하여도
우리의 죄의 문제는 하나님과 해결해야 하기 때문에 세상의 변호사는

그 자격부터가 없습니다. 오직 의로우신 '예수 그리스도'만이 우리의 문제를 해결할 수 있습니다. 본문에 보면 예수님은 두 가지의 역할을 했습니다.

① 우리 죄를 위한 화목제물

2절에 "저는 우리 죄를 위한 화목제물이니" 구약의 제사장은 제물을 하나님께 드리는 일만 했지만 신약의 예수님은 그 자신이 대제사장이실 뿐 아니라 또한 희생제물이 되셨다는 점이 다릅니다.

② 우리의 변호인 예수 그리스도

1절에 "만일 누가 죄를 범하면 아버지 앞에서 우리에게 대언자가 있으니 곧 의로우신 예수 그리스도시라" 여기서 '대언자'란 말은 '변호사'라는 말입니다. 이 말은 원문에 보면 '파라클레토스'라고 하는데 이것은 요한복음 14장에서는 '보혜사'라고 번역하고 있고 여기서는 '대언자'라고 번역하고 있습니다. 이 말의 뜻은 우리가 어려움을 당하고 있을 때에 불림을 받아 옆에 계시면서 도와주고 해결해주시는 분이란 뜻입니다. 그러므로 예수님은 변호사이기는 하지만 보통 변호사와는 전혀 다른 변호사이십니다. 웨스트코트(Westcott)는 예수님은 보통 변호사처럼 법이나 어떻게 피하기를 가르쳐 주시는 분이 아니고 스스로 실천하시면서 적용하시는 분이라고 하였습니다. 그러면 이 시간에는 우리 영혼의 변호사이신 예수님께서 하시는 일이 무엇인가를 함께 살펴보면서 은혜를 나누려고 합니다.

보혜사이신 예수님의 하시는 일은 크게 두 가지입니다.

첫째는 우리를 위해 객관적으로 하나님을 향해 하시는 일이 있고,

둘째는 우리 안에서 주관적으로 사람을 향해 하시는 일이 있습니다.

1. 객관적으로 우리를 위하여 하나님을 향해 하시는 일

주님은 무엇보다도 '율법을 완성'하셨습니다. 인간이 죽게 된 것은 하나님의 법을 어겼기 때문입니다. 선악과를 따 먹고 율법을 어기고 악을 행하기 때문입니다. 율법이란 마 22:37-40절에서 말씀하신 대로 사랑이란 말로 요약할 수 있습니다. 그것은 바로 섬기는 생활을 말합니다. 주님은 그의 삶에서 이것을 보여주셨습니다. 그래서 주님은 인자가 온 것은 섬김을 받으려 함이 아니요 섬기기 위해서 왔다고 하셨고 실제로 주님은 그것을 실천에 옮겼습니다.

(예화) 요 13:1-20절. 겉옷을 벗고 수건을 가져다가 허리에 두르시고 대야에 물을 담아 발을 씻기심. 주님의 섬김의 극치는 십자가에서 잘 나타났습니다. "다 이루었다"(요19:30). 이것은 인간과 하나님 사이에 끊겼던 다리가 연결되고 그동안 인간이 하나님 앞에서 지키지 못했던 율법을 완성하였다는 말입니다. 그러므로 우리는 내가 무엇을 더 하려고 해서는 안 됩니다. 주님이 다 이루셨습니다. 중요한 것은 우리는 다만 믿고 받아들이기만 하면 되는 것입니다.

2. 주관적으로 우리 안에 계심

주님께서 주관적으로 우리 안에 계셔서 사람을 향해 하시는 일이 있습니다. 여기에는 크게 6가지가 있습니다.

(1) 소망을 일깨워 주심

(예화) 미국에서 장사를 하고 있을 때 그것이 고발당해 문제가 있었을 때 변호사가 해결해 주었습니다. 미국 법은 변호사가 있는 한 출국시키지 않습니다.

우리는 날마다의 생활 속에서 사방이 막힌 것 같은 어두움 속에서 얼마나 절망하며 괴로워하고 있나요? 개인적으로는 모든 일이 마음대로 안 되고 가정에 우환은 끊이지 않고 또 사회적으로는 말 하나 마음 놓고 할 수 없고 억울한 일을 당하고도 참아야 하는 일이 얼마나 많습니까? 게다가 교계적으로도 불의가 언제나 이기고 바로 살려는 사람은 조직이 약해 항상 당하기만 하는 세상이 아닌가요? 요즘은 김동길 교수의 말대로 말하고 글 쓰는 사람만큼 괴로운 직업도 없습니다. 이것이 지금의 현실입니다. 책방에 가면 베스트셀러는 다 출판이 정지된 소위 불온 서적이고 티브이나 신문의 뉴스는 믿지 않고 그것과는 다른 소위 유비통신(유언비어)을 더 믿고 있습니다. 앞이 캄캄한 세상입니다. 그러나 주님은 우리 안에 계셔서 우리에게 소망을 주십니다.

(2) 믿음을 주시고 일깨워 주심

믿음의 씨앗은 하나님께서 주시는 선물입니다. 엡 2:8에 "너희가 그 은혜를 인하여 믿음으로 구원을 얻었나니 이것이 너희에게서 난 것이 아니요 하나님의 선물이라." 그러나 이 믿음을 키우는 것은 우리에게 맡겨주신 사명입니다. 롬 10:17절에 "믿음은 들음에서 나며 들음은 그리스도의 말씀으로 말미암느니라."

(3) 회개를 일깨워 주심.

주님은 첫 설교가 "회개하라 천국이 가까웠느니라"는 것이었습니다. 회개는 주님께서 가르치심의 핵심이었습니다. 왜냐하면 인간의 불행은 하나님을 떠난 데서 왔기 때문입니다. 회개가 무엇인가요? 헬라어의 일반적 개념은 '마음의 변화'를 의미합니다. 그러나 주님은 이것을 '방향의 변화'란 뜻으로 사용하셨습니다. 즉 주 바라기 성도가 되는 것입니다. 인생의 목적이 변하고 인생의 방향이 변하고 인생의 원리가 변화는 것을 말합니다. 이것이 변해야 인생은 삽니다. 이것을 주님은 우리 안에 계셔서 일깨워주십니다.

(4) 사랑으로 주님 앞에 살게 하심

사랑을 불러 일으켜서 사랑하는 주님 앞에서 살게 해주십니다. 인간 속에 있는 원죄의 독소 때문에 이기주의로 살고 있는 인간에게 주님은 그의 가르치심(원수까지 사랑하라)과 십자가 위에서 저희를 사하여 주옵소 서라는 기도를 통해 사랑의 진리를 보여주셨습니다.

(5) 죄를 미워하게 하고 선과 의를 구하게 하심

악한 습관이나 악한 삶은 은혜를 받음으로써 해결됩니다.

(6) 헌신하게 하심

결국 인간의 가치는 그 무엇을 위해 사느냐에 달려 있습니다. 세상에 는 자기 배만 섬기면서 사는 동물 같은 인생도 있고 자신을 위해 남을 해치는 거미 같은 인생도 있습니다. 또 나라와 이웃을 위해 사는 훌륭 한 분들도 있습니다. 그러나 최고의 가치는 하나님이시요 우리의 구주 이신 주님을 위해 사는 일입니다. 그러면 주님을 위해 산다는 것은 무 엇인가요? 마태복음 25:40절에 "너희가 여기 내 형제 중에 지극히 작 은 자 하나에게 한 것이 곧 내게 한 것 이니라"고 하셨고 45절에서 "이 지극히 작은 자 하나에게 하지 아니한 것이 곧 내게 하지 아니한 것이 니라"고 하였습니다. 다시 말해 주님을 섬기는 삶이란 주님을 믿고 이웃 에 대해서 섬기는 삶을 사는 것을 말합니다. 사람은 누구나 자기만이 할 수 있는 일이 있습니다. 그 역할을 성실하게 수행하는 것이 바로 섬 기는 생활입니다.

이제 바라기는 우리 모두가 우리의 보혜사이신 예수님을 믿고 그의 도움을 받아 하나님과 죄의 문제를 해결하고 타인을 향한 섬기는 삶, 주는 삶을 사는 보람 있고 가치 있는 행복한 인생이 되기를 축원합니다.

보라 내가 새 일을 행하리라

(사43:14-21)

1. 하나님은 어떤 분이신가?

먼저 우리에게 말씀하시는 하나님은 어떤 분이신가부터 말씀드리겠습니다. 본문에 보면 하나님은 우리에게 말씀을 주시기 전에 자신의 신분을 밝히고 있습니다. "구속자요 이스라엘의 거룩하신 자"라, "창조자요 너희의 왕이니라"고.

그런데 왜 하나님은 자신의 신분을 밝히고 있는 것일까요? 그것은 당시 이스라엘은 바벨론에 포로로 잡혀가 있는 때였습니다. 저들은 모든 것에 자신이 없었습니다. 자포자기 상태였습니다. 그래서 43장에 보면 '너는 두려워 말라'고 하시면서 말씀하신 분의 권능을 설명하고 있습니다.

그런데 하나님의 말씀은 네 가지의 성격을 가지고 있다고 했습니다.

첫째로 하나님의 말씀은 빛이 있으라 하매 있었던 것처럼 창조하는 능력을 가지고 있습니다. 없는 것 가운데도 있게 하시는 하나님이신 것입니다.

둘째로 하나님은 왕이시기 때문에 그의 말씀은 우리가 꼭 순종해야 하는 구속력을 가지고 있습니다. 해도 좋고 안 해도 좋은 그런 하나님이 아닙니다.

셋째로 하나님은 구속자이시기 때문에 그의 말씀은 위로와 구원하는 힘을 가지고 있습니다. 약한 것을 들어 강하게 하시고 죽어가는 자를 살리시는 하나님이십니다. 그래서 히 4:12절에 보면 "하나님의 말씀은 살았고 운동력이 있어 좌우에 날선 어떤 검보다도 예리하여 혼과 영과 및 관절과 골수를 찔러 쪼개기까지 하며 또 마음의 생각과 뜻을 감찰하신다'고 하였습니다.

넷째로 하나님은 거룩하신 분이시기 때문에 그의 백성인 우리도 거룩하기를 원하고 계십니다. 레 11:45절에 보면 내가 거룩하니 너희도 거룩하라고 하였습니다. 명령뿐 아니라 실제로 거룩하게 만드십니다. 죄인을 의인되게 하십니다.

그런 하나님께서 우리를 구원하신 큰 일 세 가지를 들면 첫째로 이스라엘을 종 되었던 애굽에서 구원하여 주셨습니다. 둘째로 바벨론에 포로로 잡혀 있던 이스라엘을 메데파사의 고레스 왕을 일으켜 해방시켜주셨습니다. 이제 이 하나님이 죄의 종이 된 우리를 사단의 권세에서 구원하여 주시는 것입니다. 이런 능력의 하나님이 지금 우리들에게 말씀하신 것입니다.

2. 하나님이 주신 말씀은?

(1) 이전 일과 옛적 일을 기억치 말라

18절에 보면 "이전 일을 기억하지 말며 옛적 일을 생각지 말라"고 하셨습니다.

첫째로 이 말씀의 근본 뜻은 인생이란 과거에 사로잡혀 살기 쉽기 때문에 우리들에게 과거에 사로잡히지 말라고 하신 말씀입니다. 인간은 누구나 과거의 노예입니다. 그래서 과거에 맺은 나쁜 관계를 벗어버리지 못합니다. 과거에 지은 죄도 벗어버리지 못합니다. 바로 여기에 문제가 있습니다. 그러나 우리가 새롭기 위해서는 과거와의 관계를 끊어야 합니다. 이것은 그냥 되는 것이 아니라 회개를 통한 용서만이 가능케 합니다.

둘째로 이 말씀은 과거를 표준으로 삼지 말라는 것입니다. 사람들은 항상 과거가 좋아 보이고 또 그것을 표준으로 삼기 때문에 새로운 어떤 것도 거부하는 경향이 있습니다. 그래서 미래지향적이어야 함에도 불구하고 과거 지향적으로 흘러갑니다. 따라서 발전도 없고 새로운 것도 없습니다.

셋째로 이 말씀은 나에게 잘못한 사람들을 용서하라는 것입니다. 상대방이 나에게 잘못한 것만 기억하고 생각하면 결국 우리는 서로 미워하게 되고 서로 헐뜯게 됩니다. 그래서 이전 일을 기억하지 말며 옛적 일을 생각하지 말라고 한 것입니다. 이런 점에서 우리는 과거 불행한 일을 이제 청산하고 서로 사랑할 수 있어야 합니다.

(2) 새 일을 행하신다는 약속

가장 중요한 것은 하나님께서 새 일을 행하신다는 약속입니다.

물론 이것은 저들을 메데파사의 고레스 왕을 통하여 바벨론의 포로에서 구원하여 주신다는 뜻입니다. 이 세상에서 구원보다 더 새로운 것은 없습니다. 구원이란 과거에서 벗어나는 것입니다. 인간이 비본래적 자아에서 본래적 자아로 방향을 전환하는 것을 말합니다. 그런데 이런 변화는 인간의 힘으로는 할 수 없습니다. 그래서 롬 3:10절에 "의인은 없나니 하나도 없다"고 했습니다. 또 전 1:9절에 보면 "해 아래는 새것이 없다"고 했습니다. 오직 하나님만이 하실 수 있습니다. 왜냐하면 새로운 일이란 바로 창조이기 때문입니다.

(3) 구원을 위해 거듭나게 하심

그런데 하나님은 구원의 역사를 위해 먼저 우리를 거듭나게 하십니다. 사람이란 한 번 태어나면 두 번 죽고, 두 번 태어나면 한 번 죽습니다. 그러므로 거듭나지 않으면 전혀 태어나지 않은 것만 못합니다. 그러면 문제는 우리가 어떻게 거듭날 수 있습니까? 요 3장에 보면 니고데모의 이야기가 나옵니다. 그는 당시 존경을 받는 바리새인이었습니다. 율법에 박식하고 또 적어도 종교적 생활을 잘하는 모범적 사람이었습니다. 그런데 예수님께서 보실 때에는 문제가 있었습니다. 그는 교양과 덕도 있었고 또 율법을 잘 지키는 사람이었지만, 그러나 이것만 가지고는 천국에 갈 수 없다는 것을 주님은 지적을 하셨습니다. 그래서 5절에 "사람이 물과 성령으로 거듭나지 아니하면 하나님 나라에 들어갈 수 없느니라"고 말씀하셨습니다. 여기서 거듭난다는 말은 위로부터 난다는 뜻입니다. 우리는 위로부터 태어나야 위에 있는 나라인 하나님 나라에 갈 수 있습니다. 어머니에게서 밑으로만 태어나면 밑의 나라인 이 세상에서만 살 수 있습니다.

중생의 역사는 기도 없이는 절대로 일어나지 않습니다. 하나님의 창조하시는 말씀 없이는 일어나지 않습니다.

(4) 새로운 길

19절에 보면 이 새로운 일이란 광야에 길을 내고, 사막에 강을 내는 것이라고 했습니다. 그뿐 아니라 장차 들짐승들이 하나님을 존경하는 그런 사회가 이루어진다고 했습니다.

이것은 두 말할 필요도 없이 바로 메시야 시대를 의미하는 것입니다. 하나님의 통치가 우리의 마음에 먼저 일어나고 다음에는 우리의 가정에 일어나고, 다음에는 교회 안에 일어나고. 그래서 마침내는 우리 사회에 새로운 불씨가 되어야겠습니다.

그러면 이런 새로운 일이 언제 일어납니까?

본문에 보니 '이제' 일어난다고 했습니다. 먼 훗날이 아니라 이제, 지금 여기서 일어난다는 것입니다. 우리는 하나님의 나라나 영생을 미래의 것으로만 생각해서는 안 됩니다. 하나님 나라와 영생은 현재적 의미를 가지고 있다고 성경은 선포하고 있습니다. 문제는 우리가 하나님을 제한하고 있기 때문입니다. 우리의 교만이, 우리의 불신앙이, 우리의 죄악이 하나님의 역사하심을 제한하고 있습니다. 그러므로 우리가 겸손하면, 또 하나님의 능력을 믿고 우리의 죄를 회개하면 하나님의 역사가 일어난다는 사실입니다.

3. 우리를 새롭게 만드심

그러면 하나님께서 우리를 새롭게 만드시고 그의 새로운 일을 행하신다고 했는데 하나님은 도대체 어떤 목적을 가지고 우리를 창조하신 것일까요?

인간에게 중요한 것은 주제를 파악하는 것입니다. 자기 자신을 깨닫는 것입니다. 이것이 없기 때문에 사람들이 자행자제 합니다.

① 21절에 보면 "이 백성은 나를 위하여 지었다"고 했습니다.

② "나의 찬송을 부르려 함이니라"고 했습니다.

웨스트민스트 소요리문답 제1번에 보면 인생의 목적을 두 가지로 말씀하고 있습니다. 첫째는 하나님을 영화롭게 하는 것이요 둘째는 영원토록 그를 즐거워하는 것이라고 하였습니다. 우리는 하나님의 영광, 혹은 하나님을 영화롭게 한다는 말을 자주 사용합니다만 성경에 보면 나를 이 땅에 보내신 목적을 이룰 때 하나님께 영광이 돌아간다고 말씀하고 있습니다. 여기 찬양이란 말이 나옵니다만 중요한 것은 하나님께서는 우리의 찬양을 아주 기뻐하신다는 점입니다.

맺는말

지금 저와 여러분들에게 새로운 일이 일어나기를 축원합니다. 그것은 바로 중생의 역사요 구원의 역사입니다. 창조의 역사입니다. 이것은 기도를 통해 일어나고 말씀을 통해 일어납니다. 불행한 과거를 잊어버립시다. 그것은 바로 용서입니다. 또 과거에 얽매이지도 맙시다. 그것이 바로 회개입니다. 바라기는 저와 여러분 모두에게 중생과 성화의 새로운 일들이 이 시간 일어나기를 주님의 이름으로 축원합니다.

변화산의 체험

(마17:1-8)

왜 우리에게 변화산의 체험이 필요한가?

(1) 환상의 필요성 때문

높은 산에 오르면 밑에 모든 것이 보이듯이 환상을 보면 영의 세계가 보이기 때문입니다.

(2) 기도의 필요성 때문

기도는 하나님과의 영적 대화요 천국창고의 열쇠입니다. 안 되는 것을 되게 하는 능력의 지팡이기도 합니다. 마 7:7-8에 그러므로 기도는 현대 교회가 잊어버린 비결이요 마스터키입니다.

(3) 변화의 필요성 때문

세상만사가 다 변하는데 사람만이 타락한 상태로 그냥 있습니다. 변해야 합니다. 그러나 공부한다고, 노력한다고 변하는 것은 아닙니다. 거듭나야 변합니다. 그래서 오늘 기도원에 온 것입니다. 기도원이 무언가요? 바로 변화산입니다.

(4) 그리스도와의 만남의 필요성 때문

예수님의 제자들은 평소에 주님과 함께 있었습니다. 그러나 육체만 함께했을 뿐 진실로 주님과 함께 동행하지 못했습니다. 그리스도와 만나지 못했기 때문입니다. 그러므로 우리는 그리스도와 만나야 합니다.

그러므로 변화산의 체험이 있어야 합니다. 그러려면 어떻게 해야 합니까? 다음 일곱 가지가 있어야 합니다.

1. 따로 높은 산에 올라가야 합니다(1절)

아니 왜 편리하게 교회에서 안 모이고 이 좁고 불편한 곳에서 모이는가요? 세상에서는 세속적인 것만 보이고, 사람의 소리만 들리기 때문입니다. 그러나 높은 산에 오르면 텔레비전도 안 보이고, 권력에 눈이 어두운 정치가들도 안 보이고, 돈에 미친 세상 사람들도 안 보입니다. 오직 하나님의 은혜만 보이고, 구속한 주만 보이기 때문입니다.

2. 말씀하는 것이 보여야 합니다(3절).

지금도 주님은 살아계시고 말씀하고 계십니다. 그것을 들어야 하고 보아야 합니다. 율법의 대변자인 모세도, 예언의 대변자인 엘리야도 복음의 대변자인 예수님도 살아계심을 믿어야 합니다. 영의 눈에 보여야 합니다.

3. 영적 만족함이 있어야(4절).

주여 우리가 여기 있는 것이 좋사오니 하고 고백할 수 있는 영적 만족함이 있어야 합니다.

4. 주님을 위해 봉사할 각오가 되어 있어야 합니다(4절).

뭔가 주님께 빚진 심정으로 살아야 하고 봉사를 통해 갚으려는 자세가 되어야 합니다.

5. 음성을 들어야(5절)

구름 속에서 들려오는 음성을 들어야 합니다.

6. 주님께서 손을 대실 때에(7절).

주님의 안수를 받아야 합니다.

7. 오직 예수 외에는 아무도 보이지 아니하더라(8절).

그러므로 우리는 오직 예수의 체험을 하고, 오직 예수의 철학을 가지고, 오직 예수의 삶을 살아야 합니다. 그러려면 우리도 다 변화산의 체험을 가져야 합니다. 여러분 모두가 변화산에서의 놀라운 체험을 할 수 있기를 축원합니다.

변화산에서의 예수님

(마17:1-13)

오늘은 예수님께서 헬몬산, 혹은 어떤 학자들은 다볼산이라고 말합니다만 그곳에서 변화되신 곳이라고 말합니다. 그래서 이 시간에는 변화산에서의 예수님을 살펴보면서 우리도 변화산에서의 체험을 할 수 있기를 축원합니다.

1. 예수님께서 변화산에서의 체험을 제자들에게 보여주셨는가?

무엇보다도 중요한 것은 왜 예수님께서 변화산에서의 체험을 제자들에게 보여 주셨는가입니다. 크게 7가지의 이유가 있습니다.

(1) 제자들에게 주님께 대한 확신을 넣어주기 위해서

마 16장을 보면 예수님은 가이사랴 빌립보에서의 베드로의 고백 이후에 그가 잠시 후면 예루살렘에 올라가 고난을 당하고 십자가에 못 박힐 것을 예언하신 기록이 나옵니다. 그래서 제자들은 대단히 걱정을 하였습니다. 당황하고 괴로워하였습니다. 이런 제자들에게 주님은 저들을 위로할 뿐 아니라 이들에게 주님은 참으로 메시야라는 확신을 넣어주어야 할 필요를 느꼈던 것입니다. 그래서 바로 이 변화산에서의 체험을 통하여 염려하지 말라, 너희들이 믿는 주님은 참으로 하나님이 보내신 분이라는 것을 일깨워 주고 재림할 때의 영광을 보여줌으로써 저들에게 확신을 갖게 하기 위해서 변화산에서의 체험을 주신 것입니다. 지금 우리 가운데도 고난을 당하는 분들이 없지 않습니다. 이들에게 주님은 바로 변화산에서의 체험을 통하여 위로를 주시고 힘을 주시기 위해서입니다.

(2) 예수님을 지상적인 메시야, 정치적인 메시야로 겨우 생각

제자들이 예수님을 메시야로 믿고는 있었지만 그들은 아직도 예수님을 지상적인 메시야, 정치적인 메시야로 겨우 생각하고 있었던 것입니다. 그래서 주님은 이들의 주님께 대한 이해를 넓혀주기 위해서 이런 체험을 주신 것입니다.

그렇습니다. 우리도 참으로 주님께 대한 확신을 갖게 하기 위해서는 변화산에서의 체험을 가져야 합니다. 또 좀 더 주님께 대한 바른 이해를 갖고 폭넓은 이해를 갖기 위해서는 우리는 이 변화산에서의 체험을 갖지 않으면 안 됩니다.

(3) 말씀의 권위를 증명하기 위해서

예수님의 말씀의 권위를 증명하기 위해서 이 변화산에서의 체험이 필요했던 것입니다.

5절에 보면 "이는 내 사랑하는 아들이요 내 기뻐하는 자니 너희는 저의 말을 들으라"는 음성이 하늘에서 들렸다고 하였습니다. 이 음성은 바로 예수님께서 세례를 받으실 때의 바로 그 음성입니다. 그러나 차이점은 그때는 "너희는 저의 말을 들으라"는 음성은 없었습니다. 위의 음성은 "이는 내 사랑하는 아들이요"라는 말은 시편 2:7절의 말씀으로 이것은 예수님께서 왕이 되신다는 뜻입니다. 그리고 '내 기뻐하는 자'라는 말은 사 43:1절의 말씀으로서 예수님은 종이시라, 즉 왕은 왕이나 종된 왕이라는 뜻입니다. 그러면서 너희는 저의 말을 들으라는 것은 주님의 말씀의 권위를 언급한 말씀입니다. 그렇습니다. 세상에 주님의 말씀

만이 참 길이요 진리요 생명이십니다. 그러므로 우리는 그의 말씀을 들어야 삽니다. 바로 이것을 일깨워 주기 위해서 주님은 변화산에서의 체험을 제자들에게 주신 것입니다.

(4) 기독교는 초자연 종교라는 것

기독교는 초자연 종교라는 것을 보여주기 위해서 이 변화산에서의 체험을 주신 것입니다.

기독교는 신비주의가 아닙니다. 그러나 기독교에는 신비한 것이 많습니다. 우리 교회 안에서도 일어나고 있습니다만 의학적으로 어렵다고 생각한 분들이 기도하고 고침을 받은 분들도 적지 않습니다. 사실 기독교를 이성적으로만 이해하려고 하면 절대로 바른 신앙을 가질 수가 없습니다. 왜냐하면 기독교는 반이성적은 아니지만 그러나 초이성적이고 초자연적인 종교이기 때문입니다. 이것을 주님은 제자들에게 보여주시고 또 우리들에게 그것을 알게 하기를 원하셨던 것입니다.

(5) 왜 예수님은 변화산에서의 체험을 기록했는가?

그것은 제자들에게 천국의 기쁨을 체험케 함으로써 잠시 후에 주님을 잃게 될 슬픔을 준비케 하기 위해서입니다.

주님은 언제나 우리가 감당할 수 없는 시험을 주지 않으십니다. 그것도 미리 준비시키십니다. 고전 10:13절에 "사람이 감당할 시험밖에는 너희에게 당한 것이 없나니 오직 하나님은 미쁘사 너희가 감당치 못할 시험 당함을 허락지 아니하시고 시험당할 즈음에 또한 피할 길을 내사 너희로 감당하게 하시느니라"고 하였습니다.

(6) 율법과 예언의 완성자라는 것을 증명하기 위해서

게다가 16:28절을 보면 제자들 중에는 인자가 그의 왕권을 가지고 오는 것을 볼 자들도 있다는 예언이 나오는데 이것을 성취하기 위해서

요 또 3절에 보면 모세와 엘리야가 예수님과 더불어 대화를 하는 장면
이 나옵니다. 여기서 모세는 율법의 대표자요 엘리야는 예언의 대표자
입니다. 이것을 통해서 예수님은 율법의 완성자시요 예언의 완성자라는
것을 증명해줍니다. 그러나 이것은 그 이상의 의미를 갖습니다. 왜냐하
면 이 장면은 장차 있게 될 영광의 축소판이기 때문입니다. 즉 모세는
이미 죽은 자의 대표요 엘리야는 죽음을 맛보지 않고 승천하였기 때문
에 그는 재림 때 살아서 주님을 맞이할 자들의 대표인 것입니다. 즉 모
세와 엘리야를 통하여 예수님은 우리가 죽어 있거나 살아 있거나 다 부
활할 것이라는 것을 증명하신 것입니다.

(7) 예수님만이 유일한 안식이요 예수님만이 유일한 구원

8절에 보면 "오직 예수 외에는 아무도 보이지 아니 하니라"고 하였는
데 이것은 예수님만이 유일한 안식이요 예수님만이 유일한 구원이시오,
예수님만이 진리라는 것을 말해줍니다.

2. 우리는 어떻게 해야 하는가?

(1) 변화산에서의 체험을 우리도 가져야

이 체험 없이는 확신을 가질 수가 없습니다. 이 체험 없이는 신앙의
깊이가 없고 주님께 대한 넓은 이해가 생길 수가 없습니다. 이제 문제
는 어떻게 변화산에서의 체험을 갖느냐입니다. 여기 제자들을 보면 첫
째로 주님을 따라갔는데 그 비결이 있고 둘째는 제자들이 산에서 기도
하고 있을 때에 일어났다는 점입니다.

사실 체험 없는 신앙은 확신이 없습니다. 체험 없는 봉사는 기쁨이
없습니다. 체험 없는 기도는 뜨겁지 않습니다. 체험 없는 사랑은 형식
적입니다. 그러므로 우리는 다 같이 변화산에서의 체험을 가져야 합니
다. 그러려면 무엇보다도 주님을 따라 가야 합니다. 다음은 기도 생활

을 해야 합니다. 기도생활을 하지 않고 변화를 기대하는 것은 가만히 앉아서 돈이 생기기를 기대하는 것처럼 어리석은 것입니다. 우리 교회에 보면 새벽기도나 금요철야 기도는 늘 나오는 사람들만 나옵니다. 사실 체험 없는 분들에게는 이것은 고역일 것입니다. 그러나 체험을 가진 사람들에게는 이것은 가장 즐거운 시간입니다. 여러분, 기도의 체험을 가지시기를 축원합니다. 왜냐하면 기도 없이 변화는 없고, 기도 없이 주님의 음성을 들을 수 없고, 기도 없이 변화산에서의 체험은 불가능하기 때문입니다.

(2) 오직 예수님만 바라보고

일단 산 위에 올라가서는 다른 것 보지 말고 오직 예수님만 바라보아야 합니다. 어떤 분들은 교회에 나와서 주변에 있는 교인들을 봅니다. 목사님을 봅니다. 장로님을 봅니다. 그러다가 인간의 냄새를 맡고 그만 실망하고 맙니다. 그러나 여러분, 교회에 와서 사람들을 보지 마세요. 오직 주님만 보아야 합니다. 그래야 기쁨을 가질 수 있고 주님을 만날 수 있습니다. 수박 먹을 사람이 껍질만 보고 그것이 전부인 것처럼 생각하면 절대로 수박 맛을 알 수 없는 것과 같습니다.

(3) 산 밑에 있는 사람들을 생각하여 내려가야

변화산에서의 체험을 한 사람들은 아직도 산 밑에 있는 사람들을 생각해야 합니다. 베드로는 너무도 놀라운 체험을 가지고는 그곳에 그냥 영원히 머물러 있기를 원하였습니다. "우리가 여기 있는 것이 좋사오니 주께서 만일 원하시면 하나는 주를 위하여, 하나는 모세를 위하여, 하나는 엘리야를 위하여 하리이다"라고 실언을 했던 것입니다. 오늘의 교인들도 마찬가지입니다. 체험 있는 분들은 그만 체험에 황홀한 나머지 남을 보지 못하는 경우가 없지 않습니다. 그러나 우리는 산 밑에 있는 사람들을 생각하여 내려가야 합니다. 교회는 두 가지가 있습니다. 하나는 모이는 교회, 다른 하나는 흩어지는 교회입니다. 그런데 한국 교회는 흩어지는 면이 약합니다. 즉 줄줄 모르고 봉사할 줄 모릅니다. 바로 여기에 문제점이 있습니다. 은혜 받고는 이것을 산 밑에 있는 사람들에게 나누어주려고 하지 않고 자기만 가지려고 합니다. 그러나 우리는 변화산에서의 체험을 한 후에 산 아래로 내려가는 결단을 해야 합니다. 이 시간 우리는 변화산에서의 체험을 통하여 확신을 가지는 것은 물론 산 아래로 내려가는(낮은 데로 임하소서) 결단이 있기를 주님의 이름으로 축원합니다.

번제를 기뻐하시는 하나님

(레1:3-9)

우리 하나님께서 기뻐하시는 것이 많이 있지만 그 중에서도 번제를 아주 기뻐하십니다. 이 번제는 자원해서 드린다고 해서 '자원제'라고도 합니다. 여기에는 두 가지의 목적이 있습니다. 하나는 하나님과의 관계를 바로 회복하기 위해서이고, 다른 하나는 지금까지는 내 마음대로 살았지만 이제부터는 주님 원하는 대로 하십시오 하고 내어 맡겨서, 헌신과 봉사하는데 그 목적이 있습니다.

사용되어지는 제물은 생활형편에 따라 다르게 하는데 부자들은 흠 없는 수소(암소는 안 됨), 중류층의 사람들은 흠 없는 수 염소와 수양, 그리고 가난한 사람들은 산비둘기와 집비둘기 새끼를 드렸습니다. 그러나 반드시 생축을 드려야 한다고 했습니다. 그것은 속죄를 받기 위해서는 피가 있어야 하기 때문입니다. 피만이 죽음과 속죄를 의미합니다. 이것은 신약시대에 있게 될 예수님의 십자가에서의 피의 모형입니다.

그 제물의 종류에 따라 의미도 다릅니다. 예를 들면 소는 인내와 수고를 의미합니다. 즉 섬김의 상징입니다. 이 말은 하나님은 물질만 드려서 되는 것이 아니라 우리의 마음을 다한 섬김을 원하신다는 뜻입니다. 다음으로 양은 온순함과 순종을 의미하고 비둘기는 성결함을 의미합니다. 방법은 가죽을 제외한 모든 부분을 각을 뜹니다. 이유는 첫째는 태울 때 모든 부분이 다 잘 타도록 하기 위해서이고, 둘째는 모든 부분들을 다 하나님께 드린다는데 의미가 있습니다. 그리고 나서 피를 제단에 뿌립니다. 여기서 피는 예수님의 십자가를 모형적으로 보여줍니다. 그런 면에서 본문은 대단히 중요한 구속사적 의미를 가지고 있습니다. 다음에는 제물을 불로 태웠습니다.

그러면 이 번제의 의미는 무엇일까요? 번제란 제물을 모두 불에 태운다는데 의미가 있습니다. 다시 말하면, 향기로운 냄새를 드리는 제사입니다. 그러면 이 번제가 의미하는 뜻은 무엇입니까? 그것은 바로 하나님께 향기로운 냄새를 드린다는 뜻입니다. 사실 소나 염소나 양이나 비둘기를 태우는 냄새는 인간의 코에는 좋지 않습니다. 그러나 하나님은 좋아 하신다고 했습니다.

왜 그러면 하나님께서는 짐승을 태우는 것을 좋아 하실까요? 여기서 우리가 주목해야 할 것은 하나님이 냄새 자체를 좋아하는 것이 아니라 그 행위가 상징하는 바, 즉 하나님의 명령에 따라 순종하는 것을 아주 좋아하신다는 뜻입니다. 왜냐하면 인간이 하나님과 화목할 수 있는 방법은 순종밖에는 아무것도 없기 때문입니다. 그래서 우리 하나님이 가장 기뻐하시는 제사는 '순종의 제사'입니다. 그래서 "순종이 제사보다 낫고"(삼상15:22)라고 하였던 것입니다. 거기에는 크게 세 가지의 뜻이 있습니다.

1. 번제는 우리의 죄의 고백

번제를 바친다는 것은 하나님은 우리의 죄의 고백을 좋아하신다는 말입니다. 하나님께서 예배를 기뻐하시는 것은 바로 죄의 고백이 있기 때문입니다. 소를 번제로 드릴 때 보면 소에 안수를 하는데, 이것은 자신의 죄가 제물인 소에게 전가된다는 것을 의미합니다. 이것은 바로 구약시대에 죄를 고백하는 의식입니다.

그러므로 오늘날도 하나님께 예배를 드릴 때에 눈물을 흘리며 기도하는 것을 하나님은 기뻐하십니다. 참회하는 기도를 하나님은 기뻐하십니다. 그러나 많은 성도들은 눈물 없는 기도, 참회 없는 찬양, 축복만을 빌어주는 설교를 좋아합니다. 그러나 욥기서를 보면 욥은 겉옷을 찢고, 머리털을 밀고, 땅에 엎드렸던 것을 볼 수 있습니다(욥1:20). 욥은 자신이 부정한 죄인이라는 것을 철저하게 깨달았습니다. 여러분들은 정말 하나님을 만나보고 싶습니까? 그렇다면 번제를 드리는 심정으로 가슴을 찢고 하나님 앞에서 통회하면서 나오시기를 바랍니다.

2. 죄를 완전히 벗고 정결과 거룩한 모습을 보임

번제를 드릴 때 제물의 가죽을 모조리 벗기듯이 우리의 더러워진 모습을 완전히 벗기는 정결과 거룩함이 있어야 합니다. 시편 29:2절에 보면 "거룩한 옷을 입고, 여호와께 경배할지어다"라고 했습니다. 일종의 할례행위를 반복하는 것입니다.

또 번제 때 비둘기를 드리는 것은 비둘기가 의미하는 깨끗함과 성결함 때문입니다. 사실 우리가 제사를 드릴 때에 정결함과 거룩함이 있어야 하는 것입니다.

3. 번제에는 내장까지 불에 태움

다시 말하면 전적인 헌신이 있을 때 하나님은 기뻐하십니다. 제물의 몸뚱어리까지 다 태울 때 하나님은 기뻐하십니다. 즉 아브라함이 모리아 산에서 이삭을 제물로 드리듯 나의 전체를 하나님께 바칠 때 하나님은 그 제물을 기쁘게 받으신다는 말입니다.

모 티브이에서 토크쇼를 하고 있었습니다. 발라드풍의 아주 신선한 노래로 많은 사람들의 인기를 끌고 있는 인기절정의 22살 난 미인 가수가 나왔습니다. 대화가 시작되었습니다. 올해 나이는? 취미는? 뭐 팬은 많겠지만 특별히 스타를 차지한 행운아는 없는지? 그러자 미인 가수는 조금도 주저함이 없이 말합니다. 사실은 제가 지금 사랑에 빠져 있어요. 그러자 회중은 조용했습니다. 죄송하지만 공중 앞에서 말씀할 수가 있겠습니까? 사회자가 물었습니다. 물론이지요. 저는 지금 예수님과 사랑에 빠졌어요. 앞으로는 그만을 위해서 살겠어요. 그만을 위해서 노래하겠어요 하고 대답했습니다. 이 가수는 대중가수로서의 길을 정리하고, 선교단체에 가입해서 복음 송 가수로서의 삶을 시작하였습니다. 이게 바로 헌신이요 번제입니다.

여러분들에게도 이런 극적인 변화가 일어나기를 주님의 이름으로 축원합니다.

백배나 축복을 받은 이삭

(창26:12-25)

우리는 가능하다면 다 부자가 되기를 원합니다. 저도 부자가 되고 싶습니다. 여러분들도 마찬가지일 것입니다. 그런데 부자 중에는 겉으로만 번드레하게 부자이고 실제는 남의 돈으로 부자인 체하는 사람들이 우리 주변에는 너무 많습니다. 그런데 참 부자 중에도 물질만 많고 영적으로는 가난한 사람이 있고 반대로 물질도 영적으로도 다 부자인 참 부자가 있습니다. 저는 여러분들이 진짜 부자, 즉 영적으로나 물질적으로나 진짜 부자가 되기를 원합니다. 그래서 이 시간에는 진짜 부자였던 이삭을 중심으로 '백배나 축복을 받은 이삭'이라는 제목으로 함께 은혜를 나누려고 합니다. 창 25-27장에는 이삭에 관한 자세한 기록이 나옵니다. 25장에는 아버지로서의 이삭을 말씀하고 있고, 26장에는 이삭의 축복에 대해서, 그리고 27장에서는 이 축복을 이삭이 어떻게 나누어주었는가를 언급하고 있습니다. 이 시간에는 26장의 말씀을 중심으로 이삭이 당면했던 문제가 무엇이었는가? 그는 어떤 축복을 받았으며 그 비결은 무엇인가를 함께 상고하면서 은혜를 나누려고 합니다.

1. 이삭이 당면했던 문제 두 가지

(1) 거주지 문제

첫째로 거주지를 잘못정한 것입니다. 하나님의 축복의 땅인 가나안과 우상의 본거지인 애굽의 중간지점엔 그랄에 머물렀다는 점입니다. 그 결과 1-5절을 보면 이삭은 그의 아버지가 당면했던 똑같은 유혹에 직면한 것을 볼 수 있습니다. 이삭은 흉년이 들어 '그랄'에 머물게 되었던 것입니다. 아브라함도 흉년이 들었을 때에 애굽으로 가서 그 흉년을 극복하려고 하였습니다. 즉 하나님이 주신 가나안 땅에 머물지 않고 인간적인 방법으로 물이 많고 곡식이 풍성한 애굽으로 갔다가 오히려 큰 시험을 당한 것입니다. 이삭이 당면했던 첫 번째 문제도 그의 거주지를 국경지대에 정했다는 점입니다. 우상의 본고장인 애굽은 떠났으나 그 중간지점인 그랄 땅에 머물렀다는 것은 그의 큰 잘못이었습니다. 이것은 당시에만 한한 것은 아닙니다.

지금도 이삭과 같이 '경계선 신자', '국경선 신자'들이 의외로 많습니다. 세상과 하나님 나라의 중간지대에 살고 있는 것입니다. 그래서 세상 즐거움도 맛보고 하나님 나라에도 가는 일거양득하려는 경계선 신자들이 적지 않게 있는데 이것은 바로 아브라함이 당면했던 시험이요 이삭이 당면했던 시험입니다. 아니, 저와 여러분들에게 임하는 시험인 것입니다. 저는 요즈음에 왜 하나님이 두 손을 주셨나? 하고 생각해보곤 합니다. 여러 가지 대답이 있을 것입니다. 발과 짝을 맞추기 위해, 보기 싫지 않게, 그러나 분명한 것은 서로 협력하라고 주신 것 아닌가? 그런데 문제는 이 두 손에 다 갖기를 원한다는 점입니다. 세상 것과 하나님 나라의 것, 어디 그뿐인가요? 이 세상에서도 두 마리의 토끼를 잡으려고 하듯이 한 가지만을 갖는 것이 아니라 두 가지를 한꺼번에 가지려고 합니다. 예를 들면 명예와 함께 물질을 원한다든지 합니다. 이처럼 인간의 본성은 세대를 거쳐 내려오면서도 개선되지 않고 있습니다. 그러나 우리가 백배의 축복을 받으려면 바로 이 첫 번째 유혹을 이겨야 합니다.

(2) 곤경

곤경을 당했을 때 인간적인 방법으로 이것을 극복하려고 하였습니다.

즉 반쯤 거짓말로 극복하려고 하였습니다(6-11절). 이것은 아브라함도 마찬가지였습니다. 아브라함은 창 12:12-13절을 보면 "애굽 사람이 그대를 볼 때에 이르기를 이는 그의 아내라 하고 나는 죽이고 그대는 살리리니 청컨대 그대는 나의 누이라 하라" 즉 아내의 아름다움 때문에 애굽의 바로왕에게 죽을까봐 사라를 자기의 누이동생이라고 하였습니다. 참 이상하지요? 이때 사라의 나이 65세인데도 애굽의 바로왕이 탐할 만큼 잘생겼다고 했으니.

어쨌든 아브라함의 이 말은 완전한 거짓말은 아니고 반쯤 거짓말입니다. 왜냐하면 사라는 배 다른 누이동생이었기 때문에 전혀 거짓말은 아닙니다. 그러나 이때 사라는 그의 아내였기 때문에 이것을 분명히 밝혔어야만 했습니다. 그러나 아브라함은 사람을 무서워하였습니다. 그런데 이삭도 꼭 같은 잘못을 범하였습니다. 7절에 보면 그의 아내 리브가가 보기에 아리따우므로 그곳 백성이 자기를 죽일까 하여 두려워서 이런 반 거짓말을 하였던 것입니다.

그 결과 이삭은 축복을 잃었고 간증을 잃었고 또 그곳 왕에게서 문책을 당하였던 것입니다. 10절에 보면 아비멜렉이 "네가 어찌하여 우리에게 이렇게 행하였느냐?"하는 문책이 나옵니다. 사실 우리는 양심이 있기에 완전한 거짓말을 하지는 않습니다. 그러나 반쯤 거짓말을 자주합니다. 곤경을 면하기 위하여 반쯤 거짓말을 하면 일이 잘될 것처럼 보이나 그러나 그렇지 않습니다. 그러므로 우리는 면전에서 무안을 당하고 때로는 손해를 보는 것 같으나 절대로 거짓말을 해서는 안 됩니다. 왜냐하면 결국 거짓은 발각되고 나중에는 이 때문에 오히려 더 큰 곤경을 당하기 때문입니다.

2. 이삭이 받은 축복은 무엇인가?

12-14절에 보면 아주 간단하게 이렇게 기록하고 있습니다. "이삭이 그 땅에서 농사하여 그 해에 백배나 얻었고 여호와께서 복을 주시므로 그 사람이 창대하고 왕성하여 마침내 거부가 되어 양과 소가 떼를 이루고 노복이 심히 많으므로 블레셋 사람이 그를 시기하여." 성경에 보면 30배, 60배, 100배란 말이 나오는데 30배란 말은 보통의 수확을 말하고 60배란 말은 풍작을 말하고 100배란 말은 대풍작을 의미합니다. 따라서 이삭이 받은 축복은 아주 큰 축복이었습니다. 13절에는 좀더 분명하게 언급되고 있습니다. "그 사람이 창대하고 왕성하여 마침내 거부가 되어" 즉 물질적인 축복을 받았다는 말입니다.

3. 이삭이 축복받은 비결은?

(1) 근면함

근면했다는데 있습니다. 12절에 보면 "이삭이 그 땅에 농사하여"라고 하였는데 이것은 바로 근면을 의미합니다.

(예화) 벽산 그룹의 표어 가운데 하나가 '남과 같이 해서는 남보다 나을 수 없다'는 구호입니다. 그렇습니다. 남보다 공부를 더 잘 하려면 남보다 더 공부를 해야 하고 남보다 돈을 더 벌려면 남보다 더 일을 해야 합니다. 잠 10:4절에도 "손이 부지런한자는 부하게 되느니라"고 하였고 13:4절에는 "부지런한 자의 마음은 풍족함을 얻느니라"고 하였습니다. 그러므로 잘사는 비결은 무엇보다도 근면해야 합니다. 이삭은 가만히 있었던 것이 아니고 그 자신이 농사를 지었고 또 가축을 길렀습니다. 여러분들은 참으로 부자가 되기를 원하십니까? 먼저 근면해야 합니다.

(2) 물이 나올 때까지 파는 인내심

우물을 팠다는데 있습니다. 20절 이하에 보면 세 번이나 우물을 팠다고 하였습니다. 지금도 마찬가지이지만 당시 우물이란 아주 중요한 의미를 가지고 있었습니다. 사람과 가축이 우물 없이는 살수가 없기 때문입니다. 사람은 75%가 물로 되어 있기 때문에 반드시 물을 먹어야 삽니다. 시편 84:6절에 보면 축복을 언급하는 가운데 "저희는 눈물 골짜기로 통행할 때에 그곳으로 많은 샘의 곳이 되게 한다"는 말씀이 나옵니다. 샘, 우물이란 이처럼 아주 중요한 것입니다.

그러나 우물이란 물질적인 의미만 있는 것이 아니고 영적인 면에서도 중요한 의미를 갖습니다. 요한복음 4장에 보면 우물을 영적인 면에서 언급하고 있는 것을 볼 수 있습니다. 14절에 "내가 주는 물을 먹는 자는 영원히 목마르지 아니하리니 나의 주는 물은 그 속에서 영생하도록 솟아나는 샘물이 되리라"고 하였습니다.

즉 우리에게는 기도의 우물, 성경의 우물, 제단의 우물, 교회의 우물이 있어야 합니다. 그런데 사람들은 이 우물보다는 옛 우물인 육체적인 우물로 돌아가려고 합니다. 많은 사람들이 쾌락의 우물, 육체적 우물, 권력의 우물, 물질적 우물 등에 빠져 있습니다. 이것은 마치 처음에 옛 우물을 먹으려고 했던 것과 같습니다.

그러나 이삭은 그 후에 우물을 세 번이나 팠습니다. 이것은 그의 인내를 보여줍니다. 따라서 우물을 파는 사람은 이런 인내심을 가져야 합니다. 갈 6:9절에 "우리가 선을 행하되 낙심하지 말지니 피곤하지 아니하면 때가 이르매 거두리라"고 하였습니다. 때가 될 때까지 기다리는 것이 중요합니다. 또 여러 개의 우물을 판 것은 그의 관용을 보여줍니다. 인내뿐 아니라 관용할 줄 알아야 합니다.

(3) 경건함

이삭이 축복을 받은 것은 그의 경건에 비결이 있다(25절)는 것을 우리는 기억해야 합니다. 25절에 보면 "이삭이 그곳에 단을 쌓아 여호와의 이름을 불렀다"고 하였습니다. 다시 말해서 이삭은 그의 아버지가 믿었던 그 여호와 하나님을 믿었다는 말입니다. 이것은 이삭이 경건생활을 하였다는 뜻입니다. 물질적 축복이란 구약시대에는 특별은혜로 취급되었으나 신약시대에 와서는 일반은혜에 속하기 때문에 심지어 불신자들도 부자가 됩니다. 그러나 물질적 축복은 하나님의 주권 안에 있다는 것을 기억해야 합니다. 그러므로 성도들은 경건 없이 물질적 축복을 원하는 것은 큰 잘못입니다.

(4) 여호와께서 복을 주심

그러나 가장 중요한 것은 13절의 말씀대로 "여호와께서 복을 주시므로" 축복을 받았다는 점입니다. 잠 16장 1절에 보면 "마음의 경영은 사람에게 있어도 말의 응답은 여호와께로서 나느니라"고 하였고 9절에는 "사람이 마음으로 자기의 길을 계획할지라도 그 걸음을 인도하는 자는 여호와시니라"고 하였습니다. 즉 하나님의 결재 없이는 인간의 계획이란 것은 하나의 공수표와도 같이 물거품이 되고 만다는 뜻입니다.

맺는말

우리가 교회 일을 제대로 하려면 물질이 있어야 합니다. 사회에서도 구제도 하고 남을 도우려면 돈이 있어야 합니다. 따라서 우리가 부자가 되어야 할 이유는 많이 있습니다. 그러나 누구나 부자가 되는 것은 아닙니다. 우리 편에서 먼저 근면하고 우물을 계속 파야 하고, 경건해야 합니다. 그러나 또 한편으로 하나님의 축복이 있어야 합니다. 하나님의 결재 없이는 부자되어 보아야 얼마 못갑니다. 이제 여러분들에게 이삭이 받은 백배의 축복이 함께 하기를 축원합니다.

방랑자

(창4:6~16)

성경에 나오는 최초의 두 질문은

① 아담아 네가 어디 있느냐?(창3:9) 하는 것과

② 네 아우 아벨이 어디 있느냐?(창4:9)의 둘입니다.

이 두 가지 질문에서 우리들에게 가르쳐주는 것은 '죄는 반드시 드러난다'는 것입니다. 그런데 사람들은 이 죄를 숨길 수 있다고 생각하고 타조가 머리를 모래 속에 숨기듯 자신을 사람 속에 묻습니다. 이 시간에는 두 번째 질문을 중심으로 함께 은혜를 나누려고 합니다.

1. 죄의 속성

약 1:15절에 보면 "욕심이 잉태한즉 죄를 낳고 죄가 장성한즉 사망을 낳느니라"고 하였습니다. 죄란 겨자씨처럼 작아서 처음에는 잘 보이지 않습니다. 그러나 이 죄는 작은 것에서부터 점점 자라서 마침내는 큰 나무가 되듯 죽음에 이르게 된다는 말씀입니다. 본문에 보면 가인도 그러했습니다. 하나님께서 자기의 제사를 열납하지 않자 그는 실망했습니다. 그리고는 화가 났습니다. 질투하기 시작하고 마침내는 동생을 죽이는 살인을 범한 것입니다. 예수님께서 산상보훈에서 말씀하신 대로 마음의 증오가 결국 자기 손으로 살인을 하도록 이끌어갔습니다. 이때 하나님은 두 가지를 보셨습니다.

하나는 가인의 믿음이 없음이고 다른 하나는 가인의 타락한 안색이었습니다. 하나님은 죄가 들짐승처럼 웅크리고 가인을 멸망시키려고 기다리고 있는 것을 경고 하셨습니다. "죄의 소원은 네게 있으나 너는 죄를 다스릴지니라"(4:7). 이처럼 하나님은 언제나 우리가 죄를 다스리라, 죄를 짓지 않도록 조심하라고 경고하고 계십니다. 그런데 문제는 이 경고를 듣지 못합니다.

가인이 그러했습니다. 가인은 유혹의 들짐승을 키우고 문을 열어주어 들어오게 하였던 것입니다. 여기서 비극은 시작됩니다. 밤에 함부로 집의 문을 열어주면 강도나 절도 같은 불청객이 들어오듯이 마음의 문도 분별없이 열면 이처럼 마귀가 들어옵니다. 7절의 "죄가 문에 엎드리느니라"는 말씀은 '죄의 제물이 문에 엎드리느니라'고도 번역할 수 있는 구절입니다. 이것은 하나님께서 가인에게 의로운 제물을 가져올 또 다른 기회를 주려고 하신다는 암시입니다. 제2의 기회를 하나님께서 준비하신다는 것은 큰 축복입니다.

그런데 가인은 하나님의 경고를 무시했습니다. 그의 동생을 불러 이야기를 나누고는 뱀같이 잔인하게 동생을 죽인 것입니다. 요일 3:12절을 보면 가인은 마귀의 자식이었습니다. 그는 마귀처럼 살인자가 된 것입니다. 창 3장에서는 하나님께 죄를 지었던 인간이 4장에서는 사람에게 죄를 지었다고 하였습니다. 결국 이 세상에서 일어나는 죄란 하나님께 먼저 지음으로써 일어난다는 진리를 보여준 것입니다.

2. 방랑자가 된 가인

가인은 아무도 보지 않는 들에서 동생을 죽였으나, 그러나 죄는 언제나 드러나게 되어 있습니다. 가끔 '완전 범죄'란 말을 들으나 그것은 거짓입니다. 이 세상의 심판은 잠정적인 것이고 부분적인 것입니다. 하나님 앞에서의 심판이 마지막 심판입니다. 그러므로 우리는 죄를 무서워할 줄 알아야 합니다. 아벨은 사람이 보지 않는 데서 살해당하였으나 그의 피는 하나님께 부르짖어 복수해줄 것을 호소한 것입니다. 그리스도의 피는 평화와 용서를 외치지만(히12:24) 아벨의 피는 복수를 외친 것입니다. 하나님은 죄지은 자를 반드시 저주하십니다. 그래서 3장에서는 뱀과 땅을 저주하셨습니다. 이제는 가인을 저주하신 것입니다. 11절에 "네가 땅에서 저주를 받으리니." 다른 말로 말하면 가인이 밭을 갈아도 땅이 효력을 나타내지 않고 헛수고만 하게 되었고 땅에서 피하여 유리하는 자가 되지 않고는 살 수 없게 되었다는 말입니다. 그리하여 가인은 도망자, 방랑자가 되고 만 것입니다.

여러분, 이 세상에서 누가 가장 불쌍한 사람인지 아십니까? 그것은 방랑자입니다. 경찰의 눈을 피해서, 법의 망을 피해서 이리저리 방랑하는 사람이 가장 비참합니다. 물론 이 세상에서는 혹 피할 수 있는 경우도 없지 않습니다. 그러나 양심의 심판은 피할 수 없습니다. 하나님의 흰 보좌 앞에서의 심판은 피할 수 없습니다. 우리는 이 시간 자신에게 한번 물어보시기 바랍니다. 과연 나는 방랑자가 아닌가 하고.

죄란 나라의 법을 어긴 것보다 하나님의 법을 어긴 것이 더 무서운 죄입니다.

3. 방랑자가 참 안식처를 찾으려면?

방랑자가 참 안식처를 얻으려면 첫째로 그것은 두말할 필요도 없이 하나님 앞에서 죄의 문제를 해결하는 길밖에 없습니다. 후회만으로는 부족합니다. 가인이 바로 그러했습니다. 그는 자기 죄를 회개하지 않고 그 대신 자책과 실의에 빠져 있었습니다. 아담과 하와처럼 하나님을 비난했습니다. 14절에 "주께서 오늘 이 지면에서 나를 쫓아내시온즉." 가인은 천국에서뿐 아니라 땅에서도 거절을 당했던 것입니다. 죄가 무서운 것은 천국에서도 쫓김을 당하고 땅에서도 안식을 누리지 못한다는데 있습니다. 안식은 하나님이 인간에게 주신 최고의 축복입니다. 그런데 죄를 범하면 이 안식을 잃고 맙니다. 다시 이 안식을 얻는 비결은 믿음밖에 없습니다. 믿음으로만 방랑의 병은 치유할 수 있는 것입니다.

가인은 단순히 안식을 잃은 것으로 끝난 게 아니고 공포와 절망에 빠져 있었던 것입니다. 14절에 "무릇 나를 만나는 자가 나를 죽이겠나이다." 이 얼마나 무서운 결과인가? 인간의 두려움이란 따지고 보면 바로 이 죄에서 비롯된 것입니다. 두려움은 마침내 절망을 가져옵니다. 킬엘케골은 '절망을 죽음에 이르는 병'이라고 했는데 그것은 맞는 말입니다. 지금 얼마나 많은 사람이 절망 때문에 조금씩 죽어가고 있습니까?

방랑자가 안식을 찾는 두 번째 비결은 하나님의 은혜입니다. 가인이 "무릇 나를 만나는 자가 나를 죽이겠나이다"라고 두려워했을 때 하나님은 그에게 은혜로 보호해주시겠다고 약속하고 그 증표를 주었다고 하였다. 우리는 구체적으로 이 증표가 무엇인지 알 수 없습니다. 칼뱅이 말한대로 벌벌 떠는 병인지 아니면 단순히 확신을 주신 것인지 알 수 없습니다. 분명한 것은 하나님께서 구체적인 증표를 가인에게 주셨다는 점입니다. 오늘날도 하나님은 우리에게 은혜를 베풀어주십니다. 이 얼마나 놀라운 사랑인가요? 왜 하나님께서 가인에게 이런 은혜를 베풀어주셨을까요? 한 가지 분명한 것은 가인이 살아서 다닌다는 것은 첫째로 하나님의 은혜를, 두 번째는 하나님은 죄에 대하여 반드시 심판하신다는 것을 보여주는 '산 설교' 혹은 '걸어 다니는 설교'로 삼기 위해서라는 점입니다. 이 가인을 통해서 하나님은 우리들에게 하나님의 은혜를 기억하게 하시고 죄에는 반드시 심판이 있다는 것을 기억하게 하시려고 한다는 말씀입니다.

4. 가인의 남은 생애

가인은 남은 생애를 방랑만 하면서 살았을까요? 아닙니다. 그는 정착해서 도시를 건설하였다고 했습니다. 17절에 보니 "가인이 성을 쌓고 그 아들의 이름으로 성을 이름 하여 에녹이라 하였더라."고 기록하고 있습니다. 여기서부터 인간의 문명은 시작됩니다. '에녹'이란 말은 '창시', 혹은 '시작'이란 뜻입니다. 새로운 출발을 했다는 말입니다.

그러나 기억해야 할 것은 하나님 없는 출발을 가인은 한 것입니다. 여기에 역사의 비극이 있고 오늘의 문명의 비극이 있습니다. 성을 쌓았다는 것은 성공을 의미합니다. 가인은 성공을 했으나 그것은 그에게 행복보다는 방랑자가 가지는 공포와 절망이었습니다.

이제 우리는 하나님을 속이는 자가 되지 않아야 합니다. "하나님은 만홀히 여김을 받지 아니하시나니 사람이 무엇으로 심든지 그대로 거두리라"고 성경은 말합니다. 그러므로 가인처럼 하나님 없는 문화를 건설하여 공포와 절망 속에서 일생을 살지 말고 하나님의 문화를 건설하여 기쁨과 참 행복을 누리시기를 바랍니다. 그것은 바로 죄의 문제를 해결하는 길 밖에는 없습니다. 예수님을 믿음으로 얻는 4영리는,

첫째 하나님의 사랑과 놀라운 계획,

둘째 죄 때문에 이 계획이 불가능해짐,

셋째 예수님만이 해결의 열쇠를 가지심,

넷째 그리스도를 영접하는 자마다, 즉 믿는 자마다 구원을 받습니다. 우리는 제2의 가인이 되지 않고 방랑자가 아닌, 하나님의 문화를 건설하는 창조의 기쁨, 하나님의 나라를 건설하는 주님의 사역에 참여하는 구속의 은총을 받기를 주님의 이름으로 축원합니다.

발인 예배

(살전4:13-18)

이 세상은 여관이요, 인생은 여기에 잠깐 머물다가 흙으로 돌아가는 나그네입니다.

1. 이 세상이 여관이란 말은?

(1) 임시처소

이 세상은 임시처소란 말입니다. 따라서 이 세상에 우리의 모든 마음과 뜻을 다 주어도 헛된 일입니다.

(2) 영원한 처소

인생은 영원히 머물 곳이 따로 있다는 뜻입니다. 즉 하나님의 나라가 우리의 영원한 처소요 고향이므로 우리는 그곳에 궁극적 관심을 가져야 합니다.

(3) 주인 아닌 관리자

이 세상은 여관 같으므로 참 주인은 내가 아니라는 것입니다. 그러므로 우리는 임시로 빌려 쓰는 관리자에 불과합니다. 그러므로 우리는 이 세상에서 욕심을 부리고 억지를 쓰고 남을 속이는 죄를 지어서는 안 된다는 말입니다.

2. 인생은 길가는 나그네란?

(1) 인생은 어디론가 정처를 모르고 가고 있다는 말입니다.

어머니의 품속에서 떠나 죽음의 정거장을 향해 달리는 게 인생입니다. 그래서 죽음 정거장에 오면 쓰던 것, 친했던 모든 사람들, 심지어 가족까지 다 버리고 가야 하는 존재란 말입니다.

(2) 정처가 없는 존재

구름이 흘러가듯이 정처 없이 헤매는 존재란 뜻입니다.

(3) 소유가 없는 존재

갈 때는 가지고 있던 것을 다 버리고 가는 존재란 말입니다. 올 때에 빈손으로 왔듯이 갈 때도 빈손으로 가는 인생이니 부자라 해도 재물을 가져 갈 수 없고 자식이 많은 학자라고 해도 갈 때에는 못 가져가고 높은 지위에 있는 사람이라 해도 갈 때는 계급장을 떼고 갑니다. 그래서 베드로는 인생을 들의 풀에 비유했고 그의 영광을 풀꽃에 비유했던 것입니다. 풀의 한 살이가 어떤가요?

봄에는 죽은 듯한 대지 위에 파란 잎이 피고, 여름에는 신록과 꽃이 만발하고, 가을이 되면 꽃 진 자리에 열매가 달리고, 겨울이 오면 탐스럽던 열매도 떨어지고 잎은 낙엽이 되어 잘 있으라는 듯 정든 가지에서 떠나 손을 흔들며 태초의 고향인 땅으로 돌아갑니다.

3. 풀꽃 같은 일생은 어떤가?

화무십일홍입니다. 열흘 가는 붉은 꽃이 없고 보름달도 기울어 반달로 떴다 사라집니다. 그래서 이 땅의 모든 영광을 다 누렸던 솔로몬은 전도서 1:2절에서 "헛되고 헛되며 헛되고 헛되니 모든 것이 헛되다"고 고백하였습니다. 있다면 만물의 창조주인 하나님을 바로 섬기며 사는 것뿐입니다.

더욱이 인생이 이 땅에 올 때엔 차례가 있어서 순서대로 왔지만 갈 때엔 차례마저 없으니 내 차례가 언제인지 그 누가 알 수 있습니까? 그래서 마 24:24절에 "이러므로 예비하고 있으라. 생각지 않은 때에 인자가 오리라"고 경고하고 있습니다.

4. 우리가 준비해야 할 세 가지

(1) 기름 준비

슬기로운 다섯 처녀와 같이 기름을 준비해야 합니다.

(2) 예복 준비

의의 세마포를 갖추어야 합니다.

(3) 충성된 삶의 보고서 준비

이 땅에서 행한 아름다운 보고서(먹다 죽는 인생이나 낳고 죽다 가는 인생이 되어서는 안 됨). "잘하였도다. 착하고 충성된 종아. 내가 적은 일에 충성하였으매 내가 많은 것으로 네게 맡기리니 네 주인의 즐거움에 참여 할지어다"(마25:23).

5. 바울은 불신자의 죽음과 신자의 죽음을 구별해 말해줍니다.

(1) 신자의 죽음은 어떤가?

잠자는 사람이 아침이면 깨듯이 신자는 부활의 아침이 되면 다시 살아날 것입니다.

(2) 불신자의 죽음은 어떤가?

소망이 없는 심판이 죽음으로 펄펄 끓는 지옥불이 기다리고 있을 뿐입니다. 그래서 요한은 계 14:13절에서 "기록하라. 지금 이후로 주안에서 죽은 자들은 복이 있도다"라고 했습니다. 이제 오늘 우리는 자신에게 물어 보아야 합니다.

지금 나는 어떤 준비를 하고 있는가? 내 차례는 언제인가? 그러므로 이번 기회에 안 믿는 사람은 예수를 믿고 하나님의 사람이 되고 믿되 그럭저럭 믿는 나일론 신자가 되지 말고 착실한 믿음을 가지고 또 잘 믿는 사람으로 신앙생활을 잘하도록 결심하시기 바랍니다. 그러다가 우리 주님이 재림하시는 날 고인과 만나 함께 영생복락 누리시기를 주님의 이름으로 축원합니다.

믿는 대로 된다

(마8:5-13)

본문의 말씀은 어느 백부장의 믿음을 보여줍니다. 백부장이란 로마의 군대에서 백 명을 지휘하는 사람을 의미합니다. 오늘의 중대장인 대위에 해당되는 직위입니다. 그는 이방인이었습니다. 그러나 그의 믿음은 주님이 "이스라엘 중에서 아무에게서도 이만한 믿음을 만나보지 못하였노라"고 칭찬을 할 만한 것이었습니다.

그러면 백부장의 믿음이 어떤 것이기에 주님이 이처럼 칭찬을 하셨는가요? 신약에 나타난 백부장들의 모습을 간단하게 살펴보기로 합니다. 복음서에 보면 두 사람의 유명한 백부장이 나옵니다. 한 사람은 본문에 나오는 백부장이고 다른 한 사람은 예수님이 십자가에 못 박히실 때에 그 광경을 끝까지 지켜보고 나서 '이는 진실로 하나님의 아들이었도다'라고 고백을 한 백부장입니다.

그밖에 일 곱 명의 백부장이 기록되어 있습니다. 그 중에서 가장 유명한 사람은 사도행전 10장에 나오는 최초의 이방신자인 고넬료라는 백부장입니다. 놀라운 것은 이 백부장들은 다 예수님이 누구이신 것을 발견하였고 주님 앞에서 칭찬을 받았습니다.

참 이상하지 않습니까? 선민인 이스라엘은 주님이 누구이신 것을 깨닫지 못하고 주님을 십자가에 못 박았는데 이방인인 백부장들은 주님을 발견하여 위대한 신앙고백을 하였고 구원을 받았으니 말입니다. 그것은 지금도 마찬가지입니다. 때로는 너무 가까우면 잘 보이지 않기 때문입니다.

1. 백부장의 믿음

(1) 열심이 있는 믿음

당시 로마의 백부장들은 빌라도의 명령에 따라 가이사라에 주둔하고 있었습니다. 그런데 여기 보니까 가버나움에까지 와서 주님께 간구했다고 했습니다. 이것은 하인에 대한 그의 사랑이 얼마나 지극했다는 것을 보여줍니다. 또 그 먼 거리까지 왔다는 것은 그의 열심히 얼마나 지극했는가를 말해줍니다.

바로 우리들에게도 이런 사랑과 열심이 필요합니다. 열심 없는 믿음은 불 꺼진 화로와도 같습니다. 계시록에 나오는 에베소교회가 바로 이런 사랑을 상실한 교회였습니다. 첫 사랑의 상실이란 바로 열심이 없는 상태를 말합니다.

(2) 주님께 대한 존경심과 겸손을 볼 수 있음

8절에 "주여 내 집에 들어오심을 나는 감당치 못하겠사오니". 감히 백부장의 신분으로 어떻게 생명의 주님을 영접할 수 있겠느냐는 말입니다. 누가복음에 보면 주님께서 기이히 여기셨다고 했습니다. 그런데 존경심과 겸손은 언제나 함께 갑니다. 주님이 높고 귀한 줄을 아는 사람들은 자신이 얼마나 부족한가를 깨닫게 되는 것입니다. 그런데 겸손은 제롬이 말한 대로 기독교의 모든 덕을 담는 보석 상자와도 같아서 아주 귀한 덕입니다.

(3) 말씀으로만 하옵소서

8절 마지막에 보니까 "다만 말씀으로만 하옵소서. 그리하면 낫겠삽나

이다"라고 했습니다. 즉 말씀에 근거한 믿음을 가지고 있었습니다.

믿음은 여러 가지가 있지만 가장 귀한 것은 말씀에 근거한 믿음입니다. 우리는 언제나 변함이 없는 말씀에 근거한 믿음을 가져야 합니다.

2. 백부장이 가진 체험은?

(1) 주님의 칭찬을 받음

사람은 누구나 칭찬받기를 좋아합니다. 저도 남에게 칭찬을 받으면 어깨가 으쓱합니다. 그러나 인정을 받지 못할 때에는 얼마나 괴로운지 모릅니다. 칭찬도 담임선생님이나 담임 목사님에게서 받으면 최고로 좋습니다. 하물며 주님에게서 칭찬받는 것보다 더 좋은 것은 아무 데도 없을 것입니다. 그런데 백부장은 주님께 칭찬을 받은 것입니다. 특별히 이스라엘 중에 아무에게도 이만한 믿음을 보지 못하였노라는 칭찬은 최고의 칭찬입니다.

(2) 주님의 은혜와 권능을 체험

우리 인간이 세상을 살아가면서 꼭 필요한 것은 위로는 하나님의 은혜를 체험하는 것이고, 아래로는 부모님의 사랑을 체험하는 것이고, 옆으로는 이웃의 사랑을 체험하는 것입니다. 그 중에서도 하나님의 은혜의 체험은 얼마나 중요한지 모릅니다. 그런데 이 은혜의 체험은 그의 권능의 체험과 동행합니다. 죽을병에서 살아난다든지, 산처럼 움직일 수 없는 어려운 문제가 바다에 던져지는 그런 체험을 한다든지, 신유의 체험을 한다든지 얼마든지 있습니다.

그런데 백부장은 주님께서 안수하지 않고도 그 멀리 떨어진 거리인데도 하인이 낳음을 받는 그런 체험을 한 것입니다. 즉 거리를 초월하여 역사하시는 주님의 권능을 체험한 것입니다. 이 체험은 대단히 중요합니다. 왜냐하면 주님의 무소부재하심과 전지전능하심을 체험하지 않고는 우리는 주님이 우리의 하나님인 것을 고백할 수가 없기 때문입니다.

3. 백부장의 믿음을 가져야

우리도 백부장과 같은 믿음을 가져야 하겠는데 주님에게서 칭찬받은 백부장과 같은 믿음은 어떤 믿음인가요?

참 믿음은 적어도 세 가지가 있어야 합니다. 첫째는 성경의 지식이고, 둘째는 말씀을 액면 그대로 받아들이는 것이고, 셋째는 그 말씀에 자신을 맡기는 헌신입니다. 이것이 없이는 산 믿음이 될 수 없습니다. 중요한 것은 큰 믿음이 아니라 산 믿음입니다. 아무리 큰 믿음이라도 죽은 믿음은 아무 소용이 없습니다. 야고보가 행함이 없는 믿음을 비판한 것은 바로 이런 이유가 있기 때문입니다.

(1) 백부장의 믿음은 믿는 대로 되는 믿음

오늘날 우리들에게 이적의 역사가 나타나지 않는 것은 우리의 믿음이 형식화된 연고입니다. 마 17:20절에 "너희가 만일 믿음이 겨자씨만큼만 있으면 이 산을 명하여 여기서 저기로 옮기라 하여도 옮길 것이요"라고 했습니다.

두 가지만 있으면 산도 옮긴다는 것입니다. 여기서 산이란 은유입니다. 불가능하다고 생각되는 모든 것이 우리들에게 산입니다. 이것을 옮기려면 두 가지가 있어야 합니다.

첫째는 믿음입니다. 기도한 것은 꼭 이루어진다는 믿음이 있어야 합니다. 주님은 능력이 많으셔서 기도하면 된다는 믿음을 가져야 합니다.

둘째는 산아 저리로 옮겨지라는 명령이 있어야 합니다. 간구가 아니고 명령입니다. 하나님은 모든 것을 믿음을 가진 자에게 주십니다. 그러므로 이제 우리는 주님의 명령에 따라 명하기만 하면 됩니다. 그러면 우리들이 원하는 것이 그대로 이루어집니다.

4. 백부장과 같은 믿음을 소유하려면?

본래 믿음은 하나님의 선물입니다. 엡 2:8절에 그렇게 말씀했습니다. 그러나 이 믿음은 들어야 성장합니다. 롬 10:17절에 "믿음은 들음에서 나며 들음은 그리스도의 말씀으로 말미암느니라"고 했습니다. 그러므로 들어야 합니다.

그러나 우리는 여기서 끝나고 맙니다. 이것이 문제입니다. 하나님께서 우리에게 육체를 주셨지만 이 육체를 단련시키는 것은 우리들에게 책임이 있습니다. 그런데 이 육체를 운동을 통해서 어떻게 단련시키느냐에 따라 어떤 사람은 아주 무거운 것을 들기도 하고, 또 어떤 사람은 빨리 헤엄치기도 합니다. 높이 뛰어 오르기도 합니다. 같은 육체지만 단련 여부에 따라 큰 차이가 납니다. 마찬가지로 믿음도 하나님께서 주시지만 이것을 어떻게 단련시키느냐에 따라 큰 차이가 난다는 말입니다. 그러므로 우리들도 백부장과 같이 단련된 믿음의 소유자가 되기를 축원합니다.

여러분은 정말 능력 있는 믿음을 원하십니까? 많은 단련이 필요합니다. 아무리 잘 뛰는 사람도 여러 날 동안 뛰지 않고 계속 단련하지 않으면 그만 무능해지고 맙니다. 믿음도 그렇습니다.

그러면 어떻게 우리의 믿음을 단련시킬 수 있나요? 세 가지 방법이 있습니다. 첫째는 말씀을 많이 읽고 묵상하는 것이고, 둘째는 기도를 많이 하는 것, 셋째는 믿음을 사용하는 것입니다. 육체는 사용할 때에 강해지고, 지식과 기술은 계속해서 사용할 때에 빛나게 됩니다. 그러므로 여러분들이 믿음이 비록 겨자씨 만해도 사용만 하면 큰 역사가 나타나고 능력이 나타납니다. 그리고 이적이 나타납니다.

이제 이런 역사가 여러분 모두에게 넘치기를 축원합니다.

미신을 따를 때

(사8:19-22)

추석을 나흘 앞두고 있습니다만 추석이란 중추+월석을 의미합니다. 예부터 이 날을 중심으로 달을 섬기고 조상신을 섬기고 지신을 섬기는 일을 해 왔습니다. 성도들도 믿지 않는 다수를 따르기 쉽습니다. 미신을 따를 때 어떤 불행이 오겠습니까?

1. 미신이 무엇인가?

신앙의 대상이 될 수 없는 것을 믿으면 그것이 바로 미신이고 우상입니다. 옛날 사람들은 나무나 돌이나 점토를 가지고 사람이나 동물이나 모양을 만들어 섬겼습니다. 그 속에 어떤 초인간적인 능력이 있을 것이라고 믿었기 때문입니다. 그러나 구약을 보면 세 가지를 금하고 있습니다.

첫째는 우상숭배이고 두 번째는 무자비함이고 세 번째는 피 흘림입니다. 그런데 우상이란 사실은 인간의 욕구와 생각을 형상화한 것입니다. 따라서 우상이란 자기 숭배라고 할 수 있습니다. 그래서 구약을 보면 우상을 하나님이 가증히 여기는 것이라고 정죄하고 있습니다. 신약성경에서는 갈 5:20절에서 우상을 육체의 일이라고 규정하고 있습니다.

골 3:5절에서는 "탐심은 우상숭배니라"고 하였습니다. 그러므로 우리는 우상숭배가 얼마나 하나님께서 미워하시며 가증히 여기시는 것임을 알아야 합니다.

2. 미신, 우상숭배에는 어떤 것이 있는가?

역사를 보면 태양, 달을 신으로 섬겼는데, 아브라함 때 '나날'이란 월신을 섬겼습니다. 그래서 밤에 물을 떠놓고 절하였습니다. 별, 불(페르샤의 조로아스터 종교에서는 불을 경배). 등 자연을 섬기기도 하고, 애굽에서 볼 수 있듯이 뱀(치우의 신, 군의관의 표시), 소(바알신의 상징), 아프로디테의 신전에는 1000여 명의 창녀가 있었습니다.

지금도 인도에서는 소를 잡아먹지 못하고 교통순경도 소가 지나갈 때에는 어쩌지를 못합니다. 아직도 소를 섬기는 습관이 남아 있습니다. 헬라신에서 볼 수 있듯이 사람의 형태를 만들어 섬겼습니다. 비너스의 신, 제우스의 신등이 바로 그런 우상숭배였습니다. 이것이 그 후에 황제 숭배로 바뀌고 일본에서 볼 수 있듯이 왕을 신격화합니다.

북한에서는 김일성을 우상화하였고, 최근에 와서는 점성술이 유행하고 있습니다. 백화점에서 천원만 주면 컴퓨터에 헬리 혜성에 의한 점이 나옵니다. 불란서의 경우 점성술사의 기록을 번역하여 돈을 벌고 있습니다. 모두들 잘 맞는다고 야단인데 그것은 암시적인 말로 되어 있기 때문입니다.

또 화투로 그날의 신수를 보는 경우도 있고 토정비결을 보기도 합니다. 그러나 가장 무서운 미신은 기독교란 이름으로 나타난 미신입니다. 몇 가지 예를 들어보겠습니다. 첫째 십자가를 목에 걸고 다니면 질병이나 사탄이 틈을 보지 못한다는 생각, 둘째 성경을 머리맡에 두고 자면 꿈자리가 사납지 않다는 것(이것은 불교의 부적신앙과 같은 것)이다, 셋째 삼박자 구원이란 것이 오순절 계통에서 많이 행합니다. 요한삼서 2절 "사랑하는 자여 네 영혼이 잘됨같이 네가 범사에 잘되고 강건하기를 내가 간구하노라"에 근거하고 있는데 이것도 잘못하면 우상숭배가 될 수도 있습니다.

3. 미신을 따를 때의 결과

(1) 그가 섬기는 우상의 노예가 된다.

하나님께서 인간에게 자유를 주셨는데 우상을 섬김으로써 스스로 노예가 됩니다. 하나님은 인간을 만물의 영장으로 창조하셨습니다. 그런데 스스로 노예가 되다니 얼마나 우스꽝스러운가요?

(2) 하나님이 싫어하시는 가증스러운 죄를 지음

레 20:23절을 보면 하나님께서 우상을 섬기는 것을 가증히 여긴다고 하였습니다. 다윗은 인간적으로 보면 사울 왕보다 더 큰 죄를 지었던 사람입니다. 왜냐하면 간음과 살인을 하였으니까요. 그러나 하나님은 사울을 버리셨습니다. 무엇 때문인가요? 그것은 그가 접신하는 자를 가까이하며 악령을 섬겼기 때문입니다. 이처럼 우상숭배는 하나님 앞에서 가장 큰 죄악입니다.

(3) 우상숭배는 불행을 초래

본문 21절에 "이 땅으로 헤매며 곤고하며 주릴 것이라" 22절에는 "땅을 굽어보아도 환난과 흑암과 고통의 흑암뿐이리니."

(예화) 사사시대의 역사 : 우상숭배-모압, 블레셋, 가나안 등의 침략을 받았다.

(4) 하나님의 심판을 받음

우상숭배는 인류를 창조하신 하나님의 존재를 부인하는 것이요 또 하나님과 사람을 낮추고 타락시키는 것이기 때문입니다. 그래서 본문 20절 이하에서는 "그들이 정녕히 아침빛을 보지 못하고"라고 하였습니다.

4. 우리는 어떻게 해야 하나?

(1) 19절, 살아계신 하나님께 구해야 합니다(마7:7-8).

(2) 20절, "마땅히 율법과 증거를 좇을지니"라고 하셨습니다.

바라기는 우리는 우상 숭배자가 아니라 참 여호와이신 삼위일체 하나님을 믿고 따르는 자들이 다 되기를 축원합니다.

말씀대로 부활하신 예수님

(마28:1-10)

오늘은 이천 년 전에 예수님께서 부활하신 날입니다. 그래서 예수님의 부활의 의미를 다시 깨닫는 시간이 되기를 바랍니다.

1. 예수님의 부활에 대한 증거는 무엇인가?

(1) 무덤이 없음

예수님의 무덤이 비어 있다는 것입니다.

(2) 부활의 증거

그 후 그가 여러 사람들에게 나타나셨다는 것을 들고 있습니다. 복음서나 고린도전서 15장에 기록된 예수님의 출현을 경건한 사람들이 흔히 가지는 환상이라고 주장할 수도 있으나 예수님의 빈 무덤을 아무도 부인할 수 없는 이상 부활은 역사적 사건이었다는 것을 인정할 수밖에 없는 것입니다.

(3) 극적인 변화

더욱이 절망과 실의에서 헤매던 제자들이 7주 만에 완전히 딴 사람으로 뒤바뀌었다는 것은 최소한 그 무엇인가 극적인 변화가 일어났다는 것을 우리에게 말해줍니다. 더구나 교회를 핍박하던 사울이 부활하신 주님을 만나서 바울로 변화된 사건은 부인할 수 없는 증거가 되는 것입니다. 또 여기서 주목할 것은 제자들이 부활의 증거를 위해 모두가 하나같이 목숨을 바쳤다는 점입니다. 자신에게 손해되는 거짓을 위해 생명을 바치는 사람은 세상에 단 하나도 없습니다. 그런데 예수님의 제자들은 그들이 전파하는 예수님의 부활이 역사적 사실이라고 믿었다는 것입니다. 이것을 흔히 말하는 환각작용이라고 한다면 어떻게 그 여러 사람이 그렇게도 오랫동안 환각에 빠질 수 있겠습니까? 그러므로 예수님의 부활은 아무도 부인할 수 없는 역사적 사실입니다. 문제는 우리가 죽은 자가 어떻게 다시 살아날 수 있느냐는 의심을 가지고 있기 때문에 믿지를 못하는 것뿐입니다.

그러나 세상에 믿어서 아는 것이 얼마든지 있습니다. 공기의 존재도 우리 한 사람 한 사람이 다 증명한 것은 아닙니다. 남들이 증명하고 연구한 것이지만 우리는 그렇거니 하고 믿는 것입니다. 더구나 이천 년 전에 일어난 유일한 역사적 사실을 우리가 어떻게 현대적인 과학적 방법으로 알 수 있겠습니까? 다만 우리는 겸손히 이것이 사실이라고 생명을 바치면서 증거한 주님의 제자들과 성경 저자들의 증언을 귀담아 듣고 믿고 따라야 하는 것입니다. 바로 그것이 믿는 것입니다.

우리가 이 시간 특별히 주목할 것은 예수님은 역사 속에서 단순히 부활하신 것이 아니라 구약에 예언된 말씀대로 오시고 부활하셨다는 것입니다. 구약에 보면 예수님에 대해 약 450개의 예언이 있습니다. 그것들이 다 이루어졌다는 점을 주목해야 합니다.

이 세상에는 우연히 들어맞는 일들이 많습니다. 그러나 450여 개의 예언이 우연히 들어맞을 수는 없는 것입니다. 그런데 그 예언들이 다 성취되었다는 것은 이 역사가 하나님의 섭리와 예언의 말씀대로 이루어져가고 있다는 것을 말해 줍니다.

바로 여기에 그 중요성이 있습니다.

2. 말씀대로 예수님께서 부활하심은 무엇을 의미하는가?

(1) 구약성서 예언의 신빙성

구약의 예언이나 주님의 말씀이 다 진실이며 일점일획도 결함이 없는 진리라는 것을 증거 해줍니다.

우리가 성경을 배우고 이 말씀대로 사는 것은 바로 그 이유 때문입니다. 세상의 모든 것은 변합니다. 과학도 변하고 철학도 변하고 습관도 변하고 안 변하는 것은 없습니다. 있다면 안 변하는 것은 없다는 이것뿐입니다.

그러나 성경은 삼천오백 년 전이나 이천 년 전이나 조금도 변함이 없습니다. 바로 그 이유 때문에 우리는 성경을 생명처럼 붙들고 믿는 것입니다. 다시 말해서 성경이 말하는 모든 것은 하나도 남김없이 다 영원한 진리라는 말입니다. 인간이 자유롭게 되고 참되게 되는 것은 진리를 발견할 때 이루어지는 것입니다. 그러므로 우리는 이 진리의 말씀에 우리의 삶을 연결시키고 인도를 받아야 우리는 참된 삶을 살 수 있는 것입니다.

(2) 구약이 예언한 메시야

예수님께서 말씀하신 대로 부활하셨다는 것은 그가 바로 구약에 예언된 대로 하나님의 아들이시오 메시야라는 것을 증명해 줍니다.

김우종 목사가 번역한 죽음을 체험한 많은 사람들의 증언을 읽어 본 적이 있습니다. 그러나 예수님의 부활은 단순히 의사들이 죽었다고 진단을 내린 후에 다시 살아난 기적적인 사건과는 다른 성격을 갖습니다. 주님의 부활은 구약성경에 미리 예언된 대로 이루어진 것입니다. 구약은 그가 바로 메시야라고 가르쳐 줍니다. 더욱이 주님은 그가 고난을 당하고 십자가에 못 박히시고 사흘 만에 다시 부활할 것이라고 예언하였고 그 말씀 그대로 그는 사흘 만에 부활하신 것입니다.

따라서 그는 하나님의 아들이요 메시야라는 것을 알 수 있습니다. 예수님이 메시야가 된다는 것이 왜 중요한가요? 그것은 구약에 예언된 메시야만이 우리를 죄에서 구원해 주실 수 있고 하나님 나라로 인도해 줄 수 있기 때문입니다. 하물며 성경이 말하는 메시야시대는 민주주의 회복 같은 그런 세상적 변화가 아니라 이것은 새로운 세계가 오는 것을 의미합니다.

이것은 죄에 시달리고 근심과 걱정 속에 살며 평안이 없는 그런 세상에서 이제는 천국의 삶이 시작되었다는 것을 말해주는 것입니다. 그러므로 이것이 바로 나와 직접 관계되는 아주 중요한 변화인 것입니다.

노예가 속량함을 받는 것입니다. 요즈음 '사모곡'이라는 연속극이 KBS 2를 통하여 방영되고 있습니다. 거기서 말해주는 것이 무엇인가요? 양반과 상놈의 격차가 엄청나게 크고 다르다는 것입니다. 우리는 불과 백 년 전까지만 해도 이런 제도 속에서 살아 왔습니다. 그러나 메시야의 시대가 왔다는 것은 단순히 이런 사회의 변화만을 의미하는 것은 아닙니다. 이것은 죽었다가 다시 살아나는 것을 의미합니다. 과거에는 사탄에게 얽매인 노예처럼 의미 없이 산 인생이었지만 이제는 참 자유와 평강을 누리는 새로운 인생이 전개된다는 것을 말하는 것입니다. 그러므로 예수님께서 말씀대로 부활하셨다는 것은 중요한 의미를 갖는 것입니다.

(3) 부활은 보증수표

예수님께서 말씀대로 부활하셨다는 것은 우리도 이 땅에서 끝나는 것이 아니라 죽은 후에 다시 부활할 것이라는 보증수표가 되고 소망을 주는 것입니다.

인생이 이 땅에서 끝난다면 얼마나 허무합니까? 그러나 예수님의 부활은 또 다른 영원한 생명이 있다는 것을 증거해 줍니다.

(4) 재림의 예언과 심판

예수님이 말씀대로 부활하셨다는 것은 또 그가 심판하기 위하여 재림할 것이라는 것을 증거해 줍니다.

성경의 모든 예언은 다 성취되었습니다. 오직 하나가 아직 남아 있을 뿐입니다. 그것은 바로 예수님의 재림에 관한 예언입니다. 그러므로 우리는 지금까지 모든 예언이 성취된 것처럼 이제 남은 재림의 예언도 반드시 성취된다는 것을 말해줍니다. 그렇습니다. 예수님은 반드시 재림하십니다. 예수님은 성경에서 예언한 대로 또 주님이 약속한 대로 재림하십니다. 쉐키나 구름을 타고 만인들이 보는 앞에서 그는 재림하셔서 우리를 심판하실 것입니다. 믿는 자들은 부활시켜 천국에 들어가 영원한 유업을 받도록 할 것이고 안 믿는 자들은 영원한 지옥의 심판을 받게 할 것입니다. 그러므로 예수님의 재림은 성도들에게는 소망의 날이지만 불신자들에게는 무서운 심판의 날이 될 것입니다.

(5) 약속한 성령을 통하여 함께하심

예수님이 말씀대로 부활하셨다는 것은 그가 약속한 대로 지금은 성령을 통하여 우리와 함께 거하고 그것도 그냥 계신 것이 아니라 하늘의 제사장으로서 계시면서 우리를 위해 기도하시고 또 우리에게 능력을 주신다는 것을 증거 해줍니다.

"내가 세상 끝 날까지 항상 너희와 함께 있으리라 하시니라." 그렇습니다. 우리는 고아처럼 혼자서 이 세상에 버려져 있는 것이 아닙니다. 부활하신 주님과 함께 지금 살고 있는 것입니다. 그러므로 낙심하지 말고 용기를 가지고 꿈을 가지고 부활하신 주님이 권능의 손으로 인도하고 계심을 믿어야 합니다. 이제 우리는 실패자가 아니라 승리자로서 사는 것입니다. 주님은 내가 세상을 이기었노라고 하였습니다. 이 주님이 지금 우리와 함께 계시는 것입니다. 우리가 영의 눈을 활짝 뜨고 성령님이 지금 우리와 함께 계심을 믿고 따르면 우리의 생활에 변화가 일어날 것입니다.

3. 부활의 예수님을 만나려면?

세상의 모든 문제는 죄의 용서와 삶의 바른 의미와 심리적 평안을 가지고 부활의 주님을 영접할 때 해결됩니다. 그러므로 우리는 이 부활의 주님을 만나야 살고 또 모든 문제의 해결을 받습니다. 그 비결이 무엇일까 생각해 보겠습니다.

(1) 막달라 마리아처럼 말씀에 대한 믿음을 가져야

마리아는 천사가 "그는 여기 계시지 않고 그의 말씀하시던 대로 살아나셨느니라, 빨리 가서 제자들에게 주님께서 살아나셨고 약속하신 대로 갈릴리로 가셨다"고 전하라고 했을 때 믿고 순종했습니다. 그때 부활하신 주님을 만난 것입니다. 믿음을 가져야 부활하신 주님을 만날 수 있는 것입니다.

(2) 주님께 대한 헌신을 가질 때

그는 300데나리온이나 되는 향유를 예수님의 머리에 부음으로서 그녀의 헌신을 보여드렸습니다. 아주 귀한 것을 들고 이럴까 저럴까 재는 기회주의자들은 부활의 주님을 결단코 만날 수 없는 것입니다.

(3) 간절한 소망을 가질 때

또 주님께 대한 사랑과 만나고 싶어 하는 간절한 마음을 가질 때 부활의 주님을 만날 수 있는 것입니다. 사실 새벽 미명에 모든 제자들은 다 흩어졌는데 혼자 무덤을 찾아왔다는 것은 마리아의 주님께 대한 사랑을 증명해 줍니다. 주님을 보고 싶어 하는 간절한 마음을 말해 줍니다. 바로 이것이 부활의 주님을 만나는 비결입니다.

맺는말

주님의 부활을 기점으로 BC와 AD로 시대를 나눕니다. 지옥의 생활과 천국의 생활이 구분된 형상입니다. 그러므로 우리는 우리를 위해 부활하신 주님을 만나야 합니다. 바로 이 시간에 부활의 주님을 만나 우리의 모든 문제의 해답을 얻으십시오.

그러나 우리는 만나는 것으로 끝나는 것이 아닙니다. 부활의 주님을 만나는 자에게는 책임이 있습니다. 그것은 부활의 메시지를 전달하는 전달자의 사명을 감당해야 하는 것입니다. 그러므로 우리는 부활의 증인으로서 이제부터는 어둠속에서 살고 있는 사람들에게 등불의 사명을 감당하면서 살아야 한다는 것이 부활절에 우리가 다시 한 번 깨달아야 합니다.

마지막 주자로서의 사명

(행1:8)

1. 세 부류 유형의 사람들

(1) 되는대로 사는 사람들

호박같이 둥근 세상, 굴러가는 대로 사는 자의 철학입니다.

(2) 이익에 따라 사는 사람들

과거에는 국민의 건강을 아랑곳하지 않고, 불량식품을 만들어서라도 돈을 벌려고 했던 기업인, 장사꾼들이었으나 요즈음에는 정치인들 가운데도 이익에 따라 금년에만도 5번 변절한 국회의원도 있습니다.

(3) 사명에 살다가 사명에 죽는 사람들

신자는 바로 이런 사명자여야 합니다.

2. 사명자는 어떻게 해야 하는가?

(1) "또한 너희가 이 시기를 알거니와"(롬13:11).

여기서 '시기'란 하나님의 기회란 뜻입니다. 신약성경에는 시간이란 말을 두 가지 다른 단어를 사용하고 있습니다. 첫째는 크로노스(Chronos)인데 그것은 일반적인 시간을 뜻할 때를 말하고, 다른 하나는 카이로스(Kairos)인데 그것은 기회를 뜻할 때 사용합니다.

본문 11절에 사용한 단어는 카이로스란 단어입니다. 여기서는 '기회'

란 뜻입니다. 이 기회가 올 때에 그것을 반드시 알라는 말입니다.

그러면 지금은 어떤 시기인가?

(가) 제3의 물결

엘빈 토플러의 '제3의 물결(정보화 시대)'라고 했습니다..

(나) 태평양 시대

저의 은사인 김동길 교수는 태평양 시대라고 하였습니다. 즉 태평양 문화의 시대라는 말입니다. 문화의 변화를 보면 먼저 냇가의 문화-강의 문화-대양의 문화 : 지중해-대서양-태평양으로 옮겨간 것을 알 수 있습니다.

그러면 태평양 문화의 시대의 주역은 누구인가요? 한국입니다. 왜? 중국과 일본은 불가능합니다. 한국은 이스라엘과 모든 면에서 유사점을 가지고 있습니다(고난을 통해서=대장간의 망치를 통해). 기도하는 교회, 순수한 보수적 복음, 신학교의 숫자, 경제적 실력 등을 통해서 알 수 있습니다.

3. 마지막 주자의 중요성

지난 동계올림픽 때의 이준호와 김기훈의 쇼트트랙 경기는 정말 마지막 주자가 얼마나 중요한가를 잘 보여주었습니다.

4. 마지막 주자가 할 일은?

예루살렘에서 시작한 문화는 - 유럽문화-미국문화-한국문화로 옮겨간 것을 볼 수 있습니다. 그러므로 21세기 운동의 의미는 종말론적인 운동입니다.

5. 마지막 주자가 사명을 감당하기 위해 필요한 것은?

(1) 사명자의 의식이 있어야 합니다(사43:1절).

(2) 성령 충만해야 합니다.

(3) 하나님의 전신갑주를 입어야 합니다.

바라기는 우리는 마지막 주자의식을 회복하여 맡겨진 사명을 감당하기를 축원합니다.

바울이 지닌 육체의 가시

(고후12:1-10)

사람은 누구나 가시가 있습니다. 큰 가시, 작은 가시, 종류는 다르지만 다 가시를 가지고 있습니다. 그런데 어떤 사람은 가시를 괴로움과 십자가로만 생각하고 낙심하고 절망합니다. 그러나 어떤 사람은 그 가시를 감사함으로 받아들여 오히려 더 큰 은혜를 받습니다.

（예）두 사람이 감방 안에서 철장 사이로 밖을 내다보았습니다. 한 사람은 흙탕물을, 다른 한 사람은 창공의 별들을. 결국 인간은 그가 처한 현실이 어렵다 해도 어디를 바라보느냐에 따라 커다란 차이가 생긴다는 말입니다.

1. 가시의 종류

본래 가시란 말은 헬라어로 '스코롭스'라고 하는데 그 뜻은 '말뚝'이란 말입니다. 옛날에는 말뚝에 죄수를 묶어놓고 때리기도 하고 죽이기도 하였습니다. 그래서 가시란 말은 '우리를 묶어놓고 괴롭히는 것'을 말합니다. 그러면 우리가 가지고 있는 가시는 어떤 종류가 있을까요?

（1）육체적 가시

육체적 가시가 있습니다. 바울은 바로 이 육체적 가시를 가지고 있었습니다. 그것은 눈병이었다고 생각합니다. 행 9:9에 보면 바울은 회심했을 때 초자연적으로 눈이 멀었는데 나중에 보게 되었으나 말년에 이르기까지 그는 이 눈병으로 고난을 당한 것 같습니다. 갈 4:15; 6:11 절에 '큰 글씨'라는 말이 나오는 것을 보면 눈에 이상이 있었음을 암시해줍니다. 아마도 어떤 분은 폐결핵으로, 혹은 위장병으로 이런 저런 병으로 고생하는 분들이 있을 것입니다.

(2) 정신적 가시

정신적 가시가 있습니다. 주로 가족 관계나 직장의 인간관계에서 당하는 정신적 가시가 있습니다. 이것은 육체적 가시보다 더 괴롭고 참기가 힘듭니다.

(3) 영적 가시

영적 가시가 있습니다. 신앙적 이유 때문에 핍박을 받고 고난을 당하는 경우를 말합니다. 이것은 개인의 힘으로는 감당할 수 없는 성질의 것입니다.

2. 가시의 의미

누구나 가지고 있는 가시는 그것을 어떻게 보느냐. 또 그것을 어떻게 사용하느냐에 따라 유익이 될 수도 있고 해가 될 수도 있습니다. 가시 때문에 낙심하거나 절망하면 그 사람에게 가시는 해가 됩니다. 그러나 반대로 가시가 있을 때 그 가시의 긍정적 의미를 발견하고 오히려 감사하면 그 가시는 오히려 축복이 된다는 말입니다. 사실 가시란 우리를 만들어나가는 것이지 우리를 파괴하는 것은 아닙니다.

그러면 가시의 긍정적 의미는 무엇인가?

(1) 가시가 주는 교훈

우리는 이 가시로 인해 자신을 알게 되고 남을 이해하게 됩니다. 사람은 평탄할 때에는 자기 자신을 모릅니다. 남도 이해하지 못합니다. 괴테의 말대로 눈물 젖은 빵을 먹어본 사람만이 인생을 압니다. 자기를 알고 남을 이해하게 된다는 말입니다.

(2) 자고하지 않게 함

바울은 7절에서 하나님이 그에게 가시를 주신 것은 너무 자고치 않게 하기 위해서, 즉 교만하지 않게 하기 위해서 주셨다고 하였습니다. 사실 바울은 지식적으로나 가문에 있어서나, 또 삼층천에 올라가본 신비한 체험을 가진 사람이기 때문에 그는 누구보다도 교만할 만한 이유가 있었습니다. 그래서 하나님께서는 그에게 가시를 주셨던 것입니다. 사람은 누구나 연약함을 경험해 보지 않으면 목이 뻣뻣해지고, 교만해지기 쉽습니다. 그러므로 자신이 가지고 있는 가시를 불평하지 말고 하나님께 감사해야 합니다. 왜냐하면 가시가 있을 때 사람은 자신을 의지하지 않고 하나님만 의지하게 되기 때문입니다. 그러므로 지금 가시가 있습니까? 하나님만 의지하라는 하나님의 신호로 아십시오.

(3) 그릇을 준비하게 하심

큰 그릇을 준비하게 한 후에 은혜주시기 위해서입니다. 밀을 두드리지 않고는 밀집에서 밀을 취할 수가 없습니다. 불에 타지 않고는 금을 순전하게 할 수 없듯이 인간도 고난의 가시가 필요한 것입니다.

C. S. Lewis는 사람은 하나님에게 귀를 기울이지 않는 습성이 있습니다. 그래서 고난의 가시는 귀머거리인 우리가 '알아들을 수 있도록 해주는 확성기'라고 말했습니다.

요한 밀톤은 「실낙원」이란 불후의 명작을 쓴 세계적인 작가입니다. 그러나 그것은 그냥 쓰인 것이 아닙니다. 40세에 그는 맹인이 되었고 아내를 잃었습니다. 이때 그는 이렇게 썼습니다.

"오 주님, 이런 고통을 통해서 내 영혼이 수그러짐은 나의 창조자를 섬기기 위함이옵니다. 고난은 하나님을 섬길 수 있는 인격을 위해서 필요한 것입니다."

그 후 그는 실낙원이란 불후의 명작인 「실낙원」을 쓴 것입니다.

3. 가시가 있을 때 어떻게 해야 하는가?

한마디로 말해서 바울의 가시로 인한 체험에서 배워 우리도 바울처럼 대해야 합니다.

(1) 순종

하나님의 뜻에 순종하고 감사하는 태도를 취해야 합니다. 바울은 가시에서 해방되면 하나님을 더 잘 섬길 것이라고 생각해서 하나님 '이 가시를 내게서 떠나게 하여 주옵소서' 하고 세 번이나 기도했습니다. 그때 하나님이 "내 은혜가 네게 족하도다. 이는 내 능력이 약한 데서 온전하여짐이라"고 응답하신 것입니다. 하나님은 그 가시가 내게 해가 된다면 떠나게 해주십니다. 그러나 가시를 내게 주신 것은 나에게 그 가시가 필요하기 때문입니다. 그러므로 계속해서 가시가 있을 때 하나님의 섭리에 순종하고 오히려 감사해야 합니다. 그러면 하나님의 능력이 우리의 약한 데서 온전하여집니다.

(2) 하나님의 뜻

가시에는 반드시 하나님께서 보여주시려는 뜻이 있습니다. 그것을 발견하기 위해 하나님께 기도하지 않으면 안 됩니다. 바울도 세 번이나 기도했다고 하였습니다. 그러나 그는 그 가시의 긍정적 의미인 자고하지 않기 위해서라는 계시를 받은 것입니다. 당신에게 가시가 있습니까? 기도하십시오. 그것을 없애달라고. 그러나 없어지지 않을 경우 그 가시의 긍정적 의미가 무엇인가를 발견하지 않으면 안 됩니다. 그렇다면 당신에게 가시는 왜 주셨을까요? 하나님만 더 의지하기 위해서인가요? 자고하지 않게 하기 위해서인가요? 내 인격이 모가 난 것을 둥글게 하기 위해서인가요? 아니면 내게 사랑이 부족하여 더 큰 사랑을 갖게 하기 위해서인가요? 아니면 더 큰 은혜를 주시기 위해서 가시를 주셨는가요? 그것을 깨닫고 기도하시기 바랍니다.

(3) 하나님의 계시

가시를 통해서 주시는 하나님의 계시에 절대 순종하십시오. 가시는 내가 영적으로 귀머거리가 되었기 때문에 하나님께서 주시는 최후의 음성이요 확성기이기 때문에 여기서도 하나님의 뜻을 깨닫지 못하면 하나님의 매를 맞게 됩니다. 그러므로 가시를 통해 주시는 하나님의 계시에 순종하시기 바랍니다. 겸손의 의미라면 겸손하고 하나님을 더 의지하라는 신호이면 하나님을 더 의지하고 인격이 모자라서 생겨진 것이라면 주님의 마음을 갖게 해달라고 기도하시기 바랍니다.

바울이 본 환상

(행16:6-10)

　많은 사람들이 선교를 돈 많은 교회나 하는 사업으로 생각하나 선교는 결단코 돈 많은 교회의 사치품이 아닙니다. 선교는 그 교회의 영적 열기의 총합이기 때문에 선교에 힘쓰는 교회는 부흥하고 선교를 등한히 하는 교회는 쇠퇴합니다. 이것이 역사의 법칙입니다.

　본문 6절에 보면 성령이 바울에게 아시아에서 선교를 하지 못하도록 금지하였다고 하였습니다. 왜 성령께서 아시아의 선교를 금지했을까요? 여기서 말하는 아시아는 오늘의 소아시아를 말합니다. 중국이나 인도나 한국 같은 아시아를 말하는 것이 아닙니다. 그런데 주님께서 그 이유를 밝히지는 않으셨습니다.

　본문은 우리에게 몇 가지 교훈을 줍니다.

　(1) 성령은 지시하시는 분이시라는 사실

　무엇을 할지, 어떻게 할지, 어디로 가야 할지를 구체적으로 지시하시는 분이라는 점입니다.

　그러므로 우리는 선교를 할 때 또는 어떤 정책을 세울 때 자기의 마음대로 혹은 자기의 취미나 경험대로 결정해서는 안 되고 성령이 지시하시는 대로 해야 한다는 것을 알아야 합니다. 심지어 날마다의 생활 속에서도 우리는 성령의 지시를 받아야 합니다.

(2) 성령은 준비하게 하시는 분

성령은 바울이란 인물을 준비했을 뿐 아니라 또 유럽의 선교를 위해서 당시 모든 길이 로마로 통하도록 만들고 또 언어도 헬라어로 통할 수 있도록 세계어로 만들었고 또 전쟁 중이면 선교를 할 수 없는데 평화를 주셔서 선교를 할 수 있도록 하였다는 말입니다. 그리고 마지막으로 당시 최고의 교육을 받은 바울이란 인물을 준비하였습니다.

(3) 하나님은 지시의 방법으로 환상을 사용

바울이 본 환상의 내용은 무엇인가요? 첫째로 마게도냐 사람을 보았습니다. 둘째로 그의 기도하는 모습을 보여주셨습니다. 기도는 바로 하나님의 뜻임을 보여주는 표식이기 때문입니다. 셋째는 도움을 요청하는 모습이었습니다.

마게도냐인이 도움을 요청한 내용은 무엇일까요? 첫째는 하나님을 알도록 요청했습니다. 둘째는 그리스도를 전파하도록 요청했습니다. 셋째는 문화를 증진시키도록 요청했습니다. 우리는 전도의 목적이 바로 이 세 가지에 있다는 것을 알아야 합니다.

앞으로 우리 교회는 어떻게 해야 하는가?

1. 성령이 지시하는 대로 해야

성령은 기도 중에 환상으로 보여주시기도 하지만 때때로 길을 막고 열므로 그의 뜻을 보여 주십니다. 그러기 때문에 우리는 길이 막혔을 때 하나님이 열어주는 길을 찾아서 그리고 가는 것이 옳습니다.

2. 성령의 지시를 따라 선교정책 수립

이제는 무조건 아는 사람들을 통해 인간관계를 통해 선교를 하는 것이 아니라 성령의 지시에 따라서 선교정책을 세워서 해야 한다는 말입

니다. 국내 선교 방법으로는 안드레식 개인전도(형제에게, 아이들에게, 헬라
인들에게) 방법이 좋습니다. 다음은 여호수아 식의 전도방법이 좋습니다.
이것은 소위 메스 에반젤리즘 즉 총동원 전도를 하는 것입니다. 셋째는
제임스 케네디의 제자화 훈련이 필요합니다. 둘씩 훈련을 시켜서 다른
사람을 훈련시킬 수 있도록 합니다.

3. 돈보다 기도로 선교

선교는 돈으로 하는 것이 아니라 기도로 하기 때문에 기도운동을 일
으켜야 합니다. 기도는 권사님들과 제직들이 앞장서야 합니다. 맨 뒤에
항상 따라가는 것이 장로님들이고 그 뒤에 따라가는 것이 교역자들입니
다. 따라서 평신도들에게서 언제나 선교는 시작됩니다.

4. 하나님이 부르실 때는 즉시 순종해야

바울은 뒤로 물러지 않았습니다. 즉시 순종했습니다. 바로 이것이 중
요합니다. 즉시 순종해야 복을 받습니다. 우리는 오늘 할 일을 내일로
미루는 경우가 너무 많습니다. 이것은 하나님의 뜻이 아닙니다. 하나님
은 즉시 순종하는 것을 원하십니다. 누가 즉시 순종하나요? 인간의 뜻
을 앞세우지 않고 하나님의 뜻을 앞세우는 사람이 언제나 즉시 순종합
니다. 바라기는 저와 여러분들도 성령의 환상을 볼 뿐 아니라 그 환상
대로 봉사하는 주의 종들이 다 되기를 축원합니다.

바람직한 목회자상

(엡4:11-12)

　여기서 중요한 것은 '바람직한'이란 형용사입니다. 이 말은 하나님이 원하시는 목회란 뜻으로도 사용할 수도 있고 이 시대가 요구하는 목회자란 말로도 사용할 수 있는 단어입니다. 저는 여기서는 두 가지의 뜻을 다 내포하는 그런 의미로 사용하려고 합니다.

　사실 목회자란 그 시대마다 그 역할이 다르다고 생각합니다. 물론 어떤 시대나 목회자가 해야 하는 근본적인 일이 있지요. 그것은 목양을 한다는 것과 복음을 전파한다는 일이지요. 말하자면 예정된 하나님의 백성들을 찾아내고 또 주님이 피 흘려 사신 양떼들을 살찌게 키워서 하나님이 기뻐하시는 청지기로 만드는 것입니다. 그러나 중요한 것은 각 시대마다 다른 사명을 깨닫는데 있지요. 목회자의 근본적 사명을 이해 못하는 사람이 어디 있겠습니까? 문제는 자기만이 할 수 있는, 자기에게 주어진 자리를 바로 지키는 일이지요. 그러기 위해서 저는 다음 몇 가지가 중요하다고 생각합니다.

　첫째로 목회자는 '정신적 지도자'라는 자각과 함께 이를 위한 자격을 갖추도록 힘써야 합니다. 그래서 미국 같은 나라에서는 학자 출신의 목회자들이 참 많고 그들이 거의 다 성공적인 목회를 하고 있습니다. 그런데 우리나라에서는 학자 출신의 목회자가 손을 꼽을 정도로 적고 그

나마 성공한다는 것은 이변에 속하고 있습니다. 저는 이 사고가 잘못되었다고 생각합니다. 저는 많은 목회자들을 만나면서 근본적 문제를 독서 부족에 있다는 것을 발견하였습니다. 물론 바빠서 그렇지요. 심방이니 새벽기도니 철야기도 하고 뛰다 보면 피곤하고 시간이 정말 없더군요. 그래도 자신의 교양을 기르고 배우는 것보다 더 중요한 것은 없지 않아요? 그래서 요즈음에는 목회 10년만 하고 나면 교인들에게는 케케묵은 고답적인 사람이 되고 자칫하면 눈 목자 죽을 사자의 목사(目死)가 되고 말지요. 더구나 지금은 어떤 시대입니까? 소위 정보화 시대가 아닙니까? 이런 시대에 목회자들이 컴퓨터 하나 조작할 수 없다면 어떻게 하겠습니까? 심지어 어떤 분들은 아니 세상 책을 읽어서 무엇 하느냐고 묻기도 합니다. 그러나 일반 독서와 성경이해는 서로 다르지만 그러나 이들은 뗄 수 없는 관계를 가지고 있습니다. 더구나 설교를 할 때에는 세속사회에 살고 있는 사람들의 문제에 성경을 적용하는 것이기 때문에 성경연구 못지않게 일반 독서가 중요합니다. 더욱이 교인들과 많은 상담을 해야 하는 목회자로서는 깊은 교양과 지식이 없이는 저들의 문제를 바로 이해할 수도 없고 또 해결할 수도 없습니다. 제가 제일 안타까운 것은 교인들까지 목회자의 업무를 자기들을 위해 기도나 하고 축복이나 해주는 사람으로 생각한다는 점입니다. 그러나 목회자는 무엇보다도 정신적 지도자입니다. 따라서 정치, 경제, 사회, 문화, 예술 등 각 분야의 전문가는 아니지만 적어도 상식을 가지고 있어야 합니다. 그렇지 않으면 참으로 이 세속사회에서 성공적 삶을 가질 수 있도록 교인들을 지도할 수 없습니다. 우리가 목회자에게 대학교육을 필수적으로 요구하는 것도 바로 이 이유 때문이 아니겠습니까?

두 번째로 목회자는 '성경의 전문가'가 되어야 합니다. 우리가 신학자냐고 할지 모르나 신학자들이야 말로 성경을 잘 모릅니다. 목회자가 성

경의 전문가이지요. 그런데 성경은 체계적으로 아는 목회자를 만난다는
것은 대단히 어렵습니다. 그것은 신학교육 자체에 문제가 있기 때문입
니다. 또 목회자들이 성경은 체계적으로, 전체적으로 연구하지 않기 때
문입니다. 저 자신 성경을 신학교에서 배운 적 없고(물론 부분적으로는 배
웠지만) 학교에서 배운 적 없습니다. 혼자서 끙끙대며 연구했지요. 목회
자가 세상 지식이 좀 부족한 것은 핑계도 할 수 있고 변명도 가능하지
만 적어도 성경만은 전문가가 되어야 합니다. 그렇지 않고 목회를 한다
면 그것은 양떼들을 죽이는 것입니다. 그러므로 목회자는 성경의 전문
가가 되기 위해 원어도 공부하고 개론적인 공부도 하고 역사적 배경도
연구하고 또 성경해석도 바로 배워야 합니다.

　세 번째로 목회자는 목회자로서의 '사명의식'이 뚜렷하고 양들을 사랑
할 수 있어야 합니다. 목회를 직업으로 생각하거나 교인들에게 무관심
해서는 안 됩니다. 물론 처음부터 양떼들에게 무관심하거나 사랑하지
않는 사람이 어디에 있겠습니까? 그러나 오랜 세월 목회를 하다가 보면
그만 타성에 젖어버리고 말 위험성이 있지 않겠습니까? 더구나 목회란
섬기는 일인데 자칫하면 양떼들을 다스리려고 하는 지배의식을 가질 위
험성이 많다고 생각합니다. 장로님들을 만나서 얘기를 해보면 그런 얘
기를 많이 듣게 됩니다. 주님은 섬기기 위해서 왔는데 목회자들은 섬김
을 받으려고 한다고 비난을 받아서야 되겠습니까?

　넷째로, 목회자는 '인격자'가 되어야 합니다. 설교도 중요하고 기도도
잘해야 하지만 인격자가 못 되면 모든 것은 다 위선이고 가식일 뿐입니
다. 최근에 많은 큰 교회의 목회자들에게 스캔들이니 뭐니 해서 문제가
나고 있는데 남의 일 같지 않습니다. 하나님 앞에서 일하는 목회자가
인격이 깨끗하지 못하다면 개밥그릇이 되고 말지요. 인격자란 정서적으
로 안정되고 지식과 덕망을 갖추었을 뿐만 아니라 바른 결단과 행함이

있는 신앙인을 말하는 것이지요.

다섯째로 목회자는 '미래지향적이고 긍정적 사고'를 하는 사람이어야 합니다. 복고적이거나 과거지향적인 목회자는 빨리 은퇴하는 것이 성도들을 위해서 좋지요. 또 비판만 하고 부정적으로만 생각하는 목회자도 교인들을 사회의 지도자로 가르치지는 못한다고 생각합니다. 자칫하면 사회의 문제나 만들고 정신적으로 병든 사람들을 기르기 쉽습니다.

여섯째로 목회자는 '가정생활이 원만'하고 아내에게 존경을 받고 자녀들을 잘 기르는 사람이어야 한다고 믿고 있습니다. 남편이니 어쩔 수 없이 살지 내가 교인이라면 저런 목회자는 모시지 않겠다고 한다면 큰 일이지요. 저도 아이들을 기르다 보니 언제 무슨 일이 있을지 몰라 큰소리를 못 치게 되었습니다만 한 가지 분명한 것은 '수신제가 치국평천하'라는 옛말입니다. 제 가정 하나 못 다스리는 사람이 어떻게 성도들을 바로 목양을 하겠습니까? 말도 안 되는 소리지요. 집에서 새는 바가지 나가서도 샌다고 했습니다.

끝으로 목회자는 자기가 사는 '지역사회에서 적어도 유지로 존경받고' 사회적으로도 도움을 줄 수 있어야 한다고 봅니다. 그러나 이것이 어디 그렇게 쉽습니까? 그러려면 중생해야지요. 목회자중에 중생하지 못한 사람이 있다고 생각하고 싶지 않지만, 그러나 실제로 없다고 할 수도 없지 않습니까? 또 예비고사에 떨어진 낙오자들이 며칠 동안 기도원 갔다 와서 은혜 받았다고 목회자가 되겠다고 하는데 이것 정말 큰일 나지 않았을까요? 바라기는 저와 여러분들은 존경받는 목회자가 다 되기를 축원합니다.

무엇이 나은가?

(전7:1-4)

인생이란 끝없이 '이것이냐 저것이냐' 하는 선택의 연속입니다. 인간의 운명이란 것도 따지고 보면 자기가 무엇을 선택하느냐에 따라 결정되는 것입니다. 이런 점에서 우리는 무엇이 나은지 바른 선택의 지혜를 가져야 합니다.

1. "아름다운 이름이 보배로운 기름보다 낫고"(1절).

아름다운 이름이란 명성을 의미하는 말입니다. 사람은 살아 있는 동안 후세에까지 빛나는 이름을 남기기 위해서 선한 일을 해야 됩니다. 사실 이스라엘 사람들의 가장 큰 포부는 후손에게 아름다운 이름을 남겨주는 것이었습니다. 당시 가장 비싸고 귀한 것은 보배로운 기름이었습니다. 이 기름은 약으로도 쓰이고 여성의 미용으로도 쓰이는 동양의 값비싼 기름이었습니다.

그러나 그것이 그렇게 비싸고 귀해도 명성과 비교할 수 없다는 말입니다. 예를 들어 바나바의 명성은 무명의 사람인 사울의 이름을 예루살렘 교회 안에서 인정받게 하는 패스포드가 되게 하였고, 바울의 명성은 예루살렘 성도들의 구제를 위한 많은 헌금을 걷게 하는 보증수표가 되었습니다.

어떻게 하면 아름다운 이름을 후세에 남기겠습니까? 먼저 세상에서 믿음의 삶을 증진시켜야 하고 다른 사람들에게 유익을 주는 삶을 살아야 합니다. 또 교회에서는 양 무리의 본이 되어야 그 아름다운 이름이 후손에게 길이 남게 됩니다. 그러므로 우리는 값이 비싼 기름보다 아름다운 이름을 후손에 남기는 것을 택해야 할 것입니다. 그런 사람은 마치 대학에 입학하는 날보다 졸업하는 날이 나은 것처럼 죽는 날이 출생하는 날보다 나을 것입니다.

그러므로 죽는 날이 출생하는 날보다 낫다는 것은 조건적인 말씀이지 절대적인 말씀은 아닙니다. 이 세상에는 있으나마나한 사람도 많고 차라리 나오지 않았더라면 좋았을 뻔한 사람도 있습니다. 이런 사람들에게는 출생하는 날이야 다 어머니가 미역국을 먹고 아들 낳았다면서, 혹은 공주를 생산했다면서 축하한다는 말은 들었을 것 아닙니까? 그러므로 죽는 날이 출생하는 날보다 더 좋은 사람은 이 땅에서 아름다운 이름을 남길 만큼 선한 열매를 맺는 사람입니다.

2. "초상집에 가는 것이 잔칫집에 가는 것보다 나으니"(2절)

도무지 이해가 가지 않는 말이지요. 왜냐하면 세상의 표준과는 정반대의 말씀이기 때문입니다. 그러나 기억할 것은 2절 이후에 나오는 말씀은 하나님의 진리요 또 흔히 말하는 역설입니다. 그러나 자세히 살펴보면 이 말씀들은 영원한 진리입니다. 사실 초상집에 가면 우리는 '아! 인생이 이렇게도 허무한데 왜 우리는 남을 미워하면서 살아야 하는가? 도대체 내가 무엇을 위해 지금까지 살아 왔는가?'하고 반성을 하게 됩니다.

우리가 초상집에 가면 어떤 은혜가 되나요? 인생의 유한함을 느끼면서 인생을 보다 진지하게 생각하고 살게 됩니다. 시선을 나 이외의 사람들에게 관심을 갖게 하고 남을 미워하며 발버둥치며 사는 것이 얼마나 어리석고 부끄럽고 미련한가를 깨닫게 됩니다.

초상집에 가면 아무리 둔한 사람이라도 인생은 누구나 죽는다는 것과 세상의 부귀영화가 얼마나 허무하다는 것과 인생이란 길 가는 나그네와 같다는 것을 다시 한 번 절감하면서 하나님과 위를 바라보게 됩니다.

창 6장을 보면 아담 이후의 10대에 이르는 인생의 역사를(출생-결혼-자녀-사망) 묘사하고 있습니다. 사실 이것이 인생의 전부입니다. 그러므로 초상집에 가는 것이 잔칫집에 가는 것보다 낫습니다.

물론 잔칫집에 가면 육적으로는 기쁘고 즐겁습니다. 요즈음에야 국수 한 그릇 얻어먹기도 어렵고 또 주어도 먹을 시간도 별로 없으나 한 가지 분명한 것은 잔칫집에 가면 긴장감이 없어지고 우리의 마음이 헤이해집니다. 오히려 '야, 나도 저렇게 차려입고 자녀들 결혼시키려면 무엇 좀 뇌물도 받고 좀 타협도 하면서 살아야 되지 않겠느냐? 내가 뭐 잘났다고 혼자서 뾰족하게 살 수 있는가?'하는 등등의 유혹이 스며드는 것입니다.

그러나 초상집에 가면 그렇지 않습니다. 비록 우리가 철학자는 아니고 신학자도 아니지만 초상집에 가면 누구나 인생을 심각하게 보면서 스스로를 살피는 기회가 됩니다. 그래서 인생의 모든 경험을 다 맛본 솔로몬은 "초상집에 가는 것이 잔칫집에 가는 것보다 나으니"라고 한 것입니다.

3. "슬픔이 웃음보다 나음은 얼굴에 근심함으로 마음이 좋게 됨이니라"(3절).

이 말씀도 하나님의 역설입니다. 물론 이 말씀은 극단적인 금욕주의를 찬양하는 것이 아닙니다. 또 인생을 침울하게 살라는 말도 아닙니다. 왜냐하면 바울은 항상 기뻐하라고 하였기 때문입니다. 그러면 이 말씀의 뜻은 무엇인가요? 그것은 세상적인 웃음이란 잠깐이고 도덕적인 선을 이루는 것도 아니고 인생에게 참 만족을 주는 것도 아니며 인생을 반추하면서 살도록 하지 않고 참 지혜도 주지 않는다는 말입니다.

그러나 슬픔은 그렇지 않습니다. 슬픔은 우리의 이해의 폭을 넓혀주고 하나님을 찾게 해주며 영혼의 유익을 구하고 타인을 이해하는 마음을 갖게 합니다. 성경에서 "우는 자와 함께 울라"고 권면한 것은 바로 이 때문입니다. 인간이 언제 남을 이해하는 사랑의 넓은 마음을 갖나요? 웃을 때인가요? 아니면 슬퍼할 때인가요?

슬퍼할 때 인간은 비로소 이기주의에서 벗어나게 됩니다. 예수님께서 애통하는 자는 복이 있나니 저희가 위로를 받을 것임이요 라고 한 말씀은 애통의 축복을 말씀한 것입니다.

맺는말

인생은 무엇을 택하느냐에 따라 성공과 실패가 결정됩니다. 운명이란 사실은 자기가 택한 선택의 열매일 뿐입니다. 과연 무엇이 더 나은가요? 아름다운 이름이 보배로운 기름보다 좋습니다. 또 하나님은 역설적 진리를 말씀합니다. 즉 초상집에 가는 것이 잔칫집에 가는 것보다 좋고 또 웃는 것보다 슬퍼하는 것이 좋다고 하였습니다. 그러므로 우리는 하나님의 말씀 위에 서서 바른 선택을 하여 참으로 아름다운 이름을 후손에게 남겨주기를 주님의 이름으로 축원합니다.

매일 증인이 되려면

(막16:14-16)

이 시대를 살아가는 우리 신자들의 가장 큰 문제점은 무엇인가요? 신앙생활이 많은 것 중에 하나가 된다는데 있습니다. 그것이 전부가 아니고 일부분이라는데 문제가 있습니다. 그래서 요즈음은 주일 신자가 늘어갑니다.

월요일부터 토요일까지는 불신자로 살고 주일에는 교회에 나오고 물론 이것은 복잡한 현대문화의 산물입니다. 그래서 현대인은 항상 하는 것 없이 바쁩니다. 여기서 신앙의 깊이를 상실하게 된 것입니다. 그러나 하나님은 우리를 일부 소유하기를 원치 않으시고 전부를 소유하시기를 원하십니다.

1. 왜 매일 증인이 되어야 하는가?

(1) 자기 확인을 위해서

'나는 주님에게 속한 자녀입니다. 이 세상에서는 다만 방문객에 불과합니다. 나는 주님을 사랑합니다, 등등'. 자기 확인의 필요성은 무엇인가요?

(예) 미국 사람들의 부부생활(하루에도 몇 번씩 I love you, 하면서 부부간의 사랑을 재확인합니다). 우리는 그저 사랑하려니 하고 일생을 살다가 어느 날 갑자기 놀라고 당황하고 깨닫습니다. 그러나 때는

이미 늦은 뒤입니다. 왜 이것이 필요한가요? 인간은 약하기 때문에, 인간은 자꾸만 변하기 때문에 필요합니다. 그러므로 우리는 매일 자기를 재확인하는 습관을 들여야 합니다.

(예) 우리집 아이들은 엄마의 사랑을 확인하기 위해서 볼에다 입을 꼭 맞추라고 합니다. 좀 더 큰 사랑은 코를 꽉 깨무는 괴상한 확인 방법을 씁니다.

(2) 신앙의 깊이를 위해

신앙의 깊이를 위해서입니다. 신앙이란 강에서 수영하는 것과 같아서 부동의 유지란 없습니다. 팔다리를 놀리고 앞으로 가지 않으면 물속으로 가라앉고 맙니다. 신앙이란 사랑이 더해질 때 깊어집니다. 신비한 체험은 시작일 뿐 깊이를 더해 주지는 못합니다.

(3) 결실을 위해서

열매 맺는 삶을 위해서입니다. 세상만사가 다 열매를 맺어야 됩니다. 부부생활도 자녀라는 열매가 없으면 멀어지듯이 사업에도, 공부에도, 가정에도 다 열매를 맺어야 합니다. 부부생활의 열매는 자녀를 낳는 것 같이 신앙생활의 열매의 핵심은 믿음의 자녀를 갖는 것입니다.

(4) 하나님을 소유하기 위해서

하나님의 소유권을 이전등기하는 행위이기 때문에 고대에는 토지를 매매할 때에 소유주가 잔디밭에서 잔디를 잘라서 사는 사람의 모자에 넣어주었다고 합니다. 그렇게 함으로서 토지 매매의 증거를 삼았다고 합니다. 가옥을 매매할 때에는 증거로 열쇠를 넘겨주기도 합니다. 그런데 하나님은 그의 소유물을 우리에게 넘겨주신 후에 베드로에게 열쇠를 주신 것처럼(마 16:19) 우리에게 전도의 열쇠를 통해서 전달하도록 하셨습니다.

(5) 하나님의 영광을 위해서

하나님의 영광을 위해서입니다.(요 15:8절) "너희가 과실을 많이 맺으면 내 아버지께서 영광을 받으실 것이요" 그래서 행 5:42절을 보면 "저희가 날마다 성전에 있든지 집에 있든지 예수는 그리스도라 가르치기와 전도하기를 쉬지 아니하니라"고 하였습니다.

2. 매일 증인이 되려면?

(1) 새 생명을 가져야

먼저 새 생명을 가져야 합니다. 고후 5:17절 그리스도 안에 있는 사람이 새 생명을 가진 사람입니다.

(예) 요 15장 "나는 포도나무요 너희는 가지니" 그리스도에게 붙어 그리스도에게서 진액을 빨아들이면서 살아야 새 생명이 됩니다. 그러므로 만약 우리가 전도하지 않는다면 우리는 영적으로 죽었든지 아니면 병이 났든지 둘 중에 하나일 것입니다.

(2) 복음의 능력 체험

다음은 복음의 능력을 체험해야 합니다. 롬 1:16절(모든 믿는 자에게 능력을 주시는 하나님의 능력이 됨이라), 우리는 신비한 체험만을 원하는데 그것 가지고는 매일 증인 못됩니다. 복음의 능력을 체험해야 합니다. 그런데 복음의 능력은 구체적으로 변화의 체험을 말합니다. 기쁨과 사랑의 체험을 말합니다.

(3) 스스로 죄인임을 알아야

내가 죄인인 줄 알아야 합니다. 롬 3:23절 "모든 사람이 죄를 범하였으매 하나님의 영광에 이르지 못하더니." 죄인인 줄 아는 사람은 항상 빚진 자의 심정으로 삽니다(롬1:14). 헬라인이나 야만이나 지혜 있는 자나 어리석은 자에게 다 내가 빚진 자라고 했습니다.

(4) 그리스도만이 구주이심을 믿어야

예수 그리스도만이 구주이심을 믿는 사람이어야 합니다. 요 14:6절, 행 4:12절 "다른 이로서는 구원을 얻을 수 없나니 천하 인간에 구원을 얻을만한 다른 이름을 우리에게 주신 일이 없음이니라." 우리가 왜 매일 증인이 안 되는지 아십니까? 믿지 않기 때문입니다. 입으로는 믿는다고 하면서도 실제 마음속으로는 안 믿기 때문입니다.

(5) 성경을 제대로 알아야

성경을 아는 사람이어야 합니다. 행 8:35절 "빌립이 입을 열어 이 글에서 시작하여 예수를 가르쳐 복음을 전하니." 그래서 매일 증인이 되려면 성경을 체계적으로 배우고 알아야 합니다.

(6) 기도하는 사람이 되어야

기도의 사람이어야 합니다. 기도는 전도의 문을 열어주는 열쇠이기 때문입니다. 약 1:5절 "너희 중에 누구든지 지혜가 부족하거든 모든 사람에게 후히 주시고 꾸짖지 아니하시는 하나님께 구하라 그리하면 주시리라"

(7) 성령 충만해야

성령이 충만한 사람이어야 합니다. 행 6:10절 "스데반이 지혜와 성령으로 말함을 저희가 능히 당치 못하여" 눅 12:12절에 "마땅히 할 말을 성령이 곧 그 때에 너희에게 가르치시리라"

(8) 가슴이 뜨거워야

뜨거운 가슴의 사람이어야 합니다. 사 6:8절 "내가 또 주의 목소리를 들은즉 이르되 내가 누구를 보내며 누가 우리를 위하여 갈꼬 그때에 내가 가로되 내가 여기 있나이다 나를 보내소서." 심령의 뜨거움은 사랑이 있을 때 생깁니다. 열심이 있을 때 생깁니다. 라오디게아 교회의 병은

"차지도 아니하고 더웁지도 아니하고." 이것은 계 3:15에 보면 말세 교회의 특징이라고 했습니다. 바라기는 우리는 전도 안 하는 병을 고쳐서 주님의 인정받는 성도들이 다 되시기를 축원합니다.

말씀의 능력

(히4:12; 렘23:29)

1. 하나님의 말씀이란 무엇인가?

말씀에는 세 가지 형태가 있습니다. 첫째는 예수님이 바로 로고스 즉 말씀 자체입니다. 둘째는 성경입니다, 셋째는 설교가 하나님의 말씀입니다. 그러나 하나님의 말씀은 하나이지 여럿이 아닙니다. 마치 오케스트라에 여러 가지의 악기가 제 각기의 소리를 내지만 동일한 음악을 연주하는 것처럼 하나님의 말씀은 형태도 저자도 여럿이지만, 그러나 하나님의 말씀은 여럿이 아닙니다. 그래서 벧후 1:20절에 보면 "성경의 모든 예언은 사사로이 풀 것이 아니라"고 하였습니다.

여기서 사사로이 풀지 말라는 말은 개개인이 풀어서는 안 된다는 말이 아닙니다. 천주교에서는 불행하게도 그렇게 해석을 해서 교회만이 성경을 해석할 수 있는 권한이 있다고 잘못 주장하나 본문의 뜻은 성경을 한 장 한 장씩 혹은 한 절 한 절씩 따로 떼어서 해석해서는 안 된다는 말입니다. 왜냐하면 성경은 하나의 말씀이기 때문에 66권의 말씀이 서로 하나로 연결되어 있기 때문입니다. 즉 하나님의 말씀은 바로 주님 자신입니다. 그것이 좀더 확장되어 계시된 것이 바로 성경이고 또 이 성경을 좀더 확장해서 선포하는 것이 설교입니다.

그런데 많은 사람들이 성경은 읽고 설교는 들으면서 하나님의 말씀은 듣지 못하고 있다는 점입니다. 즉 사람이 몸과 영혼으로 되어 있듯이 성경도, 설교도 이 두 부분으로 되어 있습니다. 이것을 좀더 잘 이해하려면 하나님께서 인간을 창조하실 때 먼저 흙으로 빗으시고 그 다음에 거기에 그의 입김을 불어 넣으셨습니다. 이때에 인간은 비로소 생명이 되었다고 하였습니다. 즉 살아있는 존재가 되었다는 말입니다.

흙이 형태만으로는 산 사람일 수가 없습니다. 성경도 마찬가지입니다. 설교도 마찬가지입니다. 그 겉형태만으로는 생명을 구원하는 능력의 말씀이 될 수 없습니다. 물론 성경이 기록될 때에 하나님의 입김으로(영감으로) 기록되었습니다. 그러나 이것을 읽을 때 하나님의 입김이 새롭게 작용하지 않으면 내게는 단순한 과거의 지식일 뿐 지금 여기서 살아 움직이는 말씀이 될 수는 없습니다. 닫혀진 책으로만 남아 있을 뿐입니다.

성경이 살아있는 말씀이 될 때 이것을 우리는 계시라고 합니다. 즉 성경이 하나님의 입김으로 내게 부닥쳐올 때에 그것은 살아서 움직이는 계시가 된다는 말입니다. 그런데 불행하게도 많은 사람들이 이런 체험을 하지 못하여 성경은 읽는데 은혜는 못 받고, 성경은 많이 아는데 하나님의 음성을 듣지 못합니다. 성경이 역사하지 않으면 지식은 줄는지 몰라도 계시가 되지는 못합니다. 성경을 들을 때 우리에게 성령의 역사가 나타나야 그것이 산 말씀, 즉 계시가 됩니다. 그렇지 않으면 성경의 껍질만 맛보고 맙니다. 마치 수박의 껍질만 맛보고 아이구 쓰구나 하고 말하는 사람과 같습니다.

2. 말씀의 능력

(1) 마음을 찌르고 때려 회개하는 마음이 생기게 함

사도행전 2:37 절에 보면 베드로의 설교를 들은 오순절의 군중들이 회개한 것과 같습니다. "저희가 이 말을 듣고 물어 가로되 형제들아 우리가 어찌할꼬?" 하고 회개하였습니다. 히 4:12절에 보면 "하나님의 말씀은 살았고 운동력이 있어 좌우에 날선 검보다 더 예리하여 혼과 영과 및 관절과 골수를 찔러 쪼개기까지 하며 또 마음과 뜻과 생각을 감찰하나니"라고 하였습니다.

(2) 우리를 새롭게 하는 능력, 중생케 하는 힘이 있음

벧전 1:23절에 "너희가 거듭난 것이 썩어질 씨로 된 것이 아니요 썩지 아니할 씨로 된 것이니 하나님의 살아 있고 항상 있는 말씀으로 되었느니라."고 했고 또 시편 19:7절에도 "여호와의 율법은 완전하여 영혼을 소성케 하고"라고 하였습니다. 그러면 왜 성경은 읽는데 날마다 듣는데 이런 역사가 안 나타나나요? 성경이 거짓말하나요? 아니면 우리 자신에게 문제가 있나요? 그렇습니다. 우리 자신에게 문제가 있는 것입니다. 성경의 껍질만 맛보고 그 속에 있는 살아서 움직이는 빛, 말씀, 능력은 모르기 때문입니다. 그러므로 성경을 읽을 때는 기도를 하면서 겸손하게 말씀을 받아야 합니다.

요한계시록에 보면 "귀 있는 자는 성령이 교회들에게 하시는 말씀을 들을 지어다"라고 계속 반복하는 것은 바로 이런 이유 때문입니다.

(3) 신앙이 생기게 됨

롬 10:17절을 보면 "그러므로 믿음은 들음에서 나며 들음은 그리스도의 말씀으로 말미암느니라."

(4) 깨끗하고 성결케 됨

엡 5:26절에 "이는 곧 물로 씻어 말씀으로 깨끗하게 하사 거룩하게 하시고." 시 119:9절에 "청년이 무엇으로 그 행실을 깨끗하게 하리이까? 주의 말씀을 따라 삼갈 것이니"라고 했습니다.

(5) 지혜롭게 해줌

시 19:7절에 "여호와의 말씀은 완전하여 영혼을 소성케 하고 여호와의 증거는 확실하여 우둔한 자로 지혜롭게 하며." 딤후 3:15절에는 "성경은 능히 너로 하여금 그리스도 예수 안에 있는 믿음으로 말미암아 구원에 이르는 지혜가 있게 하느니라."

(6) 죄를 이기고 마귀를 이기는 무기가 됨

마 4:4절에 "사람이 떡으로만 살 것이 아니요 하나님의 입으로 나오는 모든 말슴으로 살 것이라"고 주님은 말씀하여 시험을 이기었습니다. 시 119:165절에 "주의 법을 사랑하는 자에게는 큰 평안이 있으니 저희에게 장애물이 없으리이다." 수 1:8절에 "이 율법 책을 네 입에서 떠나지 말게 하며 주야로 그것을 묵상하여 그 가운데 기록한 대로 다 지켜 행하라. 그리하면 네 길이 평탄하게 될 것이라. 네가 형통하리라."

맺는말

요 5:24-25 절에서 주님은 이렇게 말씀하셨습니다. "내가 진실로 진실로 너희에게 이르노니 내 말을 듣고 또 나 보내신 이를 믿는 자는 영생을 얻었고 심판에 이르지 아니 하나니 사망에서 생명으로 옮겼느니라. 진실로 진실로 너희에게 이르노니 죽은 자들이 하나님의 아들의 음성을 들을 때가 오나니 이때라. 듣는 자는 살아나리라." 이런 역사가 일어나기를 축원합니다.

말세에 나타날 징조

(딤후3:1-17)

사람들은 말세가 되었어. 말세야 하는 말을 자주 합니다. 그러면 과연 지금은 말세인가요? 이 말세란 말의 뜻은 무엇인가요? 디모데에게 보낸 딤후 3장에 나타난 말씀을 통하여 은혜를 나누려고 합니다.

1. 말세에 나타날 징조(3:1-9)

말세란 말은 히 1:1-2절을 보면 예수님의 지상 생애에서부터 시작됨을 알 수 있습니다. 다시 말해서 말세란 그리스도의 오심부터 그의 재림 때까지를 의미합니다. 그러나 신약에서 말세라고 말할 때에는 그의 재림 직전을 뜻하는 말로 사용하는 경우가 많습니다. 여기서 말세란 바로 그것을 의미합니다. 그런데 중요한 것은 바로 이 주님의 재림의 때가 벌써 왔다는 말입니다. 요일 2:18절에 분명히 이것을 말씀하고 있습니다.

그러면 이 말세의 특징은 무엇인가요? 무엇보다도 1절의 말씀대로 '고통하는 때'입니다. 여기서 고통하는 때란 단어는 거라사의 광인의 형편을 묘사할 때에 사용한 말입니다. 즉 귀신으로 인해 거라사의 광인이 심히 사납게 된 것처럼 말세가 되면 세상은 모두 사납게 된다는 말입니다. 즉 말세가 되면 이 세상이 '마귀의 묘지'가 된다는 뜻입니다. 사실 지금 세상은 얼마나 사납고 우리는 얼마나 고통을 당하고 있습니까?

경제적으로는 풍성하게 되고 살기는 편하게 되었는데 영적으로는 세상이 마귀의 묘지가 되었고 많은 고통이 따르고 있습니다. 도무지 안식이 없는 것입니다. 세상에만 안식이 없는 것이 아니라 직장에도 무역전쟁에 휘말려 전혀 안식이 없고 교회와 가정에도 참된 안식이 없습니다. 이것이 바로 말세의 특징입니다. 바울은 이것을 알라고 경고합니다.

사람들은 세월이 가면서 더 좋아질 것이라고 믿고 있으나 성경은 고통 당하는 때가 될 것이라고 경고합니다. 이것이 다릅니다. 2-5절까지는 말세의 여러 가지 현상을 말하고 있습니다. 이제 그 19가지의 내용을 11가지로 요약하여 보겠습니다.

(1) 하나님보다 자기를 더 사랑한다고 함

이것을 우리는 이기주의라고 부릅니다. 여기서 자기를 사랑한다는 말은 고슴도치와 같은 존재를 말합니다. 고슴도치는 그 몸을 공처럼 둥그렇게 만들어 부드럽고 따뜻한 털로는 자신을 위하게 하고(이기주의) 그리고 밖에 있는 대적들에게는 날카로운 가시를 돋쳐냅니다(자기 고집대로, 오만하게)

(2) 돈을 사랑한다고 함

최근 조사한 바에 의하면 1983년 일 년에 거의 절반이 퇴사했다는 통계가 나왔습니다. 약간 급여가 높으면 직장을 옮기는 것입니다. 돈이면 다인 것입니다. 그런데 이 인간의 이기주의는 두 가지 면으로 나타납니다. 하나는 탐욕적인 태도요 다른 하나는 뽐내는 자만입니다. 따라서 말세의 우상은 바로 탐욕입니다. 권력을 혼자만 가지려고 하는 정권욕, 돈을 혼자만 소유하려는 물욕, 자신의 명예를 영원토록 남기려는 명예욕이 바로 말세의 특징입니다.

(3) 자긍하고 교만하다고 함

자긍한다는 말은 시골을 배회한다는 뜻입니다. 즉 돌팔이가 약의 특효를 자랑하면서 팔고 다니는 것을 말합니다. 이런 사람은 반드시 교만합니다.

(4) 훼방한다고 함

말을 할 때, 남의 기분을 상하게 하거나 해치는 것입니다. 이들은 하나님과 사람을 모욕하면서 경멸하는 태도를 취합니다.

(5) 부모에 거역한다고 함

사실 지금 어른들에 대한 존경심이 어디 있습니까?

(6) 감사하지 않는다고 함

모든 것을 당연하게 생각하고 감사할 줄 모릅니다. 부모에게는 물론 하나님께도 감사하지 않습니다.

(7) 거룩하지 않다고 함

(8) 무정하다고 함

천부적인 애정도 없다는 말입니다. 예를 들면 모성애도 없고 부모에 대한 애정이 없다는 말입니다. 부부간에도 툭하면 성격이 안 맞아 이혼합니다.

(9) 원한을 풀지 않음

화해의 약속 같은 것은 아무런 의미도 없습니다.

(10) 쾌락을 사랑함

이 세대는 광적이라고 할 정도로 쾌락을 추구합니다. 여기서 쾌락이란 불법적 비성경적 기쁨을 말합니다. 본능만의 추구를 의미합니다. 85년 봄의 통계에 의하면 서울에만 룸살롱이 천 개가 넘게 있었고 또 세계보건기구의 발표에 의하면 한국인 일인당 음주량이 9.2리터로 세계 1위라는 것입니다. 소돔과 고모라가 되고 있습니다. 기독교인은 많은데 쾌락의 나라, 룸살롱의 나라가 된 것입니다.

(11) 사이비 종교가 범람

마지막으로 5-8절에 보면 아주 중요한 것이 나옵니다. 즉 우리가 경계해야 할 것이 말세가 되면 많은 종교가 생긴다는 점입니다. 그러나 이런 것들은 단순히 모조품에 불과하여 경건의 모양은 있으나 생명을 변화시키는 경건의 능력은 없다고 하였습니다. 바울이 딤후 2장에서 예언한 믿음에서 떠나는 행위가 지금 일어나고 있습니다. 성경은 지금도 베스트셀러의 넘버원이지만 범죄율은 증가 추세이고 이혼도 늘고 있습니다. 이제 참된 기독교는 서서히 사라지고 있는 것입니다. 모든 것이 형식화되어 가고 있습니다. 그런데 이 형식주의는 한국이 특히 심한 것은 유교문화의 영향 때문입니다. 예를 들면 집 내부보다 밖을 더 치장한다든지 안방보다 대문을 만드는데 더 돈을 씁니다.

일본의 특파원으로 6년을 한국에 머물렀던 무로따니는 「한국인의 경제학」이라는 책을 썼습니다. 거기서 그는 한국인의 외화내빈과 겉치레를 신랄하게 비판하고 있습니다. 자동차만 해도 편리한 것보다는 자신의 신분을 과시하는 경향을 많이 볼 수가 있습니다. 신분이 높다고 반드시 더 큰 차, 더 비싼 차를 타야 할 필요는 없습니다. 또 높다고 반드시 사무실이 더 크고 으리으리해야 할 필요도 없습니다. 이것이 다 유교적인 전통에서 올 잘못된 것입니다.

2. 말세의 병에서 치유를 받으려면?

14-17절에 말세의 병에서 치유함 받는 방법이 나옵니다. 무엇보다도 말씀을 배워서 확신 속에 살아야 합니다. 요즈음의 특징은 확신이 없는 것입니다. 그래서 '…한 것 같아요'란 말을 많이 씁니다. 좋다, 나쁘다 등 분명한 말을 안 쓰고 좋은 것 같아요, 나쁜 것 같아요 라고 말합니다. 이것이 문제입니다. 그러면 확신이 언제 생기나요? 14절에 "그러나

너는 배우고 확신한 일에 거하라" 즉 배워야 확신이 생기는 것입니다. 무엇을 배워야 확신이 생기는가? 이것은 세상의 지식을 배워서 생기는 것이 아니고 과학을 배워서 생기는 것도 아니고 하나님의 말씀인 성경을 배울 때 확신이 생깁니다. 왜냐하면 성경은 하나님의 감동으로 된 하나님의 책이기 때문입니다. 여러분에게는 천국에 대한 확신이 있습니까? 여러분들에게는 하나님께서 살아계시고 지금 나와 함께 계신다는 확신이 있습니까?

도대체 성경은 어떤 책이기에 이런 확신을 줄까요?

성경의 첫 번째 목적은 구원에 이르는 지혜를 줍니다(15절). 예수님도 사탄에게 시험을 받을 때에 말씀으로 승리하셨습니다. 그러므로 우리에게도 이 말씀보다 더 좋은 방법은 없습니다. 엡 6장에 보면 하나님의 전신갑주를 말씀하는 가운데 말씀은 사탄과 싸우는 유일한 공격 무기인 성령의 검이라고 하였습니다. 둘째는 17절에 "이는 하나님의 사람으로 온전케 하며 모든 선한 일을 행하기에 온전케 하려 함이니라." 즉 온전케 해주는 일을 한다고 하였습니다. 사실 우리 인간은 온전치 못합니다. 무엇인가 약점이 있습니다.

모자라는 것이 누구에게나 있습니다. 그런 우리에게 성경은 유일한 힘이 됩니다. 중세기에 로마 천주교회가 이 말씀을 무시하고 의식에 사로잡혀 있을 때 암흑시대를 가져오지 않았던가요? 개신교에서 이 말씀의 권능을 찾기는 하였으나 성경은 지금도 도처에서 등한히 여김을 받고 있습니다. 바로 여기에 오늘의 문제가 있습니다. 이제 말씀으로 돌아가고 말씀으로 말씀되게 해야 합니다. 이것만이 살 길입니다.

마음에 근심이 있을 때

(요14:1-6)

(예화) 지난 목요일에 저의 집사람이 계룡산의 동학사에 가자고 해서
잠깐 쉴 겸 간 적이 있습니다. 충남의 경치란 정말 아름답고
좋았습니다. 그런데 마음이 아픈 것은 그 좋은 경치가 사람들
에 의해 많이 훼손되었다는 점이었습니다. 동학사 앞을 가니
연인들이 모여서 속삭이는 것을 보았습니다. 주로 남자가 말
하고 여자는 빼딱하니 앉아서 듣는 모습이었습니다. 그래서
어떤 분이 말한 대로 결혼 전에는 주로 남자가 떠들어대고 결
혼 후에는 주로 여자가 떠들어대고 이혼할 때는 둘이서 떠들
어대는 것이 인생인가 봅니다. 이곳에 묘한 것은 동학사 앞에
'해우실'(풀 해, 근심 우) 즉 근심이 있는 사람이 이것을 푸는 방
이 있었습니다. 들어가 보지는 않았지만 그것이 바로 화장실
인 것을 금방 알 수 있었습니다. 여러분 세상에 소변이나 대
변을 보아야 하는데 변소가 없으면 이것만큼 답답하고 괴로운
것이 없습니다. 그런 점에서 화장실은 근심을 풀어주는 곳입
니다. 그래서 중들은 화장실을 '해우실'이라고 부릅니다. 그러
나 인간의 다른 근심들이 이렇게 간단하게 해결되면 얼마나
좋겠습니까만 그러나 모든 것이 이렇게 간단하게 해결되는 것

은 아닙니다. 사실 우리는 해결할 수 없는 문제를 가지고 얼마나 근심합니까? 사실 이것은 소용없는 짓이지요. 반대로, 해결할 수 있는 문제를 가지고 근심하면 이것이야 말로 어리석은 일입니다. 저는 어렸을 때 '너는 다리 밑에서 주워왔다'는 어른들의 말에 얼마나 충격을 받았는지 모릅니다. 혹 우리 부모를 만날 수 있을까 하여 여러 번 마을에 있는 다리 밑에 가보았습니다. 그러나 세월이 지난 후에는 다리 밑이란 말이 어머니의 다리 밑이란 것을 알고는 우리 조상들의 슬기에 새삼 감탄을 한 적이 있습니다.

그러면 이 시간에는 마음에 근심이 있을 때 어떻게 해결해야 하는가를 살펴보면서 함께 은혜를 나누려고 합니다.

조금 전에 읽은 말씀을 보면 주님께서 13장 마지막 부분에서 주님께서 잠시 후면 멀리 가실 터인데 그곳에 제자들이 가고 싶어도 갈 수 없는 곳으로 간다고 말씀하신 구절이 나옵니다. 게다가 시몬 베드로도 주님을 세 번이나 부인하리라고 주님은 예언하였습니다. 그러자 제자들은 마음에 근심과 걱정이 생긴 것입니다. 이제 어떻게 해야 하나 하고.

우리 인간은 누구나 근심이 있습니다. 심지어 주님의 제자들에게도 이 근심은 있었습니다.

1. 근심이 인간에게 어떤 영향을 미치는가?

근심이 인간에게 어떤 영향을 미치는지에 대해 살펴보려고 합니다.

많은 여자들이 늙고 멋없게 보이는 것은 바로 근심 때문입니다. 아무리 나이가 많아도 근심이 없는 사람은 그렇게 아름다울 수가 없습니다. 최근 미국에서 가장 사망률이 높은 병은 심장병이란 통계가 나왔습니다. 세계 2차 대전 때 미국 군인이 30여만 명이 죽었는데 같은 기간에 심장병으로 죽은 사람은 무려 200만 명이나 되었다고 합니다. 그런데 그 중에서 반은 정신적 긴장 때문에 다시 말하면, 죄로 인한 긴장 때문에 죽었다는 것입니다. 그렇다면 근심이란 것이 얼마나 무서운가를 알 수 있습니다.

　(예화) 또 무서운 것은 최근 암에 걸리는 확률이 1/4이라는 통계가 나왔습니다. 그런데 미국의 국립암연구소의 발표에 의하면 암이란 금방 생기는 것이 아니라 몇 차례의 돌연변이가 잇달아 일어날 때 암이 생긴다고 합니다. 즉 긴 잠복기간이(짧게는 몇 년 길게는 몇 십 년) 있은 후에 생긴다고 합니다. 그런데 근심도 암처럼 상당 기간이 지난 뒤에 그것이 밖으로 나타납니다. 말하자면 근심이란 인간을 서서히 죽게 하는 영적 암이라고 할 수 있습니다.

　(예화) 중국 사람들의 잔인한 고문방법에 물고문이란 것이 있습니다. 오늘날은 우리나라의 안기부에서도 빨갱이들을 고문하는 방법으로 사용되고 있습니다. 먼저 물통을 머리 위에 달아놓고 물방울을 계속 머리 위에 한 방울씩 떨어트리면 나중에는 물방울이 쇠망치로 때리는 것 같은 충격을 준다고 합니다. 그래서 그 사람을 미치게 하거나 자살하게 만드는 방법입니다. 이 고문은 정신이 육체에 끼치는 영향이 얼마나 크다는 것을 보여줍니다.

2. 사람들은 왜 근심과 고민을 하는가?

여기에는 크게 네 가지의 이유가 있습니다.

(1) 조급성 때문

첫째는 조급하게 서두르기 때문입니다. 특히 한국 사람들은 세계

174 말세에 나타날 징조

에서 가장 참을성이 없는 민족입니다. 택시를 탈 때, 운전을 할 때(서울서 대전까지 90분이 걸리는 이유), 심지어 엘리베이터를 탈 때(닫힘이란 글자가 지워지는 이유) 보면 이것이 잘 나타납니다. 미국에 하버드대학과 함께 쌍벽을 이루는 대학이 콜롬비아대학입니다. 이 대학의 총장인 허버트 혁스는 이런 말을 했습니다. 이분은 학생들의 고민을 해결해주는 상담을 오랫동안 해온 사람입니다.

"이 세상의 고민의 절반은 사실을 충분히 파악하지 못한 채 무엇을 결정하려고 서두르기 때문이다"라고 하였습니다.

(2) 믿음이 부족하고 미리 염려하기 때문

둘째는 믿음이 없기 때문입니다. 대부분의 사람들은 내일 일을 위해 준비합니다. 얼마나 좋습니까? 가족을 위해 생명보험을 들고 노후를 생각해서 저축을 합니다.

이렇게 준비하는 것은 성경적입니다만 문제는 내일 일을 미리 염려하는 것입니다. 이것은 우리의 믿음이 적기 때문입니다. 그래서 주님은 "그러므로 내일 일을 위하여 염려하지 말라. 내일 일은 내일 염려할 것이요. 한 날 괴로움은 그 날에 족하니라"고 하신 것입니다.

(3) 불가피한 줄 알면서 거부하기 때문

불가피한 일을 쉽게 받아들이지 않기 때문에 고민합니다.

(예화) 초등학교 때 산에서 나무하다가 손가락을 자름, 병신이 될까봐 고민에 빠졌습니다. 그러나 손가락 하나쯤 없이도 산다는 생각을 하면서 그 고민을 극복했습니다. 저는 지금도 어려운 일이 생기면 더 큰 극단적인 일을 생각하며 이것은 아무것도 아니야, 더 큰 일이 생기지 않은 것이 얼마나 감사한 일인가? 하고 스스로 달래봅니다.

(4) 과거의 실수를 잊지 못하기 때문

과거에 지은 죄와 잘못을 잊지 못하기 때문에 고민하고 근심합니다. 인간이 불행해지는 가장 큰 이유는 과거에 지은 죄와 잘못을 잊지 못하기 때문입니다. 그러나 과거는 하나님도 돌이킬 수 없다는 것을 기억해야 합니다. 그렇다면 우리는 과거를 잊어야 합니다. 그러나 이것은 그냥 되는 것이 아닙니다. 마치 불면증과도 같습니다. 잘려고 하면 잠이 더 안 오는 원리와도 같습니다. 이런 때 잠자는 비결은 간단합니다. 잘 됐다, 이런 때 책이나 읽어야지 하고 성경을 읽거나 다른 책들을 읽다 보면 마치 수면제를 먹은 사람처럼 잠이 듭니다. 또 새벽기도나 금요철 야기도를 하고 나면 세상에 잠이 그렇게 달 수가 없습니다. 더욱이 성경에는 이런 말이 있습니다. 미가서 7:19절에 "우리의 모든 죄를 깊은 바다에 던지시리이다"라고 하였습니다. 그런데 세계에서 제일 깊은 바다가 어디인지 아십니까? 필리핀의 엠덴 해협입니다. 무려 10,400미터나 됩니다. 그러므로 우리는 과거의 죄를 회개한 후에 하나님께 내어맡기면 다 용서하실 것이며 엠덴 해협과 같은 깊은 바다에 던져야 하나님도 잊으실 것입니다. 이것을 믿으시기 바랍니다.

3. 어떻게 근심과 고민을 해결할 수 있을까?

(1) 자초지종을 살핌

허심탄회하게 일의 자초지종을 살펴본 후에 '차선책을 찾는 것'입니다.

(예화) 매사추세츠에 하내라는 사람이 있었습니다. 그는 1948년에 사업상의 고민으로 위궤양이 걸려 피를 토하게 되었습니다. 의사가 치료불가능하다면서 몇 개월이 지나면 죽을 테니 남은 기간을 최대한 활용하라고 권면했습니다. 그는 세계 일주

를 하기로 하고 여러 나라를 돌아보는 가운데 동양의 빈곤을 보면서 자신의 고민은 사치란 걸 깨닫게 되었습니다. 쓸데없이 걱정을 했다는 것을 발견하고, 그는 즐겁게 여행을 마치고 돌아와 체중을 달아보니 원상복귀가 된 것을 발견했습니다. 위궤양도 다 낳았다는 것을 발견하였습니다. 결국 그에게는 차선책을 찾은 것이 최선책이 된 것입니다.

(2) 평균율 법칙에 맡김

근심과 고민을 평균율의 법칙에 맡기는 것입니다.

(예화) 세계에서 가장 유명한 보험회사는 런던에 있는 로이드 해상보험회사입니다. 그는 사람들이 드물게 일어나는 일에 대해 공연히 고민하는 것을 역으로 이용하여 막대한 돈을 번 사람입니다. 그는 인간에게 있어서 재난이란 대단히 드물게 일어나는데 사람들이 이것에 대해 근심하고 염려하는 것을 보고 보험회사를 차려 도박을 한 것입니다. 다시 말하면 우리가 고민하고 근심하는 일은 확률적으로 볼 때 지극히 적게 일어난다는 것입니다. 그런데 사람들은 거의 일어나지 않은 이 재난 때문에 염려하고 걱정한다는 것입니다. 그러므로 우리는 쓸데없이 고민하지 말고 평균율의 법칙에 모든 것을 맡기라는 것입니다.

(3) 일에 몰두함

항상 바쁘게 자신의 하는 일에 몰두하는 것이 근심을 없애줍니다.

인간의 감정은 항상 두 가지가 함께 일어나는 경우가 없습니다. 슬프면서 기쁘고 기쁘면서 슬플 수가 없다는 말입니다. 물론 두 가지의 감정이 왔다 갔다 할 수는 있습니다. 그러나 동시에 두 감정이 함께 생기지는 않는다는 말입니다.

(예화) 미국의 유명한 시인 가운데 롱펠로라는 사람이 있습니다. 그
가 젊었을 때 아내가 불에 실수로 옷이 타서 고생하다가 죽고
말았습니다. 그는 고민으로 미쳐 죽을 지경에 이르렀습니다.
그러나 그는 남은 자녀들 생각과 시를 쓰는 일에 몰두하여 이
슬픔을 극복하였다고 합니다. 고민이란 인간이 활동할 때가
아니라 하루의 일과가 끝났을 때 가장 심하게 덤벼 옵니다.
그러므로 항상 일에 몰두하는 사람에게는 고민이나 근심은 사
치스러운 것이 되고 맙니다.

(4) 예수님께 다 맡김

그러나 무어니 무어니 해도 예수를 믿고 그에게 모든 것을 내어맡길
때 근심과 걱정이 해결됩니다. 본문에 분명히 말하기를 "너희는 마음에
근심하지 말라. 하나님을 믿으니 또 나를 믿으라"고 하였습니다. 또 27
절에 보면 "평안을 너희에게 끼치노니 곧 나의 평안을 너희에게 주노라.
내가 너희에게 주는 것은 세상이 주는 것 같지 아니하니라. 너희는 마
음에 근심도 말고 두려워하지도 말라"고 하였습니다.

맺는말

인간은 누구나 고민과 근심이 있습니다. 문제는 이것이 왜 생기게 되
었는가? 어떻게 해결하면 되는 가를 발견하여 마음의 평안을 찾는데 있
습니다. 이제 바라기는 이 근심이 너무 조급하게 서두르고, 믿음이 없
을 때, 불가피한 일을 받아들이지 않기 때문에, 또는 과거에 지은 죄 때
문에 생긴다는 것을 기억하고 차선책을 찾거나, 평균율의 법칙에 맡기
거나 일에 몰두하거나 가장 좋은 것은 믿음이니 주님께 대한 믿음을 가
져서 해결하기를 축원합니다.

마라의 쓴 물

(출15:22-27)

광야에서의 이스라엘은 인생은 순례자이며, 이 땅에서의 삶이 어떠할 것을 보여주는 하나의 모형입니다

1. 매일 반복되는 지루한 날들(22절)

사막의 특징은 물이 없는 것, 즉 인생이란 지루하고, 재미가 없고, 심심한 존재임을 보여줍니다. 마라의 물에는 맛만 없었던 것이 아니고, 병에 걸리게 되어 있었습니다. 오늘도 이 땅의 물은 그냥 먹을 수 없을 정도로 오염되어 있습니다. 놀라운 것은 돈을 받고 파는 유명한 생수들도 그 속에 소독약이 들어 있다는 판정이 나왔습니다. 무서운 세상입니다.

땅에서의 삶은 마라의 쓴물처럼 씁니다. 예컨대, 이웃 배신, 가족의 사별, 사업의 실패 등 쓴 물이 많습니다. 그래서 솔로몬은 전 2:11에서 이렇게 탄식하였습니다. "그 후에 본즉 내 손으로 한 모든 일과 수고한 모든 수고가 다 헛되어 바람을 잡으려는 것이며 해 아래서 무익한 것이로다."

그러나 하나님은 이스라엘을 계속해서 마라에 머물라고 한 것이 아니고 훈련하기 위해서 다만 지나가게 하셨습니다.

2. 절망에 빠진 이스라엘

인생이란 쓴 것과 단 것, 승리와 시련으로 되어 있습니다. 중요한 것은 승리와 영광은 쓴 보자기에 싸여 있다는 점입니다. 그런데 이것은 하나의 훈련일 뿐입니다. 그러나 이스라엘은 구원을 찬양하다가 쓴물을 보자 불평하기 시작했습니다. 문제는 불평과 원망입니다. 그것은 인간이 범하기 가장 미미한 최악처럼 보입니다. 그러나 모든 것은 여기서 시작합니다. 그래서 바울은 범사에 감사하라고 하였습니다. 그러나 행복과 기쁨은 항상 고난의 보자기 속에 담겨져 있습니다.

3. 예기치 않은 치료법

'나무'=십자가(벧전2:24). 중세에는 이것을 십자가로 해석하였습니다. 본문에는 물을 정결케 하는 치료제로서 말씀하고 있습니다. 이것은 그냥 주어진 것이 아니고 모세의 중보의 기도의 응답으로 주신 것입니다.

4. 마라가 변하여 엘림이 되게 하신 하나님(여호와 라파=치료의 하나님).

성경에는 하나님을 여호와 이레, 여호와 삼마, 여호와 닛시, 여호와 라파, 여호와 샬롬 등 다섯 가지 이름으로 불렀습니다. 오늘 살펴본 여호와 라파는 그 중에 하나입니다.

인생에는 여러 가지 시험이 있으나 행 3:19에서처럼 "유쾌하게 되는 날이 주 앞으로부터 이를 것이요." 즉 새롭게 하시는 때도 있습니다. 하나님 외에는 아무도 변화시킬 수 없습니다. 그래서 여호와 라파라고 말씀한 것입니다.

5. 말씀에 순종할 때

이제 우리는 하나님의 말씀에 순종할 때(가지를 던짐) 이적이 나타났듯이 지금도 순종보다 더 좋은 것이 없음을 믿고 순종하는 삶을 살기를 축원합니다.

룻의 바른 선택

(룻1:15-18)

　　본문에 여자 세 인물이 나옵니다. 나오미는 순례자의 모습을 보여주고, 오르바는 세상적인 인간의 모습을 보여주고, 룻은 경건한 신자의 모습을 보여줍니다.

　　세상 모든 인간에게 공통점은 모든 사람에게 시련이 계속하여 다가오는 것입니다. 이 세 여인에게 다가온 공통적인 시련은 남편이 없다는 점입니다. 세상에서 불행한 것 중에 몇 가지는 고아와 과부입니다. 어려서는 고아가 불쌍합니다. 왜냐하면 돌봄과 사랑을 줄 사람이 없기 때문입니다. 어른이 되어서는 과부가 되면 참 불쌍해집니다. 옛날에는 과부는 생업마저 없기 때문에 성경에는 과부와 고아를 돌보라고 말씀하고 있는 것입니다.

　　사람에게는 누구에게나 시험이 옵니다. 아담도 하와도 시험이 왔습니다. 심지어 예수님에게도 시험은 왔습니다. 육체를 가진 사람은 죽는 순간까지 계속해서 시험이 옵니다. 베드로에게도 시험은 왔고 오늘의 우리에게도 시험은 옵니다. 그러므로 우리는 시험이 올 때 당황하거나 너무 괴로워하지 않아야 합니다.

　　본문에 오르바와 룻에게도 시험이 왔습니다. 남편이 죽자 시어머니를 따라서 시어머니의 고향인 가나안 땅으로 함께 갈 것이냐 아니면 자기

길로 돌아가 소위 팔자를 고칠 것이냐 하는 문제가 생긴 것입니다. 여기서 두 사람의 선택은 전혀 달랐습니다. 14절에 오르바는 시어머니에게 작별의 입을 맞추고 떠났으나 룻은 그러지 않았습니다. 16-17절에 잘 나타납니다.

"룻이 가로되 나로 어머니를 떠나며 어머니를 따르지 말고 돌아가라 강권하지 마옵소서 어머니께서 가시는 곳에 나도 가고 어머니께서 유숙하시는 곳에서 나도 유숙하겠나이다. 어머니의 백성이 나의 백성이 되고 어머니의 하나님이 나의 하나님이 되시리니 어머니께서 죽으시는 곳에서 나도 죽어 거기 장사될 것이라."

이 얼마나 아름다운 선택입니까?

1. 룻의 선택의 성격

(1) 하나님을 향한 선택

세상에는 항상 두 가지의 선택이 있습니다.

키에르케고르는 이것을 '이것이냐 저것이냐'란 말로 표현하면서 이것이 바로 실존의 갈등이요 고통으로 보았습니다. 여기서 우리에게 다가오는 선택은 하나는 땅을 향한 선택이고 다른 하나는 하나님을 향한 선택이 있습니다. 하나는 모압으로 가는 선택이요 다른 하나는 가나안으로 가는 선택입니다. 이때 우리는 오르바처럼 본능적인 선택이 아니라 신앙적인 선택을 해야 합니다. 오르바는 처음 시작은 잘하였지만 나중은 타락된 길로 가고 말았는데 이것은 바로 선택을 잘못하였기 때문입니다.

(2) 신앙적 선택

나오미를 따라 가보았자 봉양해야 하는 책임밖에는 아무것도 없습니다. 그러나 룻은 나오미를 따라가기로 했습니다. 그것도 '그래 볼까?'

하는 정도의 주저하는 선택이 아니라 어머니의 가는 곳에 나도 가고 어머니의 유숙하는 곳에 나도 유숙하겠나이다 라고 한 것은 결단적 선택입니다. 또 룻은 이 선택을 할 때 오랫동안 생각하고 한 것이 아니고 즉각적인 선택이었다는 점을 주목해야 합니다. 룻은 이 세상에서의 부귀영화보다는 하나님 나라를 선택하는 성도의 본을 보여준 것입니다. 그러나 오르바는 비신앙적 선택을 하였습니다. 오르바는 인간적으로 보면 훌륭한 것이 많은 여자입니다. 시어머니에게 친절하고 상냥한 여자입니다. 고분고분 말을 잘 들은 여자입니다. 자기가 먼저 떠나겠다고 한 것은 아닙니다. 처음에는 나오미와 함께 유대 땅으로 가기를 원했습니다. 적어도 자기를 희생할 줄 아는 여자입니다. 그러나 그것은 마음뿐으로 행동으로 옮기지는 못했습니다. 바로 이 오르바야 말로 오늘날 우리의 모습입니다.

(3) 바른 선택

이 선택은 넓은 길을 버리고 좁은 길을 선택한 것입니다. 여기에는 물론 고난이 따릅니다. 그러나 이 길은 또한 즐거운 길이기도 합니다. 왜냐하면 하나님이 함께하시는 길이요 하나님의 백성들과 함께하는 길이기 때문입니다.

2. 룻의 신앙절개

룻이 다윗의 할머니가 되고 마 1:5절에 보면 주님의 조상 가운데 한 사람이 될 수 있었던 것은 그의 신앙절개 때문이었습니다. 그러나 룻의 이런 신앙절개를 방해하는 많은 요소들이 있었습니다. 첫째 모압에는 많은 친척들이 있고 친구들이 있었습니다. 둘째 나오미의 간청입니다. 12절에 보면 "딸들아 돌이켜 너희 길로 가라"는 것은 단순히 인사치레의 말이 아니고 간청입니다. 셋째 오르바가 먼저 고향으로 돌아가기로 결정을 한 예는 룻의 결정에 영향을 줄 수밖에 없습니다. 이것이 바로 인간입니다. 그러나 룻은 시어머니에게서 받은 신앙의 절개를 지켰습니다. 본문에 보면 두 가지를 결심했습니다. "어머니의 가는 곳에 나도 가고 어머니의 유숙하는 곳에 나도 유숙하겠나이다." 그뿐 아니라 17절에 보면 "어머니께서 죽으시는 곳에서 나도 죽어 거기 장사될 것이라" 이것은 생사를 같이하겠다는 결정인 것입니다. 룻의 신앙절개는 그 다음 말에 더 잘 나타납니다. "어머니의 백성이 나의 백성이 되고 어머니의 하나님이 나의 하나님이 되시리니." 부모의 신앙을 자녀가 본받기도 쉽지 않습니다. 더구나 시어머니의 신앙을 계승한다는 것이 여간 어렵지 않습니다. 지금도 '고부간의 문제'로 인해 이혼을 하는 사람도 있고 가정에 불화가 있는 것을 보지 않습니까? 그런데 룻이 시어머니의 신앙을 계승했다는 것은 나오미와 룻이 둘 다 얼마나 훌륭했다는 것을 단적으로 말해줍니다.

오르바도 나오미에게 함께 있는 동안 효도를 한 것은 틀림없습니다. 그러나 오르바는 신앙이 약했습니다. 그래서 신앙의 절개를 지키지 못하였던 것입니다. 우리는 룻과 같은 신앙의 절개를 가져야 합니다.

3. 룻이 받은 축복

(1) 보아스와 결혼

보아스라고 하는 베들레헴의 유력자와 결혼하게 되었습니다. 당시 극심한 기근으로 굶주리고 있었던 때였습니다. 이 보아스는 엘리멜렉의 친족이기 때문에 말론에 대한 책임상 결혼한 것입니다. 이것을 우리는 은혜라는 말로 할 수 있습니다. 보아스는 돈 많은 유력자였기 때문에 젊고 예쁜 아가씨와 새 장가를 들 수 있는 위치였습니다. 그러나 엘리멜렉과 친족이기 때문에 룻과 결혼한 것입니다. 이것이 바로 하나님의 은혜를 상징해 줍니다. 우리가 신앙의 절개를 지키고 부모에게 효도하면 "네가 잘되고 장수하리라"는 약속이 성취된다.

(2) 다윗왕의 할머니가 된 룻

이스라엘이 낳은 가장 위대한 다윗의 할머니가 되었습니다.

아니 그것보다도 더 중요한 것은 예수 그리스도의 조상이 되었다는 점입니다. 그래서 여자지만 예수님의 족보에까지 나오는 축복을 받은 것입니다. 이것은 자손의 축복입니다.

(3) 현숙한 여인상이 됨

성경에 현숙한 여인으로 헌신적인 여인으로 영원히 기록되는 축복을 받았습니다. 이것은 하나님 나라에 연결되는 축복인 것입니다. 이 땅에서 뿐만 아니라 하나님 나라에서까지. 당대뿐 아니라 자손만대까지 복을 받았으니 이보다 더 복된 여인이 세상에 어디 있겠습니까?

맺는말

우리는 시어머니를 극진히 봉양했던 룻의 신앙의 절개와 효행을 보았습니다. 그리고 그런 룻에게 하나님께서 행복한 가정을 이루는 축복, 좋은 자손을 두는 축복, 영원히 현숙하고 헌신적인 여인의 모델로 남는 축복을 보았습니다. 이제 바라기는 여러분 모두가 이 룻처럼 바른 선택, 신앙적 선택, 하나님을 향한 선택을 하는 생활을 항상 하시기를 축원합니다.

디모데의 자본

(딤후1:1-8)

마태복음 25장에 보면 인생을 한 달란트, 두 달란트, 다섯 달란트를 가지고 장사하는 상인에 비유하고 있습니다. 즉 인생이란 장사하는 사람과 같아서 성공이란 자기가 가지고 있는 자본을 어떻게 이용하느냐에 따라 좌우된다는 말씀입니다. 잘 아는 대로 디모데는 바울의 믿음의 아들로서 후에는 바울과 함께 전도여행을 같이하였고 에베소 교회에서 목회한 대표적인 성직자입니다. 오늘은 이 디모데가 어떻게 해서 이런 훌륭한 목회자로서 성공하게 되었는지 그가 가지고 있었던 자본은 무엇인가 살펴보면서 함께 은혜를 나누려고 합니다.

1. 정결한 양심

3절에 '청결한 양심'이라고 하였습니다. 양심이 우리의 자본이 된다면 혹자는 '아니 양심이 우리를 밥 먹여 주는 것은 아닙니다. 양심이란 선악을 분별하는 척도요 저울일 뿐입니다.'라고 하겠지만 이 척도(저울)는 대단히 중요합니다. 왜냐하면 사람이 망하는 것은 선악을 분별하지 못하는 데서 오기 때문입니다. 그러므로 선악을 분별하는 척도인 양심은 대단히 중요합니다. 양심이란 하나님의 소리로서 하나님의 뜻이 무엇인지 가르쳐줍니다. 양심만이 올바른 재판장입니다. 그러므로 우리는 양심에 따라 살아야 합니다.

그런데 문제는 인간의 양심이 아담과 하와의 범죄로 부패되고 화인을 맞게 되었다는 것입니다. 그래서 고장 난 저울처럼, 고장 난 시계처럼 정확한 무게나 시간을 알려주지 못하고 있습니다. 바로 여기에 문제가 있습니다. 그러므로 중요한 것은 청결한 양심입니다. 청결한 양심이란 중생한 양심, 즉 거듭난 양심을 말합니다. 거듭난 양심은 수리한 시계처럼 제 기능을 발휘합니다. 이 청결한 양심을 가지면 우리는 모든 일을 할 때에 그것이 옳은지 그른지 하나님의 심판의 음성을 들을 수 있습니다.

2. 눈물이 자본이 됨

두 번째 디모데의 자본은 4절에 보니 '눈물'이라고 하였습니다. 혹자는 아니 눈물이 어떻게 자본이 되느냐고 할지 모릅니다. 그런데 눈물이 무엇인가요? 불란서의 철학자인 볼테르는 '눈물은 슬픔의 말없는 언어이다'라고 했습니다. 슬퍼서 운다는 말입니다. 그러나 슬퍼서만 우는 것은 아닙니다. 기뻐서 눈물을 흘릴 때도 있습니다. 그래서 스탕달은 '행복이 더할 나위 없이 클 때는 미소와 눈물이 나온다'고 하였습니다.

그러나 세상에는 남을 속이는 눈물도 있습니다. 그래서 여자의 눈물에 대해서 혹평한 사람들도 있습니다. 러시아의 문호인 도스토에프스키는 '여자의 눈물에 속지 마라, 마음대로 우는 것은 여자의 천성이니까'라고 경고했습니다. 일본의 장곡이란 사람은 '여자의 눈물은 승리의 눈물이며 남자의 눈물은 패배의 눈물이다'라고 말했습니다.

그런데 왜 디모데의 눈물이 자본이 되었을까요? 눈물은 물론 연극으로 흘리는 거짓된 눈물도 없지 않지만, 그러나 디모데의 눈물은 진심으로 흘리는 눈물이었습니다. 그러므로 이것은 마음의 표현이요 양심의 거울인 것입니다. 어떤 작가는 '눈에 눈물이 없다면 그의 영혼에는 아름다운 무지개가 없을 것이다'라고 했습니다. 진정한 눈물이야 말로 영혼의 아름다운 무지개인 것입니다.

성경에 보면 지난날의 죄를 회개하면서 우는 눈물이 있고, 진리를 알고 싶어서 우는 갈급한 눈물도 있고, 기뻐서 우는 눈물도 있습니다. 디모데의 눈물은 하나님의 은혜에 감사하는 기쁨의 눈물이요 그의 주변에 있는 사람들에 대한 사랑과 자비에서 나오는 선한 눈물이었습니다. 또 지난날의 죄에 대해서 애통하는 회개의 눈물이기도 합니다. 이것이 바로 그에게는 자본이 된다는 말입니다. 왜냐하면 이 눈물을 통해 하나님은 그에게 복을 주셨고 사람들은 이것을 통해 마음을 보고 간절함과 사랑을 보기 때문입니다.

3. 거짓 없는 믿음

디모데의 세 번째 자본은 5절에 나오는 '거짓 없는 믿음'입니다.

믿음이란 히브리어로 '아만', 헬라어로는 '피스튜오'라는 말인데 그 뜻은 '꼭 붙잡는다.' '내어 맡긴다'는 뜻입니다. 인간관계에 있어서도 신용은 큰 자본이 됩니다. 또 장사 거래에 있어서도 신용이 있으면 물건을 현금 없이 가져올 수도 있습니다. 하나님과의 관계에 있어서도 믿음이란 능력을 일으키는 방법이 되고 구원을 받는 수단이 되기도 합니다. 그러나 문제는 거짓이 없는 믿음이어야 합니다. 세상에는 거짓된 믿음이 얼마든지 있습니다. 최근 은행에서 제일 문제가 되는 것은 소위 부실기업입니다. 외적으로는 실적이 있는 것 같기도 하고 잘 되어가는 것 같은데 실제로는 그렇지 않은 기업들이 적지 않습니다. 하나님께 대한 믿음에도 그렇습니다. 겉으로는 믿음이 있는 것 같은데 환란과 핍박이 다가오면 안개처럼 다 사라지고 없는 경우가 종종 있다는 말입니다. 믿음이란 신념과는 다릅니다. 신념이란 '정의는 이긴다'라든지 '민주주의만

이 살 길이다'라는 이념에 대한 신앙입니다. 그러나 신앙이란 주님께 대한 절대의존입니다. 그래서 루터는 말하기를 '신앙이란 생사를 전적으로 하나님께 맡기는 것이다'라고 하였습니다. 도대체 믿음의 본질은 무엇인가요? 히 11:1절은 말합니다. "믿음은 바라는 것들의 실상이요 보지 못하는 것들의 증거니." 마치 농부가 사과나무의 꽃을 보며 금년에는 대풍이구나 하면 기뻐하는 것이 바로 신앙입니다.

천국에 안 가보았지만 "그럼에도 불구하고" 그 말씀을 받아들이는 것이 바로 신앙입니다. 그러므로 신앙에는 네 가지 단계가 있습니다. 첫째는 말씀신앙, 둘째는 창조신앙, 셋째는 구원신앙, 넷째는 재림신앙입니다. 이 네 가지가 합쳐질 때 진정한 신앙이 됩니다. 그러므로 우리는 우리의 신앙이 성장하도록 해야 합니다. 신앙 성장에는 4가지의 규칙이 있습니다.

첫째는 위대한 신앙을 갖기를 소원해야 합니다.

둘째는 내가 가지고 있는 신앙을 사용하도록 하는 것입니다.

셋째는 모든 일을 처리할 때마다 내가 직접 처리하는 것이 아니고 반드시 하나님이 그 문제를 해결하도록 하는 것입니다.

넷째는 날마다 하나님의 뜻을 행하도록 하면 신앙은 겨자나무처럼 점점 성장하게 됩니다.

4. 하나님의 은사

마지막 디모데의 자본은 6절에 나오는 '하나님의 은사'입니다.

우리는 구체적으로 이 은사가 무엇인지 알 수가 없습니다. 고전 12장에 보면 9가지의 은사가 나오는데 아마도 바울은 이것들을 말씀하고 있는 것 같습니다. 거기에 보면 지혜의 말씀, 지식의 말씀, 믿음, 병 고치는 은사, 능력 행함, 예언, 영들을 분별함, 방언, 방언통역 등 아홉 가지라고 했습니다. 그러면 나와 당신은 어떤 하나님의 은사를 가지고 있나요? 혹자는 나는 아무런 은사도 없다고 할 사람이 있을지 모릅니다. 나도 한때는 나는 아무것도 가진 것이 없다고 생각하였습니다. 그러나 무궁화촌의 지진아들이 있는 곳에 갔다 온 후에는 다시는 그런 생각을 하지 않게 되었습니다. 지금 생각해 보면 하나님이 너무 많은 은사를 내게 주셨습니다. 남들처럼 눈에 보이는 뛰어난 은사는 없지만 그러나 하나님의 말씀을 가르치고 전하는 은사를 주셨습니다. 세상에 벙어리도 많고 절름발이도 많은데 건강을 주시고 봉사할 수 있게 해주셨으니 그 것만으로도 감사할 뿐입니다. 그러므로 내가 가진 자본이 결코 미약한 것이 아닙니다. 문제는 자본이 많고 작음보다는 땅에 묻어 두느냐? 아니면 풀가동해서 사용하느냐에 따라 결정됩니다.

맺는말

우리는 디모데와 똑같은 자본은 아닐지 모르지만 나름대로 다 자본이 있습니다. 이것을 가지고 하나님의 영광을 위하여 사용합시다. 그러면 우리는 내가 이 땅에서 해야 할 사명을 감당하게 될 것입니다. 이것이 바로 성공이요 축복이 아닌가요? 여러분 모두에게 이런 은총이 있기를 축원합니다. 자신의 자본을 발견하여 많은 열매를 맺기를 축원합니다.

롯의 선택

(창13:6-18)

인생을 살아간다는 것은 선택의 연속입니다. 물건도 한번 선택하면 그것을 다 사용할 때까지 써야 합니다. 하물며 친구를 누구로 택하느냐? 배우자를 누구로 택하느냐? 직업을 무엇으로 택하느냐? 종교를 무엇으로 택하느냐? 하는 것은 대단히 중요한 선택입니다. 우리가 운명이란 말을 하지만 사실 따지고 보면 운명이란 바로 우리가 스스로 택한 경우가 많습니다. 그러므로 무엇을 택하느냐 하는 것은 대단히 중요합니다. 왜냐하면 그 사람의 운명이 그것으로 결정되고 그 사람의 성공과 실패가 그것으로 결정되기 때문입니다.

그래서 이 시간 함께 은혜를 나누려고 하는 것은 '바른 선택을 합시다' 하는 제목으로 함께 하나님의 뜻을 기다려보려고 합니다.

1. 롯의 잘못된 선택의 내용

롯은 대단히 머리가 좋은 사람이었습니다. 또 부지런한 사람이었습니다. 그러나 그는 잘못된 선택을 하였습니다. 무엇 때문인가요?

(1) 이익을 따라 선택

무엇보다도 롯은 세상적인 관점에서 외적 이익에 따라 선택하였습니다. 다시 말하면 롯은 '이익 추구자'였습니다. 바로 여기에 그의 큰 잘못이 있었습니다. 10절에 "이에 롯이 눈을 들어 요단들을 바라본즉 소알까지 온 땅에 물이 넉넉하니” 속은 안 보고 바깥만 보았습니다. 그러나 기억할 것은 외적 이익이 인생의 주된 목적은 아니며 더구나 그것이 참 행복을 가져오지는 않는다는 점입니다. 더욱이 외적 이익중심의 결정은 영혼을 부패하게 만들 위험성이 있기 때문입니다.

바울이 돈을 사랑함이 일만 악의 뿌리가 된다고 경고한 것은 바로 이런 이유 때문입니다. 6절에 보면 “그 땅이 그들의 동거함을 용납지 못하였으니 곧 그들의 소유가 많아서 동거할 수 없었음이라”고 하였습니다. 소유가 많아서 편리하고 좋은 것도 있으나, 그러나 이것 때문에 아브라함과 롯의 사이가 벌어진 것입니다.

이게 바로 돈입니다. 돈 때문에 사람들은 싸우고 돈 때문에 사이가 벌어지고 돈 때문에 죄를 짓고 돈 때문에 다툼이 생깁니다. 그러므로 우리가 돈을 따라 판단하지 말고 선한 일을 하다 보면 돈이 우리를 따라옵니다. 이것이 중요합니다. 돈이 우리를 따라와야지 우리가 돈을 따라가면 돈도 못 벌고 사람만 타락합니다.

영국 격언에 ‘반짝이는 것이 다 금은 아니다’라는 말이 있습니다.

(예화) 시골에 가면 가끔 할머니들을 혼란시키는 것이 있습니다. 그것이 바로 금반지입니다. 그러나 자세히 보면 도금한 반지입니다. 값도 천원이면 되는 아주 싸구려 반지입니다. 그런데도 노인들은 그것이 갖고 싶어 사기꾼한테 곧잘 속습니다.

(2) 욕심에 따른 선택

롯의 선택은 욕심에 따른 선택이었습니다. 롯은 삼촌인 아브라함에게 모든 것을 양보하고 결정권을 주어야만 했습니다. 그러나 그는 그렇지를 않았습니다. 다시 말하면 남을 이롭게 하는 선택이 아니었습니다. 바로 여기에 문제점이 있습니다. 그러나 성경은 말합니다. “욕심이 잉태한즉 죄를 낳고 죄가 잉태한즉 사망을 낳느니라.” 욕심은 인간의 영혼을 안개처럼 흐리게 만들고 욕심은 이성의 판단을 마비시킵니다.

(3) 나쁜 이웃 선택

롯은 나쁜 이웃을 대수롭지 않게 생각했습니다. 그러나 인간은 환경의 동물입니다. 그러므로 자녀들의 교육은 좋은 환경에서 하도록 해야 합니다. 왜 우리가 좋은 학교, 좋은 선생을 찾나요? 왜 좋은 교회를 찾나요? 그것은 좋은 환경이 좋은 사람을 만들어내기 때문입니다. 그런데 본문에 보니 13절에 "소돔 사람은 악하여 여호와 앞에 큰 죄인이었더라"고 했습니다. 그것을 생각지 못한 롯은 그들을 대수롭지 않게 생각했던 것입니다. 바로 여기에 문제가 있었습니다. 도덕이란 마치 물이나 공기처럼 오염되는 성질을 가지고 있습니다. 따라서 나쁜 환경에 처해 있으면 인간은 악해지고 맙니다.

(4) 영적 일에 무관심

롯은 하나님과 의논하지 않았을 뿐 아니라 영적 일에 무관심했다는 데 큰 문제점이 있었습니다. 12절을 보면 롯은 그의 장막을 옮겨 소돔에 거주하였다고 하였습니다. 그러나 아브라함은 18절에 보니 "거기서 여호와를 위하여 단을 쌓았더라"고 하였습니다. 이것은 롯이 영적 일에 얼마나 무관심했다는 것을 말해줍니다. 교인들 가운데 집을 구할 때 보면 어떤 사람들은 크고 편하고 좋은 것만 생각하지 교회에서 가까운가? 새벽기도를 하는데 불편하지는 않은가? 자녀교육에 지장은 없는가? 하는 문제는 생각지를 않습니다. 우리가 가장 크게 관심을 가질 것은 과연 투자할 가치가 있는가를 따지는 것입니다.

2. 아브라함의 바른 선택

롯과는 반대로 아브라함은 바른 선택을 하였습니다. 그러면 아브라함의 바른 선택은 어떤 것인가 알아보겠습니다.

(1) 외적 이익보다 신앙중심의 선택

먼저 아브라함은 외적인 이익을 중심해서 선택하지 않고 하나님중심으로 신앙에 의해 하나님과 의논하여 모든 것을 택하였습니다. 이것이 바로 축복받는 방법인 것을 우리는 알아야 합니다. 4절에 보면 아브라함은 먼저 단을 쌓았다고 하였습니다. 이것이 중요합니다. 그러므로 우리 신자는 어디를 가든지 먼저 하나님 앞에 단을 쌓고 하나님과 의논하는, 즉 기도하는 것이 중요합니다. 왜냐하면 세상의 모든 일은 바로 하나님의 오른손 안에 있고 이것은 오직 기도라는 열쇠를 통하여 열지 않고는 해결되지 않기 때문입니다.

(2) 화평을 위한 양보의 미덕

아브라함은 화평중심으로 양보하며 조카에게 선택의 우선권을 주었던 화평주의자였습니다. 즉 자신의 일보다는 남의 유익을 먼저 생각한 것입니다. 삼촌인 아브라함에게 우선권이 있음에도 그는 그것을 조카에게 양보하였습니다. 이 얼마나 아름다운 마음입니까? 그래서 주님도 말씀하시기를 "화평케 하는 자는 복이 있나니 저희가 하나님의 아들이라 일컬음을 받을 것이라"고 하였습니다. 그러나 롯처럼 자신의 욕심에 따라 모든 것을 택하는 사람은 결국 다툼을 일으키고 또 이렇게 다투기를 좋아하는 사람은 결국 스스로 망하고야 만다는 것을 우리는 기억해야 합니다.

(3) 복있는 사람은 장막을 함부로 두지 않음

끝으로 아브라함이 그의 장막을 아무데나 함부로 두지 않고 단을 쌓을 수 있는 곳에 두었다는 것이 중요하다. 시편 1편에 "복 있는 사람은 악인의 꾀를 좇지 아니하며 죄인의 길에 서지 아니하며 오만한 자의 자리에 앉지 아니합니다."고 한 것은 누구와 함께 있느냐는 것이 대단히 중요하기 때문입니다.

3. 아브라함과 롯의 선택의 결과

(1) 롯은 모든 것을 잃음

무엇보다도 롯의 경우를 보면 그는 얻은 것은 오직 소돔에 집을 얻은 것뿐이고 그 밖의 모든 것은 잃었습니다.

첫째로 신앙적 영향력을 잃었습니다. 이것은 소금과 빛이 되는 것을 중지하는 것과 같은 것입니다.

둘째는 도덕적 품위를 잃었습니다. 인간이 동물과 다른 것은 바로 이 도덕적 품위입니다. 그런데 롯은 이것을 잃었던 것입니다. 사람이 아닌 동물이 되었다는 말입니다.

셋째는 인간의 목적의 하나인 행복을 잃었습니다. 이 얼마나 비참한 인생인가요?

넷째는 번영을 잃었습니다. 소돔과 고모라성이 멸망하는 날에 그의 모든 재산은 휴지가 되었고 그 큰 부자가 알거지가 되고 만 것 입니다.

다섯째는 아내와 자녀 등 가족을 잃었습니다.

여러분 세상에서 가장 큰 슬픔이 무엇인지 아십니까? 가족을 잃는 아픔입니다. 사실 인간의 행복은 가정을 통해서 주어지고 배급됩니다. 그런데 롯은 잘못된 선택을 하므로 십계명의 말씀대로 삼사 대에까지 저주를 남겨주는 부모가 되었습니다.

(2) 아브라함은 축복을 받음

그러나 아브라함을 보면 그는 잃은 것이 하나도 없었습니다. 조카에게 다 양보했지만 그는 모든 것을 얻은 사람이 되었습니다.

첫째로 그는 신앙적 영향도 소유하여 믿음의 아버지로서 영원히 남는

사람이 되었고 다음은 항상 단을 쌓는 신앙을 통하여 도덕적
품위를 간직하였습니다. 더욱이 그는 행복의 소유자가 되었으
며 또 번영을 누리게 되었습니다. 그의 가족은 대대손손 그 이
름을 남기는 축복받은 가문을 이루었습니다. 그래서 창 12:2
절의 말씀대로 아브라함은 축복의 근원이 되었습니다. 이 사실
을 통해서 우리는 경건의 보상이 얼마나 크다는 것을 봅니다.
이처럼 믿음에 근거하여 바른 선택을 하면 그 사람은 자손만대
에 축복을 상속해 주는 사람이 됩니다. 바라기는 우리 모두가
롯처럼 잘못된 선택을 하지 말고, 아브라함처럼 바른 선택을
통하여 축복받는 사람이 되기를 축원합니다.

두려움을 극복하는 길

(사43:1-7)

1. 두려움의 보편적 현상

사람은 누구나 두려움이 있습니다. 어린아이들은 어두움을 무서워하고 여자들은 바퀴벌레나 쥐를 무서워합니다. 힘이 있는 사람도 무서워하는 것이 있습니다. 마르코스 대통령 같은 사람도 무서워하는 것이 있었습니다. 정적인 아퀴노였습니다. 이렇게 사람은 누구나 두려운 것이 있습니다. 두려움의 종류는 다르나 우리는 다 그 무엇에 대해서 두려워하고 있습니다. 그래서 성경에 제일 많이 나오는 단어의 하나가 '두려워 말라'는 말입니다. 하나님은 아브라함에게 너는 두려워 말라고 하셨고 모세에게도 너는 두려워 말라고 하셨습니다. 도대체 두려움의 본질은 무엇인가요?

2. 두려움의 근본원인

(1) 맨 처음 두려움을 가져온 것은 죄였음

두려움은 죄에 대한 최초의 대가였습니다. 창 3:10절에 아담이 선악과를 따먹고 하나님이 부를 때 이렇게 대답했습니다.

"제가 하나님의 소리를 듣고 두려워하여 숨었나이다."

욥기에 보면 3:25절에 이런 말이 나옵니다. "나의 두려워하는 그것이 내게 임하고 나의 무서워하는 그것이 내 몸에 미쳤구나." 즉 두려워하는 그것이 바로 현실로 나타난다는 말입니다. 그래서 예수님은 '네 믿음대로 될지어다'라고 하신 것입니다. 아이고 내가 감기에 걸리지 하고 두려워하면 그것이 현실로 변한다는 말입니다.

(2) 자기 무능과 타인 불신

인간의 무능과 타인에 대한 불신이 두려움을 가져옵니다.

새로운 보직을 받을 때 우리는 두려워합니다. 자신이 없기 때문입니다. 언젠가 해금강 관광을 한 적이 있습니다. 갑자기 바람이 몹시 불기 시작하였습니다. 작은 배가 어찌나 흔들리는지 두려움이 오기 시작하였습니다. 어린 사공만이 신이 나 있었습니다. 왜 그랬을까요? 수영을 할 줄 모르는 데서 두려움이 온 것입니다.

3. 두려움을 이기는 비결

(1) 먼저 죄를 해결해야

왜냐하면 두려움이 근본적으로 죄에서 왔기 때문입니다. 죄는 예수 그리스도께서 십자가 위에서 해결해 주셨습니다. 문제는 이것을 믿어야 합니다.

(2) 믿음으로 정복할 수 있음

"비바람이 칠 때와 물결 일어날 때에"의 작사자인 찰스 웨슬레는 형과의 경험을 잊을 수가 없어서 이 찬송을 썼습니다. 그는 젊었을 때 미국으로 전도여행을 갔는데 실패만 하고 돌아왔습니다. 마침 뱃길에서 큰 풍랑을 만났습니다. 모두 두려워서 떨고 있었습니다. 그러나 십여 명의 모라비안 선교단만은 풍랑 속에서도 찬송을 부르고 있었습니다. 무섭지 않으냐고 물었습니다. 그랬더니 대답이 우리는 하나님을 믿는다고 했습니다.

미국 기독교 청년운동의 창시자 롤링박사는 매일 아침 일어나면 제일 먼저 "나는 믿습니다"라는 말을 세 번 외쳤다고 합니다. 믿음만이 모든 것을 정복하기 때문입니다.

(3) 사랑으로 정복할 수 있음

요일 4:18절에 "사랑에는 두려움이 없고 온전한 사랑이 두려움을 내어쫓나니"라고 했습니다. 우리는 가끔 기차 철도 위에 있는 어린 자녀를 구하기 위해 어머니가 뛰어 들었다는 얘기를 듣습니다. 그 어머니라고 죽음이 두렵지 않을 리가 없습니다. 그러나 자식에 대한 사랑이 이 죽음에 대한 공포, 두려움을 이긴 것입니다. 그렇습니다. 사랑은 세상의 그 무엇도 정복할 수 있는 힘이 있는 것입니다.

「쿼바디스」라는 책이 있습니다. 베드로가 네로의 박해를 피해 로마로 도망을 가던 중 아시아에 왔을 때 주님이 그에게 나타났습니다. 쿼바디스(주여, 어디로 가시나이까?)하고 물었습니다. 그때 주님은 네가 버리고 간 십자가를 다시 지기 위해서 간다고 했습니다. 죽음을 두려워한 베드로였지만 그는 다시 로마로 가서 십자가를 졌다는 내용입니다. 이것은 역사적 사실로 전해옵니다. 여기서 우리에게 보여주는 것은 베드로는 죽음을 두려워했지만 그러나 주님께 대한 사랑이 그것을 극복하였다는 말입니다. 사랑은 이처럼 세상의 어떤 두려움도 정복합니다.

맺는말

두려움은 누구에게나 있습니다. 그러나 이 두려움을 극복하려면 우리는 먼저 그 원인을 알아야 합니다. 그 원인은 죄, 무능과 불신에서 옵니다. 그러므로 이제 우리는 이 두려움을 극복하려면 먼저 죄를 해결한 뒤에 믿음과 사랑을 가지면 될 줄로 믿습니다.

두 번 버림을 받았던 모세

(신34:1-12)

　모세는 구약시대에 있어서 가장 위대한 정치적 종교적 지도자였습니다. 신 34:10절에 보면 심지어 하나님을 직접 대면했던 사람이기도 합니다. 그의 생애는 120년으로 바로의 공주의 양자로 40년간, 미디안 광야에서 목자로 40년간을 보냈고 마지막 40년은 이스라엘을 구하는 지도자로서 보냈습니다. 그러나 이런 위대한 지도자였지만 그도 두 번에 걸쳐 하나님에게서 거절을 당한 것을 볼 수 있습니다.

　첫 번째는 그가 출 2:12절의 말씀대로 애국이란 핑계로 살인을 하였을 때입니다. 그는 애굽 사람이 히브리 사람을 억압하고 때리는 것을 보고 젊은 혈기에 애굽인을 쳐 죽이고 모래에 파묻어버렸습니다. 비록 의분을 가졌지만 그러나 그의 방법은 세상적이고 불신앙적이었습니다. 그 결과 그는 미디안 광야로 망명길을 떠나게 되어 40년간 이름 없는 목자의 생활을 하게 되었습니다.

　두 번째 버림받음은 신 3:21-29절에 잘 나타나 있습니다. 모세는 하나님에게 약속의 땅에 들어가게 해달라고 기도했으나 거절당한 것입니다. 그 이유는 민수기 20장에 자세히 기록되어 있습니다. 이스라엘 민족이 광야에서 목말라 괴로워할 때에 하나님께서 반석에게 명하여 물이 나오게 하라고 했으나 모세는 11절에 보면 두 번에 걸쳐 반석을 쳤다고 했습니다. 하나님은 한번만 치기를 원했는데 모세는 그만 자기 혈기대로 두 번이나 친 것입니다. 이것이 바로 모세가 약속의 땅에 들어가지 못한 이유입니다.

어떻게 생각하면 하나님의 처사가 너무 하다는 생각이 듭니다. 그러나 여기에는 그럴 수밖에 없는 상당한 이유가 있습니다. 모세는 예수님의 그림자입니다. 그의 출애굽은 십자가의 그림자이고 반석을 쳤다는 것은 주님의 단번의 죽으심의 그림자이기 때문에 예수님께서 우리의 속죄제물이 된 것을 유형적으로 보여줍니다. 그런데 그는 두 번 쳤습니다. 이것은 단순한 불신앙에서 끝나는 것이 아니라 주님의 단번의 죽으심을 보여주어야 할 책임을 바로 감당하지 못한 것입니다.

그러나 주님은 두 번 죽어야 할 필요가 전혀 없을 만큼 그의 보혈은 인류를 구원하기에 충분함에도 불구하고 그는 반석을 두 번이나 쳤던 것입니다. 그러나 하나님의 뜻은 여기서 끝나지 않습니다. 모세는 율법의 상징이기 때문에 인간이 율법으로 구원을 받지 못한다는 것을 보여주는데 또 다른 목적이 있었습니다. 그 대신 여호수아를 통해서 약속의 땅인 가나안 복지에 들어가게 하셨습니다. 무엇 때문인가요? 여호수아는 예수님의 그림자이기 때문입니다.

여호수아란 말은 '여호와는 구원이시다'란 뜻입니다. 이것은 '예수'란 말과 같은 뜻입니다. 다시 말하면 약속의 땅에는 율법을 행함으로는 절대로 못 들어가고 예수를 통해서만 들어간다는 말입니다. 하나님은 모세에게는 다만 약속의 땅에 대한 영광만 보여주고 실제로 들어가는 것은 여호수아를 통해서 이루어지게 하였습니다. 바로 이 진리를 보여주기 위해서 하나님은 모세와 여호수아를 쓰셨던 것입니다.

모세로 대표되는 홍해 사건과 여호수아로 대표되는 요단강 사건은 구원의 양면을 보여주는 중요한 사건입니다. 홍해는 애굽 세상으로부터의 구원을 말해주고, 요단강을 건넌 것은 하나님께로의 헌신을 의미합니다. 사실 저와 여러분들이 죄와 세상과 사탄으로부터 건짐을 받은 것만으로는 부족합니다. 그것은 보다 적극적인 그 무엇을 위한 것이어야 의미가 있습니다. 그것이 바로 헌신이요 섬김의 생활입니다. 그뿐 아니라 본문이 보여주는 것은 그리스도의 죽으심과 성령의 은사를 떠나서는 절대로 하나님 나라에 들어갈 수 없다는 사실입니다. 율법으로 상징되는 모세를 통해서는 불가능하고 복음과 은혜로 상징되는 여호수아를 통해서만 가능합니다. 그러므로 우리는 꿈에라도 내 힘으로 천국 가려는 생각을 해서는 안 됩니다. 오직 의인은 믿음으로 말미암아 살고 구원받는다고 하였습니다. 바울은 엡 2:8절에서 "너희가 그 은혜를 인하여 믿음으로 말미암아 구원을 얻었나니 이것이 너희에게서 난 것이 아니요 하나님의 선물이라"고 하였습니다. 다시 말하면 여러분들은 이미 하나님의 은혜로 말미암아 구원을 받았습니다. 그러므로 자꾸만 '하나님, 나를 구원해주세요. 천국 가게 해주세요.'라고 구하지 마세요. 이미 준 것을 자꾸만 달라고 하는 꼴이 되는 것이니까요.

'나는 구원받았다. 나는 천국 백성이다. 이제 남은 것은 내 생애를 어떻게 하면 하나님의 뜻대로 살 것인가?' 하는 것만 생각하시면 됩니다.

두 번째로 기억할 것은 모세의 버리심은 영원한 버리심이 아니라는 점입니다. 사실 하나님의 종들이나 성도들에게도 가끔 하나님의 채찍이 없는 것은 아닙니다. 그러나 그것은 사랑의 채찍일 뿐 형벌의 채찍은 아니라는 점입니다. 그러므로 여러분들에게 지금 하나님의 채찍이 있다 할지라도 그것은 사랑의 채찍이지 결단코 형벌의 채찍이 아니라는 점입니다. 하나님의 사랑을 의심하지 마세요. 하나님은 여러분을 얼마나 사랑하는지 모릅니다. 다만 여러분들이 원하는 대로 사랑하지 않을 뿐입니다. 그것은 영원 전부터 영원 후까지의 역사를 섭리하시는 하나님께서 여러분들에게 가장 유익한 방법으로 사랑하시기 때문입니다. 그러므로 사랑의 방법이 다르다고 그것을 의심하는 사람이 되어서는 안 됩니다. 내가 원하는 대로 되기를 바라는 것은 불신자의 사고방식입니다.

우리는 내 생각대로 하나님을 이용하려고 하지 말고 하나님의 방법에 우리 자신을 순응시켜야 합니다. 그때에 우리는 하나님의 사랑의 손길을 보는 영의 눈이 열리게 됩니다. 저는 많은 사람들이 왜 하나님은 나에게는 그의 사랑을 보여주지 않느냐고 묻는 것을 가끔 봅니다. 그것은 믿음의 눈으로 보지 않기 때문에 자꾸만 부정적으로 보고 괴로워합니다. 그러나 믿음의 눈으로 보세요. 그러면 불신앙의 눈으로는 보이지 않던 것이 환하게 잘 보이게 됩니다.

끝으로 신 34장이 문제가 되는 것은 모세가 썼다면 어떻게 자기의 죽는 장면을 그렇게 자세히 기록할 수 있느냐는 것입니다. 그러나 이 부분은 예언의 말씀입니다. 모세는 자신의 죽음까지 내다보는 영적 안목과 하나님의 계시를 받았던 것입니다. 그런데 놀라운 것은 모세가 죽었을 때 하나님만이 임재하시고 아무도 그 자리에 없었다는 것입니다. 하나님이 혼자서 그를 장례 지내셨습니다. 아마도 이것은 사람들이 모세의 무덤의 위치를 알 때 우상숭배에 빠져 이곳이 성역으로 되었을 것을 알았기 때문일 것입니다.

이것을 방지하기 위해서 하나님은 모세의 무덤을 감추어 두신 것입니다. 놀라운 것은 유다서 9절에 사탄이 모세의 시체를 요구했다고 하는 기록이 나옵니다. 이것은 모세가 살인자였을 뿐 아니라 두 번씩이나 반석을 친 것을 사탄이 논란했다는 것입니다. 그러나 모세가 하나님의 품에 안긴 것은 두 말할 필요도 없습니다. 다시 말해서 모세가 구원을 받은 것은 그의 행함에서가 아니라 하나님의 은혜로 말미암아서입니다. 따라서 우리는 사후의 문제 때문에 고민하거나 괴로워할 필요가 없습니다. 하나님은 그의 영원하신 섭리 속에서 우리의 현재 일은 물론 사후의 일까지 다 준비하고 계십니다.

　(예화) 막내아들, 인수가 좀 마음이 소심합니다. 학교 등록금을 요구해 놓고 안 줄까봐 안달하고 있는 경우가 있었습니다. 아니 그래 굉장한 돈도 아니고 중고등학교의 등록금 하나 못 주겠는가? 우리의 걱정 가운데 많은 부분이 다 이렇게 시간이 지나면 해결될 것을 이처럼 쓸데없이 걱정하는 경우가 많습니다. 시간이 해결해준다는 격언도 있지만 그것은 하나님의 섭리를 믿는 성경적 말씀입니다.

너무 초조해하고 기다리지 못하는 것은 오늘 날 우리의 병입니다. 농부가 가을보리를 뿌려 놓고 기다리는 심정으로 하나님의 섭리의 때를 기다리면서 모두가 풍성한 수확을 가지는 우리가 되시기를 주님의 이름으로 축원합니다.

두 가지의 법

(롬8:1-11)

사람은 태어나면서부터 법을 떠나서는 못 삽니다. 생명을 가진 모든 존재는 자연법에 따라 태어나고 늙고 병들고 죽습니다. 이것은 어쩔 수 없는 자연의 법입니다. 그러나 롬 8:2절을 보면 사람에게는 다른 생물에게 없는 두 개의 다른 법이 있다고 했습니다.

첫째는 '죄와 사망의 법'이 있고 다른 하나는 '생명의 성령의 법'이 있다고 했습니다. 그래서 이 시간에는 이 두 가지 종류의 법을 중심으로 함께 은혜를 나누려고 합니다.

1. 이 두 가지 법은 어떤 성격을 가지고 있는 법인가?

(1) 죄와 사망의 법

'죄와 사망의 법'이 있다고 하였습니다. 이것은 한 마디로 사망을 가져오는 죄의 법을 의미합니다. 왜 사망을 가져오나요? 그것은 죄의 삯은 사망이기 때문입니다. 이 법은 만유인력처럼 인간을 타락하게 만드는 법입니다. 세상의 모든 것은 다 지상으로 떨어지는 물리적 현상이 있습니다. 무거운 것도 떨어지고 가벼운 것도 떨어집니다. 심지어 종이나 깃털도 시간은 걸리지만 결국 떨어지고 맙니다. 이것은 지구가 자석처럼 뭐든 끌어들이는 힘이 있기 때문입니다. 죄의 법은 이 만유의 인력처럼 우리를 땅으로 떨어지게 합니다. 타락하게 만듭니다. 어떤 때

우리는 결심합니다. 내가 이제부터는 바로 살아야지. 그러나 '작심삼일'
이란 말대로 사흘이 지나면 또 옛날로 돌아갑니다. 아이구, 모르겠다
하고. 세상에 공부하겠다고 결심 안 해본 사람 어디 있습니까? 영어 단
어장 안 가지고 다닌 사람이 어디 있으며 수학공식 안 외워본 사람이
어디 있나요? 그러나 영어 잘하는 사람 많지 않고 수학 잘하는 사람 많
지 않습니다. 또 돈 벌겠다고 부지런히 일하고 저축도 해보지만 얼마
안 가서 우리는 에이 모르겠다 하고 그냥 옛날로 돌아갑니다. 그런데
불행한 것은 세상의 모든 인간은 다 이 죄의 법에 따라 살고 있다는 점
입니다. 이 죄는 사탄이 뿌린 독소로서 살아서 움직입니다. 이것은 바
로 우리의 옛 성품을 의미합니다. 그래서 결국에는 사망을 가져옵니다.
그래서 바울은 '죄와 사망의 법'이라고 불렀습니다.

(2) 성령의 법

그러나 또 다른 법이 있습니다. 이것을 '성령의 법'이라고 부르는데
그 열매가 생명 즉 영생을 가져오는 것이기 때문에 '생명의 성령의 법'
이라고 부릅니다. 그런데 이것은 우리를 들어 올리는 법입니다. 아무리
무거운 납이라도 힘센 사람의 손으로 집어 올리면 위로 올라가고 심지
어 비행기를 타면 하늘 높이 훨훨 날아갈 수도 있습니다. 문제는 어느
힘이 강한가에 따라 결정됩니다. 만유인력이 더 강하면 아래로 떨어지
게 되지만 그러나 반대로 위로 들어 올리는 힘이 더 강하면 땅에 떨어
지지 않고 위로 올라가기도 하고 심지어는 하늘을 날기도 합니다. 비행
기가 가벼워서 하늘을 나는 것은 아닙니다. 무겁지만 그것보다 그것을
들어 올리는 제트 엔진의 힘이 더 강하기 때문에 수백 명의 사람을 한
꺼번에 하늘을 날게 합니다.

이제 문제는 우리가 모든 사람들이 그러하듯이 사망을 가져오는 죄의
법에 따라 산다면 우리는 죄가 지배하는 대로 왔다 갔다 하다가 결국은

죄가 이끄는 대로 땅에 떨어지고 맙니다. 죄는 마치 설탕과도 같습니다. 처음에는 달고 맛이 있어 보이지만 나중에는 이를 상하게 하고 나중에는 고혈압이나 당뇨에 걸리게 하는 것입니다. 그러나 반대로 우리가 생명을 가져오는 성령의 법에 따라 산다면 우리는 결국 영생을 얻게 되고 이 땅에서 하나님과 함께 사는 믿음과 사랑과 소망의 삶을 살 수 있게 됩니다.

2. 죄의 법은 어떤 결과를 가져오는가?

(1) 육신을 좇게 함

한국 사람은 한국의 법을 좇고 지키듯이 죄의 법은 구체적으로 말해서 육신을 좇게 합니다. 육신의 일이란 본능을 따라 사는 생활을 의미합니다. 본능이란 가르치지 않고도 아는 것을 말합니다. 예를 들면 갓난아이가 배우지 않고도 엄마의 젖을 빠는 것은 본능입니다. 인간에게는 살려고 하는 본능과 반대로 죽으려고 하는 본능이 있는가 하면 식욕, 성욕, 물욕, 명예욕 같은 본능이 있습니다. 육신의 일에 대해서는 갈 5:19-21절에 아주 자세하게 언급하고 있습니다.

(2) 육신의 일을 생각하게 함

사람은 다른 동물과는 달리 머리가 위로 향해 있어서 아랫것만 찾는 것이 아니라 위엣 것도 찾습니다. 그런데 죄의 법(즉 율법)에 따라 사는 사람은 생각하는 마음의 자세가 항상 아랫것만을 생각합니다. 한마디로 말해서 '자기중심적'입니다.

(3) 하나님과 원수 되게 함

하나님이 제일 싫어하는 것이 첫째는 우상숭배를 통하여 하나님과의 관계가 깨어지는 것이고 둘째는 타인에게 불의한 일을 해서 타인과의 관계를 깨트리는 것입니다. 우상이 무엇인가요? 탐욕이요 황금만능주의

요 하나님보다 다른 것을 더 사랑하는 것을 말합니다. 불의가 무엇인가요? 하나님께서 주신 표준에서 벗어나는 것을 말합니다.

(4) 살아 있는 것은 반드시 죽음

죄의 법은 바로 자연법과 연결됩니다. 그래서 반드시 죽는다. 죽음에는 첫째로 우리의 영혼이 하나님을 떠나는 영적 사망이 있고, 둘째는 우리의 영혼이 우리의 육체를 떠나는 육적 사망이 있고, 셋째는 우리의 영혼이 육체와 함께 하나님을 영원히 떠나는 영원한 사망이 있습니다. 이 세 가지의 사망을 다 당합니다. 여기에는 예외가 없습니다. 대통령도 죽고 사장님도 죽고 거지도 죽습니다. 다 죽습니다.

3. 성령의 법은 무엇을 가져오는가?

(1) 죄의 굴레에서 해방

우리를 죄의 굴레에서 벗어나게 해주고 해방시켜줍니다. 물고기가 한번 낚시를 물면 낚시에서 벗어날 수 없듯이 인간은 선악과를 따먹은 후에는 다 태어나면서 죄의 굴레 속에서 살고 있습니다. 다시 말해서 성령의 법은 그리스도 안에 거하는 특권을 가지게 합니다. 이런 사람에게는 정죄함이 없다고 하였습니다. 이것은 다음 세 가지에서 벗어난다는 말입니다.

첫째는 죄의 형벌에서 벗어나게 해줍니다. 죄의 형벌은 여러 가지가 있습니다. 이 땅에서는 마음에 고통을 주고 죄책감을 느끼게 하고 하나님과의 관계는 물론 타인과의 인간관계가 깨어집니다. 또 죽어서는 지옥에 가는 형벌을 받습니다. 그런데 성령의 법에 따라 사는 사람은 이것들에게서 벗어나게 해줍니다.

둘째는 죄의 권세에서 벗어나게 해줍니다. 인간은 죄를 범하는 순간에 그 종이 됩니다. 그러나 성령의 법에 따라 살면 해방되어 참 자유인이 됩니다.

셋째는 죄 자체에서 벗어나게 해줍니다. 이것은 바로 하나님의 자녀
가 되는 것을 말합니다.

(2) 영의 일을 생각합니다.

인간이 불행해지는 가장 큰 이유는 육체를 좇아 살기 때문입니다. 그
러나 성령의 법에 따라 살면 영의 일을 생각합니다. 늘 위를 바라보면
서 살고 생각합니다. 성령의 법을 따르는 사람은 성령의 열매를 맺습니
다. 갈 5:22-23절에 아주 자세하게 언급하고 있습니다.

(3) 하나님을 기쁘게 해드린다

무엇이 하나님을 가장 기쁘게 해줄까요? 첫째는 믿음입니다. 히
11:6절에 "믿음이 없이는 기쁘시게 못하나니 하나님께 나아가는 자는
반드시 그가 계신 것과 또한 그가 자기를 찾는 자들에게 상주시는 이심
을 믿어야 할지니라" 둘째는 순종하는 것을 기뻐합니다. 그래서 순종이
제사보다 낫다고 하였습니다. 셋째로 함께 있는 것을 기뻐하십니다.

(4) 마지막에는 생명 즉 영생을 가져온다(11절).

4. 성령의 법에 거하는 생활을 하려면?

(1) 먼저 거듭나야 합니다

요한복음 3장에 보면 니고데모와의 대화에서 주님은 물과 성령으로
거듭나지 아니하면 하나님 나라에 들어갈 수 없다고 하였습니다. 거듭
난다는 말은 어머니로부터의 자연적 생명이 아니라 물과 성령으로 말미
암은 새로운 생명을 의미합니다. 이것은 물세례와 성령세례를 뜻하는
것이 아니라 성명으로 말미암은 새로운 존재가 되는 것을 의미합니다.

(2) 하나님과 동행하는 생활을 해야

구약에 보면 에녹은 하나님과 동행하는 생활을 하였습니다. 창 5장을

두 가지의 법 209
두 가지의 법 209
두 가지의 법 209
두 가지의 법 209

보면 에녹은 365세를 살았는데 아무것도 한 것이 없습니다. 그런데도 그는 성경에 기록될 만큼 유명한 사람이 되었습니다. 무엇을 하였기 때문인가요? 아무것도 없습니다. 하나님과 동행한 것밖에는 아무것도 없습니다. 그러면 무엇이 하나님과 동행하는 생활인가요? 첫째는 하나님의 말씀에 따라 사는 것이고 둘째는 하나님을 증거하며 사는 것이고 셋째는 하나님께 늘 기도하면서 그의 뜻이 하늘에서 이루어진 것같이 이 땅에서도 이루어지도록 하는 것입니다. 끝으로 중요한 것은 주님처럼 종으로서 섬기는 생활을 하는 것을 말합니다.

(3) 하나님의 것을 하나님께 돌리는 생활을 하는 것

하나님께 영광 돌린다는 말은 하나님께 돌아갈 것을 하나님께 돌아가게 하는 것을 말합니다. 사람들은 이것을 벗으려고 합니다. 하나님께 돌아가야 할 것이 무엇인가가 주기도문 끝에 나옵니다. "나라와 권세와 영광이 아버지께 영원히 있사옵나이다." 여야가 모두 하나님의 것을 알았다면 오늘날과 같은 혼란은 없었을 것입니다. 자기 것이라고 생각하기 때문입니다. 바라기는 성령의 법에 따라 살아서 후회 없는 인생이 되기를 축원합니다.

돈으로부터의 자유

(마6:19-24; 고후8:14-15)

사람은 누구나 행복하기를 원합니다. 그런데 행복한 사람은 많지 않습니다. 왜 그런가요? 가장 큰 이유는 돈을 바로 사용하지 않기 때문입니다. 돈은 선한 것도 더러운 것도 아닙니다. 중성적인 것입니다. 그러므로 어떻게 사용하느냐에 따라 악이 될 수 있고 선도 될 수 있습니다.

"돈을 사랑함이 일만 악의 뿌리가 되나니"(딤전6:10). 즉 돈을 가지는 것이 일만 악의 뿌리가 되는 것이 아니라 돈의 종이 되는 것이 모든 악의 뿌리가 된다는 말입니다. 사실 많은 사람들이 부자 되기를 원하는데 그 이유는 돈에 얽매이고 싶지 않기 때문입니다. 그러나 현실적으로 보면 돈 없는 사람보다도 돈 있는 사람들이 더 돈에 얽매이는 것을 봅니다. 그래서 돈을 많이 가지고 있으면서도 불행한 사람이 있습니다.

이 시간에는 돈으로부터의 자유에 대해서 말씀을 드리면서 하나님께서 우리에게 주신 참 자유를 누리면서 살 수 있기를 축원합니다. 이 세상에는 돈에 관해 네 가지 종류의 사람이 있습니다.

첫째는 돈으로부터 자유로운 사람, 둘째는 돈으로부터 별로 자유롭지 못한 사람, 셋째는 돈에 얽매어 있는 사람, 넷째는 돈에 심하게 얽매어 종처럼 사는 사람이 있습니다.

우리가 돈으로부터 자유로워지려면 세 가지의 원리를 알아야 합니다.

첫째는 주는 원리, 둘째는 받는 원리, 셋째는 관리하는 원리입니다.

1. 주는 원리

돈으로 부터의 자유는 성경적으로 줌으로써 시작합니다. 놀라운 것은 하나님께서는 우리가 줄 때에 그의 일을 시작한다는 것입니다. 그래서 눅 6:38절에서 "주라 그리하면 너희에게 줄 것이니"라고 하셨습니다. 주는 것은 하나님께 십일조와 예물을 드림으로써 시작합니다.

(1) 십일조

이것은 한마디로 해서 청지기의 정신을 말합니다. 여기서 잘못된 질문은 '얼마를 하나님께 드릴까?'입니다. 바른 질문은 '하나님께 속한 것 중에 얼마를 나의 필요를 위해 남겨둘 것인가?'입니다. 요한 웨슬레의 십일조의 경우 처음에는 30파운드 받을 때 28/2, 50파운드 받을 때 28/22를, 100파운드 받을 때 100/72를 드렸습니다. 물론 설교자인 나도 웨슬레처럼은 못합니다. 다만 수입의 10%를 바칩니다. 그러나 나는 내가 저축한 돈의 10%는 나를 위해 쓰고 나머지 90%는 가장 적합한 방법으로 하나님을 위해 쓰려고 노력합니다.

(2) 가난한 사람에게

잠언 19:17절 "가난한 자를 불쌍히 여기는 것은 여호와께 꾸이는 것이니 그 선행을 갚아 주리라"고 하였고 마 25:40절에 "너희가 여기 내 형제 중에 지극히 작은 자 하나에게 한 것이 곧 내게 한 것 이니라"고 하였기 때문입니다.

(3) 성도들의 쓸 것을 공급

롬 12:13절에 "성도들의 쓸 것을 공급하며 손 대접하기를 힘쓰라." 그러나 주는 것만 힘쓰는 사람은 오랫동안 계속하지 못합니다. 받는 원리가 바로 되어야 합니다.

2. 받는 원리

우리가 하나님께 드리면 하나님께서 자신의 손을 펼치사 여러 가지 방법으로 은혜를 베풀어 주십니다. 하나님은 새로운 일터를 주시고 현재 하고 있는 일에서 더욱 성장하게 해주십니다. 그 내용을 구체적으로 말하면 이렇습니다.

(1) 부지런히 일하므로 받게 해주심

롬 12:11절에 "부지런하여 게으르지 말라"고 하였습니다. 신앙 있는 사람들 중에 돈 버는 것을 죄악시하는 사람들이 종종 있습니다. 이상한 것은 데살로니가전서 3장의 경우 "누구든지 일하기 싫어하거든 먹지도 말게 하라"(살전3:10). 막스 웨버 '프로테스탄티즘의 윤리와 자본주의 정신'=바른 방법으로 돈을 버는 한, 많이 벌수록 하나님께 충성하는 것이라고 하면서 자본주의 정신이 칼뱅주의에서 나온 것이라고 하였습니다.

(2) 창조적인 자원을 통해 받게 하심

잠 31:13절에 "그는 양털과 삼을 구하여 부지런히 손으로 일하며."

(3) 기도에 대한 응답으로 하나님에게서 받음

빌 4;6절에 "아무 것도 염려하지 말고 오직 모든 일에 기도와 간구로 너희 구할 것을 감사함으로 하나님께 아뢰라"고 하셨습니다. 즉 하나님은 기도에 대한 응답으로 주신다는 말입니다. 우리는 준만큼 받습니다. "곧 적게 심는 자는 적게 거두고 많이 심는 자는 많이 거둔다"(고후9:6).

3. 관리의 원리

우리는 하나님께서 맡겨주신 것을 관리하는 청지기입니다. 따라서 매일의 시간과 돈을 사용하는 방법을 하나님께 질문해야 합니다. 결국 우리는 하나님의 말씀을 점검하지 않고는 최종의 결정을 내릴 수 없습니다. 돈에 관한 결정을 할 때에는 언제나 성경의 원칙과 일치해야 합니

다. 하나님의 말씀은 시간과 돈을 낭비하는 자들에게서 떠나라고 경고
합니다. 그렇게 하려면 다음 세 가지를 조심해야 합니다.

(1) 구매욕을 억제해야 함

잠 20:14절에 "사는 자가 물건이 좋지 못하다 좋지 못하다 하다가 돌
아간 후에는 자랑하느니라." 많은 사람들은 충동적인 구매로 재정적 어
려움에 빠집니다. 시장이나 상가 등은 어수룩한 손님들을 낚시 꿸만하
게 꾸며져 있습니다. 그러나 하나님은 우리에게 분별력을 갖기를 원합
니다. 우리는 육신의 정욕, 안목의 정욕, 이생의 자랑 등을 피해야 합니
다(요일2:16).

(2) 최선의 구매를 해야 함

잠 31:16 "밭을 간품하여 사며", 물건을 잘 사는 데는 시간과 두루
살펴보는 노력이 필요합니다. 우리는 필요한 물건이 무엇인가. 어떻게
그것을 구할 것인지 정확히 알아야 합니다. 물건을 싸게 사는 것은 잘
훈련된 생활 습관 결과로 가능해집니다. 또한 자족하는 마음자세도 꼭
필요합니다. 바울은 빌립보 교회에 보내는 편지에서 "내가 비천에 처할
줄도 알고 풍부에 처할 줄도 알아 모든 일에 배부르며 배고픔과 풍부와
궁핍에도 일체의 비결을 배웠노라"고 하였습니다. "자족하는 마음은 큰
이익이 되느니라"(딤전6:6).

(3) 청구서에 대한 신속한 지불

잠 3:28절에 "네게 있거든 이웃에게 이르기를 갔다가 다시 오라 내일
주겠노라 하지 말며."

우리가 적은 돈을 지혜롭게 관리하면 하나님께서 더 많은 돈을 우리
에게 맡기십니다(눅16:10).

맺는말

이스라엘이 기근에 허덕일 때에 다윗 왕은 그 원인을 찾아 제거하였습니다(삼하21장). 마찬가지로 하나님은 우리가 자신을 성찰하기를 원합니다. 그러할 때 하나님은 "하늘 문을 열고 너희에게 복을 쌓을 곳이 없도록 붓지 아니하나 보라"(말3:10)는 말씀이 이루어질 것입니다.

바라기는 저와 여러분들이 돈의 원리를 하나님의 말씀에 따라 벌고 쓰시기를 축원합니다.

당나귀 인생

(막11:1-10)

본문은 종려절에 일어난 사건입니다. 예수님은 왕으로서 이 땅에 오셨으나 종으로서 살았습니다. 그는 섬기는 자의 생활로 일생을 보내신 분입니다. 주님은 말씀하시기를 인자가 온 것은 섬김을 받으려 함이 아니요 섬기려 왔다고 했습니다. 그러나 그는 마지막 수난주간을 앞두고는 평화의 왕으로서 예루살렘에 입성하셨습니다. 이때 그는 대부분의 정복자가 그러하듯이 말을 타고 입성한 것이 아니라 스가랴 선지자의 예언대로 당나귀를 타고 평화의 왕으로서 겸손하게 입성하였습니다.

주님을 태우고 입성함으로 주님과 함께 영광을 차지했던 당나귀를 중심으로 우리도 본문에 나타난 당나귀와 같은 보람 있고 영광스러운 인생을 살기를 바랍니다.

1. 당나귀의 가치

성경에 보면 당나귀(혹은 나귀)는 품위가 없게 생겼기 때문에 부자들이 타는 경우는 거의 없고 부녀자들이나 아이들이 탔으며 가난한 유목민들이 주로 밭을 갈거나 짐을 싣고 다닐 때 사용했습니다. 그래서 당나귀는 가난한 자들과 가까이 지냈습니다. 당나귀는 주로 황야의 등성이 근처에 살았기 때문에 풀이 무성한 평지에 살고 있는 말처럼 덩치도 크지 못하고 힘이 세지도 못합니다. 그러나 당나귀가 비록 우직하게는 생겼지만 그러나 사 1:3절에 보면 "소는 그 임자를 알고 나귀는 주인의 구유를 알건마는 이스라엘은 알지 못하고 나의 백성은 깨닫지 못하는도다"라고 하였습니다. 즉 이스라엘 백성과는 달리 그래도 주인은 알아보았고 자기가 해야 할 일이 무엇인지 깨닫고 순종하였다는 말입니다. 잠언 26:3절에 보면 "말에게는 채찍이요 나귀에게는 자갈이요 미련한 자의 등에는 막대기니라"고 함으로 나귀를 미련하고 말을 잘 안 듣는 동물로 묘사하기도 하였습니다. 그런데 왜 예수님은 당나귀를 타고 왔을까요? 그것은 슥 9:9절의 예언 때문이었습니다. "네 왕이 네게 임하나니 겸손하여 나귀를 타나니." 다시 말하면 당나귀는 비록 못생기고 품위가 없지만 의식에서 겸손과 평화의 상징으로 사용되었고 지금도 모슬렘들은 이 당나귀를 사용한다고 합니다. 사실 정복자는 말을 타고 입성해서 피정복민들을 발로 밟는 것이 관습입니다. 그러나 주님은 평화의 왕이시기에 당나귀를 타고 입성하였던 것입니다.

2. 당나귀의 영광

이런 품위도 없고 보잘 것 없는 당나귀이지만, 그러나 그가 얻은 영광은 대단히 컸습니다. 이제 당나귀의 영광을 살펴보기로 합니다. 당나귀는 세 가지의 영광을 얻었습니다.

(1) 특별대우를 받음

VIP의 대우를 받았습니다. 동물취급을 당한 것이 아닙니다.

지금도 외국에서 귀한 손님이 오면 붉은 카펫을 깔고 접대를 합니다. 그런데 이 당나귀에게는 군중들이 겉옷을 땅에 깔아서 카펫을 대신했습니다. 이것은 줄 수 있는 최고의 대접입니다. 당나귀 자신은 별것 없는 동물이지만 주님을 등에 태웠기에 이런 영광스러운 대접을 받았던 것입니다.

(2) 사람들에게서 찬송을 받음.

당나귀는 주님과 함께 "호산나 찬송하리로다" 하는 찬송을 사람들에게서 들었습니다. 지금도 외국의 귀한 손님이 오면 공항에서 그 나라의 민요를 부른다든지 아니면 그 나라의 국가를 불러서 영접합니다. 그런데 당나귀는 주님을 태웠다는 단 하나의 이유 때문에 호산나(이제 구원하소서 라는 뜻)라는 찬송을 들었던 것입니다.

(3) 가장 중요한 것은 성경에 기록되는 영광을 누림

세상에는 많은 사람들이 태어났지만 대부분 이름도 빛도 없이 죽어갔다. 더구나 동물에게 무슨 의미가 있는가? 그러나 이 당나귀는 예수님을 태우고 예루살렘에 입성한 단 한가지의 이유 때문에 이처럼 성경에 기록되는 영원한 영광을 누리게 된 것입니다. 이 얼마나 큰 영광입니까? 인생도 감히 누리지 못하는 영광을 이 당나귀는 누렸으니 말입니다.

3. 당나귀가 영광을 누린 비결

(1) 매임에서 풀림

4절에 "매여 있는지라 그것을 푸니" 즉 매였던 것이 풀려졌다는 것을 주목해야 합니다. 당나귀가 매였던 끈에서 풀리지 못하면 결단코 주님에게 나올 수 없었을 것입니다. 이것이 중요합니다. 먼저 풀려야 됩니다. 자신을 묶고 있는 '속박의 끈'에서 풀려져야 합니다. 인생도 마찬가지입니다. 여러분들이여, 인생의 영광을 원하십니까? 그렇다면 먼저 죄악의 끈과 과거의 끈에서 풀리고 미움의 끈에서 풀려야 합니다. 그러나 인생은 항상 끈에서 벗어나지를 못합니다. 마치 꼭꼭 묶인 당나귀처럼 속박의 끈에서 풀리지 못하여 결국 노예 아닌 노예의 생활을 하고 있는 것입니다. 지금도 교단이 분열되는 것은 과거의 잘못된 이해관계의 끈에서 벗어나지를 못하기 때문입니다. 여야가 대화 없이 일방적으로 나가는 이유는 자신의 명예욕의 끈에서 벗어나지를 못하기 때문입니다. 그러나 우리가 참으로 영광을 얻으려면 여러 가지의 끈에서 벗어나야 한다는 것을 기억해야 합니다. 죄악의 끈, 과거의 끈, 미움의 끈, 이해의 끈, 욕심의 끈, 육체의 끈에서 벗어나야 합니다.

다시 말해 free from 없이는 인생은 결단코 자유롭지도 못하지만 참된 삶을 살 수는 없는 것입니다.

(2) 풀어서 끌고 오라

2절에 "풀어 끌고 오너라"고 주님은 명하셨고 7절에 보면 제자들이 "나귀새끼를 예수께로 끌고 왔다"고 하였습니다. 즉 주님에게 와야 한다는 말입니다. 풀리는 것만으로는 부족합니다. 주님에게 끌려와야 합니다. 왜냐하면 당나귀의 진짜 주인은 이 당나귀를 가지고 있는 법적 주인이 아니라 당나귀를 만드신 주님이기 때문입니다. 이것은 인생에게 있어서도 진리입니다. 인생도 자신의 참 주인이 예수님인 것을 알고 그에게 와야 비로소 생의 참된 의미를 발견하게 되는 것입니다. 예수님만이 길이요 진리요 생명이기 때문입니다. 무엇으로부터 자유로워지느냐도 중요하지만 그 후에 누구에게 가느냐도 중요한 것입니다.

(3) 영광의 비결

영광의 비결은 free for입니다. 문제는 우리가 무엇을 위해서 그 자유를 사용하느냐 입니다. 우리의 자유를 선한 것, 보람 있는 것을 위해 사용하면 영원한 영광을 얻지만 그렇지 않으면 풀처럼 시들어 버리고 맙니다. 그런데 7절에 보면 당나귀는 환호하는 군중들이 깐 겉옷 위에 주님을 태웠다고 하였습니다. 바로 여기에 당나귀의 참된 의미가, 가치가 있었습니다. 이 세상의 모든 것이 누가 쓰느냐?에 따라 그 가치가

달라집니다. 지난주간에 졸업반 학생들과 함께 제주도를 여행하고 돌아
왔습니다. 그런데 사는 방법도 별의별것이 다 있는 것을 보았습니다.
사진사만 해도 말이나 당나귀를 놓고 그 위에 사람을 태우고 돈을 버는
사람, 사슴이나 노루를 박제해서 세워두고 사진사 노릇을 하는 사람,
바나나와 파인애플 나무들을 심어두고 하는 사람, 자본이 없는 사람은
신랑신부의 옛 옷을 입히고 사진을 찍으면서 사는 것을 보았다. 같은
당나귀인데 주인이 사진사면 가만히 서서 하루 종일 사진이나 찍혀야
하고 농부면 하루 종일 밭이나 갈아야 하고 주인이 짐꾼이면 하루 종일
짐을 날라야 하는 것입니다. 중요한 것은 주인이 누구냐에 따라 하는
역할이 달라집니다.

그러므로 주인을 잘 만나야 합니다. 횡포자가 아닌 참 주인을 만나야
합니다. 그런데 인생의 참 주인은 누구인가요? 우리를 만드신 주님이
아닌가요? 그래서 주님이란 LORD 즉 주인이라고 부릅니다. 그러므로
우리는 자신이 주인 노릇하지 말고 또 사탄에게 쓰여지는 종노릇도 말
고 오직 우리를 지으신 주님에게 쓰임 받아 영원한 축복을 받으시기를
축원합니다.

⑷ 말 없는 순종

당나귀가 말없이 순종하였다는 데 그 영광의 비결이 있었습니다. 당
나귀는 그 자신이 무엇을 하는지도 모른 채 그냥 순종하였을 것입니다.
바로 여기에 그 비결이 있습니다. 우리도 때로는 내가 하는 일이 과연
어떤 의미를 가지는지 알지도 못한 채 주님의 말씀이기에 그것이 무엇
인지 이해하지 못하면서도 할 때가 있습니다.

그러나 그냥 순종하고 나면 세월이 지난 후에는 그것이 바로 하나님
의 기뻐하시는 것임을 늦게야 발견할 때가 많습니다. 그래서 성경은 순
종은 제사보다 낫다고 한 것입니다.

(5) 말씀 성취

말씀을 성취하였다는데 그 영광의 비결이 있습니다. 당나귀는 그것이 바로 구약 스가랴 선지자의 예언의 성취인 것을 알지 못하였을 것입니다. 그러나 당나귀의 그 작은 봉사가 영원토록 남는 이유는 그것이 구약예언의 성취하는데 있었던 것입니다. 이것은 우리들에게도 마찬가지입니다. 우리도 하나님의 뜻을 이루게 되면 영원토록 남는 일을 하게 됩니다. 나의 뜻은 그것이 아무리 굉장한 것이라 할지라도 잠시 잠깐후면 물거품처럼 지나가고 맙니다. 그러나 하나님의 뜻은 일점일획 남김없이 다 이루게 될 뿐 아니라 영원한 가치를 갖습니다.

맺는말

인생은 일회적입니다. 우리는 누구나 영광된 삶을 살다가 하나님 앞에 서기를 원합니다. 그러려면 본문에 나타난 당나귀처럼 먼저 자신을 묶고 있는 속박의 줄에서 풀리고 그 다음에는 주님께 나와서 주님을 태우고 순종해야 합니다. 그러면 우리는 아주 중요한 사람, 즉 VIP가 되고 찬송을 받을 뿐만 아니라 영원히 남는 사람이 됩니다. 이제 여러분 모두가 이런 인생을 사시기를 주님의 이름으로 축원합니다.

다니엘의 세 친구

(단3:19-30)

다니엘의 세 친구는 주전 605년 여호야 김 왕 때 바벨론에 포로로 잡혀간 사람들입니다. 이 시간에는 다니엘과 그의 세 친구들이 당한 환란과 또 그 때마다 그들을 보호해 주신 하나님의 손길, 그리고 이 시험을 거친 후에 저들이 하나님으로부터 받은 보다 큰 축복들을 3장을 중심으로 살펴보면서 함께 은혜를 나누려고 합니다.

1. 다니엘과 그 친구들의 수난

먼저 다니엘과 그의 세 친구들이 바벨론에서 당한 고통을 살펴보겠습니다. 그들이 당한 환란과 박해는 크게 세 번 기록되어 있습니다. 첫 번째는 1장에 기록된 것으로서 음식 때문에 당한 시련이었습니다. 바벨론의 환관장은 저들에게 바벨론의 식사법에 따라 고기와 포도주를 주었으나 다니엘과 그의 세 친구는 이것을 신앙적 이유에서 거절하였습니다. 왜냐하면 다니엘과 그의 세 친구는 레위기 11장에 기록된 식사법에 따라 살기를 원했기 때문입니다.

그들이 바벨론의 식사법을 따른다는 것은 이방의 신을 인정하는 것이 되기 때문이었습니다. 그러나 하나님께서 저들에게 지혜를 주셔서 조건부로 그것을 해결하였습니다. 즉 열흘 동안 채식만 먹고 건강이 고기와 포도주를 먹은 사람보다 못할 경우에는 그들의 지시를 따르기로 한 것입니다. 그러나 하나님께서 저들과 함께 하심으로 그들의 건강상태가 더 좋아 이 시련을 이길 수 있게 되었습니다. 두 번째 시험은 오늘 읽은 3장의 불타는 풀무의 시련입니다. 금으로 만든 신상(높이 60자, 너비 6자)에게 절하지 않는다는 이유로 불타는 풀무에 집어 넣은 것입니다. 그러나 그 풀무 불에는 사드락과 메삭과 아벳느고 이외에 주님께서 함께 계셔서 옷 하나 상하지 않게 보호해주셨다고 하였습니다. 세 번째 시험은 6장에 나오는 사자 굴에 집어넣는 형벌이 가해졌으나 하님께서 사자의 입을 막으셔서 구원한 사건이 기록되어 있습니다.

여기서 우리는 그리스도인들이 그리스도를 위해서 살려고 할 때는 언제든 다니엘의 세 친구처럼 박해의 용광로를 피할 수 없다는 것입니다. 베드로도 "너희를 시련하려고 오는 불 시험을 이상한 일 당하는 것같이 이상히 여기지 말라"(벧전4:12)고 말씀했습니다. 그렇습니다. 환란과 박해는 경건하게 살려고 하는 사람들에게 있어서 언제나 다가오는 그림자와 같은 것입니다. 그래서 바울은 디모데에게 보내는 편지에서 "무릇 그리스도 예수 안에서 경건하게 살고자 하는 자는 핍박을 받으리라."고 한 것입니다.

2. 보호의 약속을 잊지 말자

다니엘의 세 친구 경우를 보면 하나님께서 그의 백성이 불 시험을 통과하는 동안 그들을 결코 버리지 않으신다는 것을 알 수 있습니다. 물론 하나님의 뜻일 경우에는 우리를 용광로에서 순교케 할 수도 있습니다. 그러나 한 가지 분명한 것은 하나님께서 함께 동행하여 주신다는 사실입니다. 본문에 보면 왕이 용광로를 보았을 때 분명히 4명이 있었다고 하였는데 그 네 번째의 모양은 신들의 아들과 같다고 하였습니다. 이것은 분명히 예수 그리스도를 의미합니다. 이렇게 하나님은 성도들을 보호해 주십니다. 사 43:2에 이렇게 약속하셨습니다. "네가 물 가운데로 지날 때에 내가 함께 할 것이라 강을 건널 때에 물이 너를 침몰치 못할 것이며 네가 불 가운데로 행할 때에 타지도 아니할 것이요 불꽃이 너를 사르지도 못하리니"

그러면 이것은 어떻게 이루어지나요? 히 11:33-34절을 보면 "저희가 믿음으로 나라를 이기기도 하며, 불의 세력을 멸하기도 하며, 칼날을 피하기도 하며 연약한 가운데서 강하게 되기도 하며, 전쟁에 용맹 되어 이방사람들의 진을 물리치기도 하며"라고 하였습니다. 다니엘과 그의 세 친구들이 가진 것은 아무것도 없습니다. 오직 저들에게는 믿음과 하나님뿐이었습니다. 그러나 백만 군대를 가진 바벨론의 왕을 저들은 이길 수가 있었던 것입니다.

3. 승진이 약속되다

본문 30절을 보면 "왕이 드디어 사드락과 메삭과 아벳느고를 바벨론 도에서 더욱 높이니라"고 하였습니다. 비가 온 뒤에 땅이 굳어지듯이 불시험을 통과한 후에는 다니엘의 세 친구의 경우처럼 승진케 해주시는 하나님이십니다. 벧전 5:10에 보면 이런 말씀이 나옵니다. "모든 은혜의 하나님 곧 그리스도 안에서 너희를 부르사 자기의 영원한 영광에 들어가게 하신 이가 잠깐 고난을 받은 너희를 친히 온전케 하시며 강하게 하시며 터를 견고케 하시리라." 여기서 우리는 십자가가 없이는 면류관도 없다는 것을 발견합니다. 그뿐 아니라 적극적으로는 십자가 후에는 반드시 면류관이 기다리고 있다는 것을 기억해야 합니다.

다니엘의 세 친구뿐 아니라 다니엘 자신도 마찬가지입니다. 단 2장에 보면 24-25절에 다니엘의 예언이 나오고 46-49절에 다니엘의 승진이 나옵니다. 느브갓네살 왕은 꿈을 꾸고 이것을 술사, 점쟁이들에게 해몽

하라고 명령합니다. 꿈 내용을 모르는데 누가 남의 꿈을 해몽할 수 있
겠습니까? 그러나 다니엘은 꿈 이야기를 듣지 않고도 그것을 해몽하였
다. 왜냐하면 그는 은밀한 중에 계신 하나님이 환상과 계시의 영을 주
셨기 때문입니다. 꿈 내용은 큰 신상을 보았는데 머리는 금, 가슴과 팔
은 은, 배와 넓적다리는 놋, 종아리는 철, 발가락은 철과 흙으로 섞여
있는데 어디서 뜨인 돌이 신상의 철과 진흙의 발을 쳐서 부숴버리자 여
름의 타작마당의 겨같이 흩어져 간곳이 없게 되고 우상을 친 돌은 태산
을 이루어 온 세계에 가득하게 되었다는 내용입니다.

여기서 금 머리는 바벨론, 은 가슴은 페르샤, 놋 배와 넓적다리는 헬
라, 철 종아리는 로마, 철과 흙으로 섞인 나라들은 그 후에 일어날 열강
들을 의미합니다. 여기서 중요한 것은 뜬 돌이 되신 예수님께서 오심으
로 돌이 태산을 이루어 온 세상에 가득 차게 되는 하나님 나라가 성취
된다는 점입니다.

다니엘은 그가 음식으로 말미암은 시련을 당한 뒤에 48절에 보니까
"왕이 이에 다니엘을 높여 귀한 선물을 많이 주며 세워 바벨론 온 도를
다스리게 하며 또 바벨론 모든 박사의 어른을 삼았다"고 하였습니다. 그
러므로 여러분들이여 여러분들에게 환란과 핍박이 있습니까? 하나님께
서 여러분들에게 승진케 하려는 신호로 알고 기쁨으로 하나님만 더욱
의지하여 승리하시는 여러분들이 되기를 축원합니다.

놀라운 초대

(사1:1-20)

　성경에는 놀라운 초대가 많습니다. 예를 들면 사 55:1절에 "돈 없이 값없이 와서 포도주와 젖을 사라"는 초대가 나옵니다. 또 마 11:28절에는 "수고하고 무거운 짐 진 자들아 다 내게로 오라 내가 너희를 쉬게 하리라"는 초대도 나옵니다. 계시록 22:17절에는 "성령과 신부가 말씀하시기를 오라 하시는도다 듣는 자도 오라 할 것이요 목마른 자도 올 것이요 또 원하는 자는 값없이 생명수를 받으라 하시더라"는 초대도 있습니다.

1. 하나님의 초대의 성경

　(1) 부드러운 초대

　'오라' 하시는 말씀은 부드러운 초대입니다. 본문에 오라 하시는 이 말씀보다 더 부드러운 말은 없습니다. 랄프 머리는 이 초대는 거절당한 연인의 호소라고 표현하고 있습니다.

　(2) 긴급 초대

　'지금'이라는 말은 긴급한 초대임을 보여줍니다. 예수님은 마 13:4,9절에서 사탄은 복음의 씨를 훔치려고 한다고 경고하고 있습니다. 또 히브리서 기자는 '믿지 아니하는 악심'의 위험을 경고하고 있습니다. 고후 6:2절에 보면 바울은 "보라 지금은 은혜 받을 만한 때요 보라 지금은

226 말세에 나타날 징조

구원의 날 이로다"라고 지금의 중요성을 강조했습니다. 그러므로 우리는 지금이란 시간에 성령께서 말씀하시는 것에 응답해야 합니다. 그러므로 연기하면서 지금 응답하지 않으면 파멸이 다가온다는 것을 기억해야 합니다.

(3) 변론하자

"우리가 서로 변론하자"는 말은 하나님의 초대가 얼마나 은혜롭고 관용한 초대임을 보여줍니다. 이 변론하자는 말은 동등한 사람들끼리의 변론이 아니고 거룩하신 하나님께서 죄인들과의 변론인 것입니다. 그러므로 이 초대는 상식에 있을 수 없는 초대인 것입니다. 복음의 놀라운 진리는 이렇게 말합니다. "하나님이 우리를 사랑하사 우리 죄를 위하여 화목제로 그의 아들을 보내셨음이니라."

2. 하나님이 초대한 사람은 어떤 사람들인가?

하나님의 초대는 응답하는 모든 사람들에게 주시는 초대입니다. 이사야 1장에 보면 네 종류의 사람들에게 초대를 하셨다고 기록하고 있습니다.

(1) 거역자를 초대

2절에 보면 "그들이 나를 거역 하였도다" 즉 거역자들을 초대하신 것입니다. 여기서 거역한다는 말은 하나님과의 율법적 관계를 깨뜨린다는 뜻입니다. 다시 말하면 하나님의 명령을 거역함으로 하나님과의 율법적 관계를 깨뜨렸다는 말입니다.

(2) 소와 나귀만도 못한 사람 초대

3절에 "소는 그 임자를 알고 나귀는 주인의 구유를 알건마는 이스라엘은 알지 못하고 나의 백성은 깨닫지 못하는도다"라고 하였습니다. 즉 깨달음이 없고 알지 못하는 자들을 하나님은 초대하셨습니다.

(3) 악하고 부패한 죄인을 초대

4절에 "슬프다 범죄 한 나라요 허물진 백성이요 행악의 종자요 행위가 부패한 자식이로다" 즉 부패한 자들을 하나님이 초대하셨습니다.

(4) 병든 자들을 초대

5-6절에 "온 머리는 병들었고" "발바닥에서 머리까지 성한 곳이 없이 상한 것과 터진 것과 매로 맞은 흔적뿐이어늘" 다시 말해서 하나님은 병든 자들을 초대하셨습니다. 이렇게 하나님은 거역하고 깨달음이 없고 부패하고 병든 자들을 초대하신다고 하였습니다. 그가 누구인가요? 바로 저와 여러분입니다. 이렇게 병들고 부패하고 깨달음이 없는 우리들을 하나님은 초대하고 계십니다.

3. 하나님의 약속은?

히 6:17절에 보면 "하나님은 약속을 변치 않는다"고 하였고 18절에는 "하나님은 거짓말을 하지 않는다"고 하였습니다. 이 하나님께서 무엇이라고 약속하셨는가? 사 1:18절에 "여호와께서 말씀하시되 오라 우리가 서로 변론하자 너희 죄가 주홍 같을지라도 양털같이 되리라"고 하였습니다. 죄를 철저하게 깨끗이 씻어 준다는 놀라운 축복의 말씀입니다.

(1) 죄는 영원히 주홍색을 지님

여기서 주홍이란 말의 뜻은 영원히 변치 않는 색입니다. 그런데 아무 것도 이 색을 변색할 수가 없습니다. 이 세상의 무엇으로도 이 주홍색을 탈색하거나 지워버릴 수가 없다는 말입니다.

(2) 하나님의 약속은 죄의 영원한 제거

죄는 용서될 수 있습니다. 영혼은 깨끗함을 받을 수 있습니다. 여기서 흰색은 순결을 의미합니다. "양털같이 되리라"는 말은 죄가 용서함을 받은 상태를 말합니다.

228 말세에 나타날 징조

4. 회개하는 자에게 주시는 축복

이사야는 이 초대에는 축복과 심판의 두 가지가 포함되어 있다고 언급하고 있습니다.

(1) 축복

1:19절에 축복을 말씀하고 있습니다. "너희가 즐겨 순종하면 땅의 아름다운 소산을 먹을 것이요" 이 얼마나 놀라운 축복인가요? 하나님의 초대에 응하여 돌아오면 땅의 아름다운 소산을 먹는 축복을 받는 다는 것입니다.

(2) 심판

1:20절에 "너희가 거절하여 배반하면 칼에 삼키우리라."

이 얼마나 무서운 심판의 말씀인가요? 칼이란 말은 두말할 필요도 없이 죽음 즉 영원한 불에 들어가는 것을 의미합니다.

맺는말

영국 런던에서 영국 군인들이 붉은 옷을 입고 사열하는 것을 아버지와 아들이 보고 있었습니다. 아들은 직접 보고 있었고 아버지는 유리창으로 보고 있었습니다. 아들이 소리 질렀습니다. '아버지, 저 하얀 유니폼 좀 보세요, 얼마나 멋있어요?' 그러나 '아버지는 말합니다. 아니야, 붉은 색이야.' 왜 차이가 생겼을까요? 그것은 아버지는 붉은 유리창을 통해서 보고 아들은 직접으로 보고 있었기 때문이었습니다. 우리가 우리 자신을 직접 볼 때 우리는 주홍과 같은 죄가 많은 존재들입니다. 그러나 하나님은 우리를 직접 보시지 않고 예수님의 십자가 보혈을 통해서 봅니다. 그래서 우리를 깨끗케 보시는 것입니다. 바라기는 저와 여러분들이 하나님의 초청에 응해서 놀라운 축복을 받으시기 바랍니다.

놀라운 사랑

(요15:8-10)

세상에서 사랑보다 더 놀라운 것은 없습니다. 그래서 '사랑은 죽음보다 강하다'는 말도 있고 영국 격언에는 '사랑은 일체를 달성한다'는 말도 있습니다. 또 '사랑은 칼 없이 왕국을 지배한다'는 말도 있습니다. 그만큼 사랑은 놀라운 힘을 가지고 있습니다. 그러나 이 모든 사랑 가운데서도 가장 놀라운 사랑은 하나님의 사랑과 예수님의 사랑이십니다.

1. 성경은 사랑의 놀라움을 무엇이라고 말하는가?

사랑이 놀라운 것은 이렇습니다.

(1) 피해를 입고도 참아냄

사랑은 다른 사람에게서 받는 해를 온유하게 참아내게 하기 때문입니다. 그래서 성경은 말하기를 "사랑은 오래 참고 사랑은 온유하며"라고 했습니다. 우리는 날마다의 생활에서 아무 잘못 없이 모욕을 당할 때가 있습니다. 남들이 약속을 일방적으로 이행치 않을 때가 있습니다. 서로 거래하면서 주어야 할 것을 주지 않고 골탕을 먹이게 하기도 합니다. 상대방에게 마땅히 해야 할 일을 하지 않고 욕하고 해를 끼칠 때도 있습니다. 그러나 사랑이 있으면 그것을 유순하게 참아내게 합니다.

(2) 사랑은 우리로 선을 행하게 함

또 사랑은 우리의 마음에 역사하여 거룩한 행실을 하게 해줍니다. 그래서 성경은 "사랑은 불의를 기뻐하지 아니하며 진리와 함께 기뻐하신다"고 하였습니다.

(3) 교제하는 사랑

사랑 안에서 하나님은 우리와 교제하시고 우리와 만나십니다.

본래 사랑이란 성령의 최고의 열매입니다. 그래서 하나님은 사랑 안에서 우리와 교제하십니다. 왜냐하면 성경은 말하기를 "하나님은 사랑이시라"고 하나님의 본질을 말씀하고 있기 때문입니다.

(4) 사랑이 있는 곳이 하나님 나라

더욱 놀라운 것은 사랑이 있는 곳에 하나님의 나라가 이루어진다는 점입니다. 하나님의 나라는 내세에만 있는 것이 아닙니다. 이 땅에서도 사랑이 있는 곳에 하나님의 나라는 눈에 보이게 나타납니다.

그러면 하나님의 사랑은 어떻게 나타나나요? 요 3:16절에 "하나님이 세상을 이처럼 사랑하사 독생자를 주셨으니 이는 저를 믿는 자마다 멸망치 않고 영생을 얻게 하려 하심이니라." 예수님을 이 땅에 보내셔서 우리 죄를 속죄하는 어린양, 즉 속죄제물이 되게 하셨습니다.

2. 하나님은 왜 우리를 사랑하시는가?

하나님께서 우리를 사랑하시는 것은 우리가 그 사랑을 받아서 그 응답으로 서로서로 사랑하게 하기 위해서입니다. 마치 태양에게서 빛을 받아 지구로 다시 그 빛을 비쳐주듯이 하나님께서도 우리로 하여금 사랑의 전달자가 되게 하기 위해서 우리를 사랑하시는 것입니다.

하나님 사랑의 빛은 두 가지 방향으로 비쳐나가야 합니다. 하나는 위로(다시 말해 하나님을 향하여), 다른 하나는 옆으로(즉 이웃을 향하여)비쳐져야 합니다.

(1) 하나님의 사랑을 어떻게 표현해야 하는가?

요 15:10절에 "내가 아버지의 계명을 지켜 그의 사랑 안에 거하는 것 같이 너희도 내 계명을 지키면 내 사랑 안에 거하리라." 하나님의 말씀을 지키는 것이 바로 사랑의 표현이라는 말씀입니다. 우리가 부모에게 효도하는 방법이 여러 가지가 있을 것이나 최고의 효는 부모님의 교훈을 잘 지키는 것입니다. 마찬가지로 하나님에 대한 사랑도 그의 말씀을 지키는 것 이상이 있을 수 없습니다. 성경에 있는 계명을 분석해 보면 1-3계명처럼 '하지 말라'는 말씀과 4-5계명처럼 '하라'는 말씀으로 되어 있습니다. 이것을 종합해 보면 부정적인 것은 죄를 짓지 말라는 말씀으로 요약 할 수 있고 긍정적인 것은 '사랑하라'는 말씀으로 요약할 수 있습니다.

왜 하나님은 우리가 죄를 짓는 것을 싫어하실까요? 그것은 죄는 하나님과 사람을 갈라놓는 무서운 파괴력을 가지고 있기 때문입니다. 아무리 행복한 가정도 죄가 들어가면 파괴됩니다. 아무리 신앙이 좋은 사람도 죄가 들어가면 하나님과의 관계가 무너지고 맙니다. 우리 사회가 하나가 되지 못하고 문제가 되는 것은 바로 죄 때문입니다. 이렇게 죄는 무서운 것입니다. 얼마나 무서우면 예수님이 십자가에 못 박히지 않고는 해결할 수 없는 것이었겠습니까.

그러나 하나님은 부정적인 것만 말씀하지 않고 보다 긍정적인 것을 말씀하셨습니다. 그것이 바로 사랑입니다. 이 사랑은 죄로 말미암아 갈라진 틈을 연결시켜줍니다. 나누어진 둘을 하나로 묶어줍니다. 그러면 사랑이란 무엇인가요? 마 7:12절의 '황금률'에 잘 표현되어 있습니다. "그러므로 무엇이든지 남에게 대접을 받고자 하는 대로 너희도 남을 대접하라." 사랑은 그렇게 어려운 것이 아닙니다. 내가 받고 싶은 것을 주는 것입니다. 이것과 대조되는 것을 흔히 '은율'이라고 합니다. '은율'이란 "네가 싫은 것은 남에게 하지 말라"는 것입니다.

사랑이란 언제나 자기중심이 아니고 상대방을 표준으로 하는 것입니다. 그래서 하나님 사랑이란 하나님의 뜻인 그의 말씀을 지키는 것입니다.

어떤 이들은 세상은 악하다, 어떻게 나 혼자 사랑을 행할 수 있느냐고 말합니다. 우리는 자기의 이웃을 나쁘다고 생각할지 모릅니다만 문제는 무엇보다도 자기 자신에게 있는 것입니다. 자신이 먼저 이웃을 사랑하면 이웃도 우리를 사랑하기 때문입니다. 사랑은 사랑을 낳는 법입니다.

여러분 최후의 심판 때 하나님께서 무엇을 질문하시는지 아시는지요? 네가 이 세상에서 얼마나 고생했느냐? 하고 묻지 않습니다. 네가 이 세상에서 돈을 얼마나 벌었느냐? 하고 묻지도 않습니다. 그때 묻는 질문은 '네가 얼마나 사랑했느냐?' 하고 묻습니다.

바라기는 올해는 사랑을 통하여 참 행복을 발견하는 놀라운 한 해가 되기를 바랍니다. 사랑은 여러분들의 보는 눈을 변하게 하고 이 세상을 천국으로 만드는 기적을 낳습니다. 사랑은 우리로 하여금 매일 매일을 하나님과 동행하여 살게 해주십니다. 그러므로 경천애인하면서 살기를 축원합니다.

네가 무엇을 보느냐?

(렘1:11-19)

사람은 무엇을 보느냐에 따라 그의 생각의 방향이 결정되고 그 생각의 방향에 따라 그 사람의 삶이 결정됩니다. 그래서 무엇을 보느냐는 것은 대단히 중요합니다. 여러분들은 지금 무엇을 보고 있습니까? 지금 여러분들이 보고 있는 것에 따라 여러분들의 미래의 방향이 결정될 것입니다.

성경을 보면 인간의 범죄도 보는 것에서 출발하고 있음을 볼 수 있습니다. 창 3:6절에 하와가 "선악과를 '보니' 먹음직도 하고 보암 직도 하고"라고 하였고, 창 6:2절에 인간 문화의 혼잡을 이렇게 묘사하고 있습니다. "하나님의 아들들이 사람의 딸들의 아름다움을 '보고' 자기들의 좋아하는 모든 자로 아내로 삼는지라."

그러나 봄으로써 살게 된 경우도 있습니다. 출 12:13절을 보면 "내가 피를 볼 때에 너희를 넘어가리니" 즉 유월절 어린양의 피를 보시고 이스라엘을 구원하시겠다는 말씀입니다. 민 21:8절에 이스라엘 백성들이 하나님과 모세를 원망하자 하나님은 저들에게 불 뱀을 보내어 이스라엘 백성을 물게 하여 많이 죽게 하였습니다. 그러자 놋뱀을 장대에 달고 "물린 자마다 보면 살리라"고 하였습니다. 이것은 지금도 마찬가지입니다. 십자가를 믿음의 눈으로 보면 삽니다. 보아서 죄짓고 죽는 경우도 있지만 보아서 살게 되는 경우도 있다는 말입니다. 문제는 무엇을 보느냐에 따라 모든 것이 결정됩니다. 그러면 여러분들은 지금 무엇을 보고 있습니까? 한번 자신에게 물어보기를 바랍니다. 그러면 먼저 예레미야 선지자는 무엇을 보았는지 살펴보고 우리가 볼 것을 생각해 보려고 합니다. 예레미야는 두 가지를 보았습니다. 이것은 다 환상 중에 본 예언적 성격을 가집니다.

1. 대답하되 살구나무 가지를 보나이다(11절)

살구나무란 히브리어로(Shaqed)로서 '지키다', '깨어 있다', '보다'는 뜻입니다. 팔레스틴의 모든 나무들이 다 동면하고 있을 때 1월 하순경에 제일 먼저 꽃이 피는 것이 바로 살구나무입니다. 그래서 살구나무를 '깨우는 나무'라고 부르기도 합니다. 그러면 이 살구나무의 계시는 무엇인가요? 크게 두 가지입니다.

(1) 하나님의 말씀은 반드시 지킨다는 뜻

즉 그의 언약은 반드시 지켜진다는 것입니다.

(2) 항상 살피심

하나님은 항상 깨어 계시면서 모든 것을 살피신다는 말입니다.

시 12:4절에 보면 "이스라엘을 지키시는 자(하나님)는 졸지도 주무시지도 않는다"고 하였습니다. 그래서 아론의 싹난 살구나무 지팡이는 하나님이 함께 계셔서 지키신다는 의미를 가지고 있습니다. 이것은 오늘날 우리에게도 마찬가지입니다. 우리는 하나님과의 언약을 지켜야 하며 또 항상 깨어 있어야 합니다. 마 24:42절을 보면 "그러므로 깨어 있으라. 어느 날에 너희 주가 임할는지 너희가 알지 못 함이니라"고 하였습니다.

2. "끓는 가마를 보나이다"(13절)

끓는 가마의 내용이 14절에 나옵니다. "재앙이 북방에서 일어나 이 땅의 모든 거민에게 임하리라." 이것은 유다왕국에게 미칠 재앙이요 유다 백성의 우상숭배에 대한 하나님의 심판이며 하나님께서 그들의 죄악에 대한 징계의 수단을 말씀하신 것입니다. 이것은 구체적으로 말해서 바벨론의 느브갓네살이 유다왕국을 멸망시킬 것을 말씀한 것입니다.

(1) 심판이 오기까지

그러나 이 가마가 끓기까지는 많은 시간이 소요된다. 이처럼 하나님의 심판은 갑자기 오는 것이 아닙니다. 하나님은 많은 인내 후에 오게 하십니다.

(2) 갑자기 옴

그러나 일단 가마가 끓으면 갑자기 넘쳐난다고 하였다.

(3) 북방에서 옴

다음으로 중요한 것은 북방에서 끓는 가마가 온다는 점입니다.

가마가 오는 이유가 무엇인가요? 16절에 "나의 심판을 베풀어 그들의 모든 죄악을 징계하리라" 즉 유다 왕국이 우상을 숭배하였으므로 하나님께서는 징계를 하신다는 말씀입니다.

3. 하나님의 강한 보호

그러나 18-19절에 보면 "견고한 성읍, 쇠기둥, 놋 성벽"이 있다고 하였다. 이것은 예레미야에 대한 하나님의 철저한 보호를 상징하는 말씀입니다. 즉 하나님은 예레미야를 지키는 난공불락의 요새가 되어 그를 방해하는 사람들에게 그를 지켜주신다고 말씀하신 것입니다.

지금 여러분들은 무엇을 보고 있습니까? 세상의 쾌락이나 안일함만 보고 있지 않은지요? 그러나 전 1:8절에 "눈은 보아도 족함이 없고"라고 하였습니다. 세상의 쾌락은 참 만족이 없다는 말입니다. 살구나무의 경고를 잊지 말아야 합니다. '지키라', '깨어라'는 경고의 살구나무를 보아야 합니다. 그래서 하나님의 말씀을 지키지 않았던 과거의 죄를 회개하고 요나처럼 사명을 버리고 배 밑창에서 자는 영혼의 잠을 깨어 일어나야 합니다.

4. 우리는 무엇을 볼까?

(1) 견고한 놋 성벽이 되심

하나님께서 우리의 견고한 성읍이 되시며 쇠기둥, 놋 성벽이 되심을 볼 수 있어야 합니다. 문제는 우리가 우상숭배를 통하여 하나님께 대한 신뢰를 저버릴 때 그때 하나님은 우리를 치십니다. 그렇지 않는 한 하나님은 우리를 지켜주시는 견고한 성이 되십니다. 그래서 대하 20:17절에 "서서 너희와 함께 한 여호와가 구원하는 것을 보라"고 하였습니다.

(2) 하나님의 계시를 받아야

다음은 모세가 떨기나무에 불이 붙었으나 타지 않는 것을 보고 사명을 받은 것처럼 지금도 우리를 부르시는 하나님의 계시를 보아야 합니다.

(3) 하나님의 경고를 알아야

예레미야가 보았던 살구나무와 끓는 가마를 보아야 합니다.
하나님의 경고를 보지 않으면 결국 우리는 이스라엘처럼 망합니다.

(4) 회개하고 기도해야

왕하 20:5절에 하나님께서 히스기야 왕에게 "내가 네 기도를 들었고 네 눈물을 보았느니라"고 하면서 그를 15년이나 생명을 연장시켜주었습니다. 그러므로 우리는 마음을 찢고 우리의 눈물을 보시기 원하시는 하나님 앞에서 회개하자. 이것이 민족이 사는 길이요 내가 사는 길입니다.

맺는말

마 11:8절에 예수님께서 책망한 구절이 나옵니다. "너희가 무엇을 보려고 광야에 나갔더냐? 하시면서, 이제 우리는 자신에게 물어봅시다. 나는 지금 무엇을 보고 있는가? 우리가 보는 것에 따라 우리의 운명이 결정되기 때문입니다. 그러므로 볼 것을 보고, 보지 말 것은 보지 말아야 합니다. 영원한 것, 아름답고 선한 것을 보고 위를 보면서 살며 더럽고 추한 것을 동물처럼 땅을 보면서 사는 우리가 되지 않아야 합니다.

네가 나와 함께 낙원에 있으리라

(눅23:39-43)

마 27:44절과 막 15:32절에 보면 예수님의 십자가 좌우에 못 박힌 두 강도가 처음에는 다 예수님을 욕하고 비난했다고 하였습니다.

"네가 그리스도가 아니냐, 너와 우리를 구원하라."

이것은 조소하는 말입니다. 실제로 구원하라는 말이 아니라 우리를 탈옥하도록 하지 못하는 자가 어떻게 그리스도일 수가 있느냐?는 조롱인 것입니다. 우리는 이 강도들의 죄를 구체적으로 알지 못합니다. 다만 이들이 강도죄로 사형을 당했다는 점만 알 뿐입니다. 그러나 중요한 것은 그 두 사람 중에 한 사람은 회개했다는 점입니다. 이것은 두 가지의 중요한 교훈을 줍니다.

1. 회개에는 늦는 법이 없다

첫째로 회개는 절대로 너무 늦은 법이 없다는 것입니다. 생명이 살아있는 한 "이제는 너무 늦었어"라고 해서는 안 된다는 말입니다. 하나님이 늦지 않았다는데 왜 우리가 늦었다고 하는가? 그래서 자살은 죄 중에서 가장 무서운 죄입니다. 왜냐하면 그것은 이제 너무 늦었어 하고 속단하는 것이기 때문입니다. 그러나 여기서 우리는 또 하나의 다른 교훈을 얻습니다. 그것은 회개는 너무 늦은 법이 없지만 그러나 회개는 쉽지 않다는 것입니다. 그래서 우리는 기회가 있을 때 회개해야지 기회가 지나가면 그 때는 실제로 어려워진다는 것을 기억하고 기회가 있을 때 즉 자유롭게 살아 있을 때 회개하지 않는 것을 두려워해야 합니다.

2. 회개한 강도의 신앙

(1) 하나님의 존재, 하나님의 권능, 하나님의 섭리를 인정

"하나는 그 사람을 꾸짖어 가로되 네가 동일한 죄를 받고서도 하나님을 두려워아니하느냐?"(40절). 이것은 하나님의 존재를 인정했을 뿐 아니라 하나님의 심판의 권능을 믿고 그의 섭리를 인정하는 고백인 것입니다. 그리고 "하나님을 두려워 아니하느냐?"란 말은 다른 죄 외에 하나님을 비방하는 죄를 더 추가하려고 하느냐는 무서운 책망입니다.

(2) 그는 자신의 비열함과 죄인 됨을 고백함(41절).

"우리는 우리의 행한 일에 상당한 보응을 받는 것이 이에 당연하거니와". 즉 죽어 마땅한 죄인이라는 것을 고백했으니 이 얼마나 아름다운 회개인가요?

(3) 그리스도의 무죄하심과 위대하심을 고백함(41절).

"이 사람의 행한 것은 옳지 않은 것이 없느니라." 제자리를 벗어난 것이 아무것도 없다는 말입니다. 그러나 그의 신앙은 여기서 끝나지 않았습니다.

(4) 천국을 믿음(43절).

"예수여 당신의 나라에 임하실 때에 나를 생각하소서". 여기서 '당신의 나라'란 말은 예수님의 메시야적 통치뿐만 아니라 미래에 있을 심판을 의미합니다. 다시 말해서 그는 하나님 나라를 믿었습니다. 이것은 굉장한 신앙입니다. 오늘날 소위 신자들 가운데 천국을 믿지 않는 사람이 얼마나 많습니까? 그러나 이 강도는 하나님 나라를 믿었습니다.

(5) 강도의 겸손한 간구

자신을 구원해 달라든지 함께 있어 달라든지 하는 간구는 감히 하지 못하고 다만 생각하소서 즉 기억해 달라고만 간구했습니다. 그러나 주님은 이 가련한 강도의 간구를 사랑으로 응답하셨습니다.

3. 회개한 강도에게 주신 주님의 응답

(1) 오늘 당장 응답

먼 미래에 축복해줄 것을 간구했으나 주님은 "오늘 네가 나와 함께 낙원에 있으리라" 바로 '오늘' 응답하시겠다고 하였다.

(2) 나와 함께하리라는 응답

강도는 단순히 "나를 생각하소서"라고 간구했으나 주님은 "나와 함께 있으리라"고 응답하셨습니다. 그렇습니다. 주님은 반드시 응답하십니다. 그래서 마 7:7-9절에서 말씀하시기를 "구하라 그러면 너희에게 주실 것이요 찾으라 그러면 찾을 것이요 문을 두드리라 그러면 너희에게 열릴 것이니 구하는 이마다 얻을 것이요 찾는 이가 찾을 것이요 두드리는 이에게 열릴 것 이니라"고 했습니다.

그러면 여기서 나와 함께란 말의 뜻은 무엇인가요? 그것은 무덤에 함께 있겠다는 말도 아니고 연옥에 함께 있을 것이라는 말도 아니고 낙원에 함께 있을 것이라는 말입니다.

그러면 낙원이란 어떤 곳인가요? 본래 낙원이란 말은 페르샤 말로서 어떤 중간적 상태를 말한 것이 아니라 천국의 축복 자체를 의미합니다. 페르샤 말인 낙원이란 말은 본래는 담장이 둘러쳐진 공원이나 유원지를 말하였습니다. 신약에는 본문 외에는 두 번 이 단어가 사용되고 있는데 하나는 고후 12:4절이고 다른 하나는 계 2:7절입니다. 고후에 보면 2절에서는 '하늘'이라는 단어를 사용하고 있고 4절에서는 '낙원'이란 단어를 사용하고 있습니다. 따라서 낙원이란 말은 하늘, 혹은 천국의 동의 어입니다. 결코 서로 다른 단어가 아닙니다. 계 2:7절에는 "낙원에 있는 생명나무"라고 한 것을 보아 생명나무가 있는 곳 특히 천국을 의미하고 있습니다.

4. 강도가 회개하게 된 동기

(1) 하나님을 경외

40절에서 하나님을 두려워 아니하느냐고 한 것을 보면 그는 비록 강도이기는 했으나 하나님의 살아계심과 그에 대한 두려움을 갖고 있었던 것을 볼 수 있습니다. 사실 하나님은 롬 1:19-20절의 말씀대로 하나님을 알만한 것을 우리들 안에 보여주셨습니다. 그의 영원하신 신성을 그가 만드신 만물 속에 분명히 보여주시고 있습니다. 자연과 양심은 바로 하나님의 손자국이요 음성입니다. 강도는 비록 죄인이기는 했으나 이 양심은 살아 있었던 것입니다.

(2) 사죄의 은총

강도는 예수님께서 눅 23:34절에서 "아버지여 저희를 사하여 주옵소서 자기의 하는 것을 알지 못함이니이다."라는 말씀을 듣고 주님의 사죄의 은총을 보았습니다.

(3) 장엄한 죽음

게다가 그는 주님께서 십자가에서 죽으시는 조용하고도 장엄한 모습이 메시야의 죽음이요 구세주의 죽음인 것을 발견했습니다.

(4) 그의 마음속에 성령께서 역사하심

인간에게 양심이 있고 또 하나님께서 자연을 통하여 일반계시를 보여주시지만 그러나 이것만으로는 구원의 역사는 나타나지 않습니다. 성령께서 역사하실 때 영안이 열려지고 주님을 믿게 됩니다. 우리에게도 강도에게 주신 축복이 넘치기를 축원합니다.

네 자녀에게 부지런히 가르치라

(신6:4-9)

　5월은 가정의 달이요 청소년의 달입니다. 오늘은 어린이 주일이기 때문에 신명기에 있는 말씀을 중심으로 '네 자녀에게 부지런히 가르치라'는 제목으로 함께 은혜를 나누려고 합니다.

　본문의 말씀은 흔히 '쉐마=Shemah'라고 합니다. 그것은 히브리어로서 '들으라'는 뜻으로 본문의 첫 글자를 따서 그렇게 부르는 것입니다. 우리는 최근 들어 유대인들의 교육방법을 많이 배웁니다. 그것은 세계에서 유대인들의 교육방법이 가장 우수하기 때문입니다. 유대인은 세계인구의 0.2%이지만 노벨 수상자의 15%가 유대인이고 미국의 가장 우수한 대학의 교수 중에 30%가 유대인이기 때문입니다. 20세기의 가장 위대한 아인슈타인이 유대인이고, 심리학자인 프로이드가 유대인이고, 작가인 토마스 만이 유대인이고, 정치가인 키신저나 지휘자인 반슈타인이 바로 유대인입니다.

　이처럼 유대인들이 우수한 것은 그들이 머리가 좋아서가 아니고 부모들의 교육방법이 위대하기 때문입니다. 저는 아이큐가 100정도입니다. 그러나 미국에서 공부할 때에 유대인 학생에게 떨어진 적이 없었습니다. 그런데 그들이 우수한 것은 쉐마의 말씀을 가슴에 담고 살기 때문입니다. 그들은 나라 없이 지내는 오랜 세월 '사람이 살아 있는 동안 뺏

어갈 수 없는 것은 지식뿐이다'라는 것을 배웠기 때문입니다.

그러면 유대인들의 위대한 교육방법은 무엇일까요? 그것은 바로 쉐마입니다. 그래서 유대인들은 이 본문을 기록해서 벽에 붙여두고 '메추자'(Mezuzah)라고 부릅니다. 두 손가락 두 개만한 크기인데 집에 들어갈 때 나갈 때 이것을 손으로 만지면서 하나님의 말씀을 상고하고 묵상하는 것입니다.

1. 큰 병을 앓는 현대사회

먼저 우리가 알아야 할 것은 지금 현대사회는 큰 병을 앓고 있다는 점입니다. 전쟁, 범죄, 정신장애, 가정파괴, 폭력, 학대 등 이루 헤아릴 수 없이 많습니다. 이것은 바로 부모들의 교육 실패에서 온 것입니다. 이것을 우리는 먼저 깨닫고 인식해야 합니다. 우리는 어떻게 하면 일류 대학에 들어가느냐, 어떻게 하면 일등을 하느냐, 콩쿠르 입상은 어떻게 해야 하나, 어떻게 빨리 출세를 하느냐, 어떻게 남을 이기느냐 등등에만 관심을 가지고 있습니다. 그러나 더 중요한 문제는 무엇을, 그리고 왜 가르치느냐 입니다. 이것이 보다 근본적인 것입니다.

옛날에는 유교적 가정교육을 하였습니다. 가정마다 그래도 (가훈)이란 것이 있었고 삼강오륜으로 교육하여 왔습니다. 그러나 지금의 가정은 모든 교육을 학교에 맡기고 또 학교는 지식전달만 하여 왔기 때문에 지금 우리 사회는 가치관이 전혀 서 있지 못합니다. 물론 기독교가 우리 사회에 25%나 점유하고 있으나 그 영향력에 있어서는 일제 때보다 오히려 뒤떨어진 상태입니다.

2. 쉐마의 내용은 무엇인가?

사람의 뇌세포는 140억 개나 됩니다. 이것이 얼마나 잘 작용하느냐에 따라 천재냐 천치냐가 결정됩니다. 그런데 이 뇌세포가 잘 작용하려면 뇌세포에 많은 가지가 생겨나야 하는데 이것을 수상돌기라고 부릅니다. 즉 뇌의 세포가 주위에 있는 다른 세포들과 서로 얽혀야 합니다. 이렇게 해서 뇌의 활동이 이루어집니다. 그런데 중요한 것은 뇌의 세포가 3살 전에 70%가 이루어진다는 점입니다. 그래서 '세 살적 버릇이 여든까지 간다'는 말은 영원한 진리입니다.

　(예화) 1920년에 인도의 칼카타에서 110킬로미터 떨어진 땅굴에서 8세, 1세난 여자 아이를 발견하였습니다. 인도에서는 살기가 힘들기 때문에 아이들을 종종 내버리는 일이 있습니다. 그런데 이 아이들은 우리 사회에 적응을 하지 못하여 작은아이는 일 년 만에, 큰아이는 9년 만에 죽었습니다. 그런데 여기서 발견한 것은 인간의 아이도 짐승 속에서 자라면 짐승이 된다는 점이었습니다. 이 늑대 아이들은 네 발로 기어 다녔고 물건을 손으로 쥐지 않고 입을 사용하였고 음식이나 물은 개같이 핥아 먹었습니다. 네 발로 뛸 때 얼마나 빠른지 개처럼 빨라 사람이 따라갈 수 없을 정도였다고 합니다. 결국 인간은 인간 속에서 자라야 한다는 것입니다. 그래서 우리 격언에 '말은 낳으면 제주도로 보내고 사람은 낳으면 서울로 보내라'고 하였습니다. 유대인들이 위대한 것은 이것을 잘 알고 어려서부터 신앙교육을 바로 하고 있다는 것입니다. 그것이 바로 '쉐마' 교육입니다.

　우리 교회가 영아부를 만든 것은 바로 이 이유 때문입니다. 저는 우리 영아부 어린이들 가운데 한국을 지배하는 위대한 인물들이 많이 배출될 것을 믿습니다. 아직도 영아부에 아이들을 보내지 않으신 분들은 지금도 늦지 않았습니다. 빨리 보내시기를 바랍니다. 심지어 불신자들도 자녀교육을 위해서, 또 타교회 교인들도 그곳에서 예배 보고 우리

영아부로 보내고 있는데 우리 성도들 가운데 안 보내고 있다면 참으로 안타까운 일입니다. 돈을 내는 것도 아니고 그냥 데려만 오면 됩니다. 그래서 세계적인 인물을 만드시기 바랍니다. 아이들의 교육은 태어나면서부터 시작해야 합니다. 말을 할 때는 이미 그만큼 늦었습니다.

그러면 이제 쉐마의 내용을 구체적으로 살펴보겠습니다.

첫째로 하나님은 오직 한 분이시라는 것입니다.

폴 틸릭은 하나님을 궁극적 관심이라고 표현했습니다. 즉 인간은 우리를 지으신 한 분 하나님에게만 궁극적 관심을 가지라는 것입니다. 바다를 항해할 때 나침판을 꼭 가지고 다니는 이유는 그 방향을 잃지 않기 위해서입니다. 우리 인생은 길가는 나그네와 같습니다. 따라서 방향을 잃지 말아야 합니다. 초점이 바로 되어 있어야 합니다. 성경은 인생의 초점은 바로 하나님이라고 말씀하고 있습니다. 그래서 쉐마에서는 하나님은 오직 한 분이시라고 선언하고 있습니다.

둘째로 이 한 분 하나님을 사랑하라고 하였습니다. 그 이유는 이 하나님은 다른 그 무엇과 비교할 수 없는 분이기 때문입니다. 하나님을 사랑하라는 말은 하나님을 마음속 중심에 모시라는 뜻입니다. 그에게만 관심을 가지라는 것입니다. 그 만을 귀히 여기라는 것입니다. 그러면 왜 하나님을 마음속 깊이에 모셔야 합니까? 그것은 이 하나님은 우리를 창조하셨고, 또 우리를 돌보고 계시고 또 앞으로 우리를 심판하실 분이시기 때문입니다. 철학이 philosophy 즉 지혜를 사랑하는 것이라면 종교란 우리를 창조하신 하나님을 사랑하는 것입니다. 여기서 가치관이 형성되고 세계관이 형성됩니다.

셋째로 이 삶의 원리를 마음에 새길 뿐 아니라 자녀들에게 부지런히 가르치라는 것입니다. 마음에 새긴다는 것은 소중하게 생각하여 마음 깊숙이 간직한다는 것입니다. 여기서 중요한 것은 부지런히 가르치라는 것입니다. 그러면 누가 부지런히 가르치라는 것입니까? 이것은 바로 부모님들에게 주신 사명이기 때문입니다. 우리 부모님들은 아이들에게 몸에 좋은 것은 많이 사서 먹입니다. 일류대학에 보내기 위하여 몰래바이트를 해가면서 과외공부를 시킵니다. 그런데 자녀의 신앙교육을 위해서는 전혀 힘쓰지 않습니다. 중고등부를 보면 부모님들이 자녀들을 보내지 않는 경우를 볼 수 있고, 야 가까운 교회에 가서 예배나 보고 오라고 하기도 합니다. 이 얼마나 무책임한 일입니까? 유대인들이 자녀 교육에 성공하는 것은 신앙교육을 철저히 하기 때문입니다. 이들은 이것을 보다 구체적으로 하기 위해서 안식일을 강조하였습니다. 안식일은 하나님의 창조기념일입니다. 하나님께서 우리의 창조자가 되는 것을 잊지 않기 위해서 지키는 날입니다. 마찬가지로 신약시대에 와서는 주일을 거룩하게 지켜야 합니다. 만약 우리가 이 주일을 거룩하게 지키지 않으면 예수님이 우리의 삶에 주가 되신다는 것을 잊고 맙니다. 죄가 무엇입니까? 그것은 바로 하나님을 잊어버리는 것입니다.

넷째로 이 말씀을 부지런히 가르치는 구체적인 방법으로 집에서, 길에서 혹은 잠자기 전에, 아침 새벽에 일어나서 이것을 강론하라고 하였습니다. 심지어 손목과 미간에 붙이고 다녔으며 문설주에 메추자를 붙이고 다녔습니다. 유대인들이 2천 년이 넘도록 나라가 없으면서도 그 민족이 없어지지 않은 것은 바로 이 신앙교육 때문입니다. 개인도 국가도 이 신앙교육이 바로 되어 있어야 어떤 역경에서도 견디어낼 수가 있습니다.

3. 자녀들에게 바른 신앙교육을 하였을 때 오는 결과

첫째로 24절 하반 절에 보면 "이는 우리로 우리 하나님 여호와를 경외하여 항상 복을 누리게 하기 위함이니" 즉 항상 복을 누리게 됩니다.

어쩌다가 복을 누리는 것이 아니라 항상 누리는 것입니다.

둘째로 25절에 "그것이 곧 우리의 의로움이니라 할지니라" 사람이 사는데 가장 중요한 것은 어떻게 하면 하나님 앞에서 의롭게 서느냐 입니다. 그런데 그것은 인간의 배움을 통해서 되는 것도 아니고, 수양을 통해서 되는 것도 아니고 오직 신앙교육을 통해서 이루어진다는 것입니다.

5월은 가정의 달이요 오늘은 특별히 어린이주일입니다. 우리의 자녀들이 부모에게는 자랑감이요 교회에서는 하나님의 일꾼이요 사회에서는 없어서는 안 될 인물들이 다 되기를 주님의 이름으로 축원합니다. 그러려면 하나님은 오직 한 분이시요 오직 그만을 사랑하며 이것을 자녀들에게 항상 부지런히 가르치는데 있습니다. 이런 귀한 축복이 여러분과 함께 하시를 다시 한 번 주님의 이름으로 축원합니다.

네 손에 있는 것이 무엇이냐?

(출4:1~9)

모세의 생애는 바로의 공주 아들로 40년, 미디안 광야에서 목자로서 40년, 이스라엘의 정치적, 종교적 지도자로서 40년, 도합 120년이었습니다. 오늘은 그가 이스라엘의 지도자로서 쓰임 받게 될 때의 일을 중심으로 함께 은혜를 나누려고 합니다.

하나님은 모세를 쓰시기 위해 그에게 먼저 겸손 공부부터 시키셨습니다. 왜냐하면 하나님에게 쓰임 받는 데는 첫째가 겸손이기 때문입니다. 사울도 겸손할 때는 이스라엘의 왕으로 쓰셨지만 교만해질 때에는 하나님께서 버리셨습니다. 모세는 바로의 공주의 아들로 궁전에 있는 동안, 그는 많은 학문을 배웠습니다. 그래서 자신이 지도자의 자격이 있다고 착각했습니다. 한번은 같은 동족인 히브리 사람이 애굽 사람에게 매 맞는 것을 보고 쳐 죽인 뒤에 모래 속에 감추어 두었습니다. 그러나 세상에 비밀은 없는 법입니다. 그 일은 소문에 소문을 통하여 탄로 나고 말았습니다. 모세는 하는 수 없이 미디안으로 도망을 갔습니다. 마침내 이드로의 양 무리를 치면서 그곳에서 십보라와 결혼하여 아들도 낳게 되었습니다. 이렇게 40년을 지나는 동안 교만하던 모세는 마침내 낮아질 데로 낮아졌습니다. 바로 이때에 하나님은 모세를 부르신 것입니다.

어느 날 호렙산에 이르렀을 때였습니다. 모세는 이상한 장면을 보았습니다. 떨기나무에 불이 붙었으나 이상하게 타지를 않습니다. 그 이유를 알기 위해서 돌이킬 때에 하나님의 음성이 들려온 것입니다. "너의 선 곳은 거룩한 땅이니 네 발에서 신을 벗으라." 그러면서 부르신 분의 신분을 밝혀주었습니다.

"나는 네 조상의 하나님이니 아브라함의 하나님, 이삭의 하나님, 야곱의 하나님이니라."

그러면 타지 않는 떨기나무는 무엇을 의미하는 것일까요? 크게 세 가지의 의미를 가지고 있습니다. 첫째는 하나님의 모습을 보여줍니다. 다시 말하면 천한 떨기나무에 붙은 불은 천한 인생에게 나타내주시는 하나님의 영광과 능력을 보여줍니다. 하나님의 영광은 불처럼 환합니다. 하나님의 능력은 불처럼 강합니다. 둘째로 이 타지 않는 떨기나무는 고통의 용광로를 통과하면서도 타지 않는 이스라엘을 상징합니다. 이스라엘만큼 주변 강대국의 침략을 받으면서 고통을 당한 나라도 없습니다. 그러면서도 이들은 계속해서 하나님의 뜻을 어기면서 불순종했습니다. 자기가 죽지 못하고, 성결하게 타버리지 않았습니다. 셋째로 이 타지 않는 떨기나무는 모세에 대한 예표입니다. 비록 그는 비천한 목자이지만 하나님의 도우심으로 아무도 끌 수 없는 불이 될 것을 보여주신 것입니다. 그러면 이제 본문을 통하여 세 가지로 살펴보려고 합니다.

1. 모세에게 질문하신 하나님

하나님이 모세에게 물으신 질문은 "네 손에 있는 것이 무엇이냐?"는 것입니다. 이것은 정말 유치한 질문입니다. 어린애라도 보면 알 텐데 그러나 전능하신 하나님이 모세에게 물으신 것입니다. 당시 세계 최고의 문화의 중심지인 애굽의 궁전에서 40년간 교육을 받은 모세에게 하나님이 물으신 질문은 어떤 굉장한 학문적, 철학적 질문이 아니고, 네 손에 있는 것이 무엇이냐 하는 단순한 질문이었습니다. 그러나 이것은 당시 좌절감에 빠져있는 모세에게 자신감을 불어넣기 위한 질문이었습니다. 이때의 모세에게는 하나님은 전능하신 분이시고 그 하나님이 역사의 주관자요 또 그가 자기와 함께 계신다는 것을 확신하는 것으로 족했습니다. 아니 그것이 꼭 필요했습니다. 그래서 하나님은 모세에게 네 손에 있는 것이 무엇이냐고 물으신 것입니다.

2. 네 손에 있는 것이 무엇이냐는 질문의 뜻

다음은 네 손에 있는 것이 무엇이냐는 질문의 뜻을 살펴보겠습니다.

우리 하나님은 우리에게 사명을 맡기실 때에 없는 것을 요구치 않습니다. 다만 가지고 있는 것을 사용하라고 하십니다. 예를 들어서 다윗을 사용하실 때에는 그가 가지고 있는 물맷돌을 사용했습니다. 이스라엘이 엘라 골짜기에서 블레셋과 싸울 때에 사울이 다윗에게 그의 갑옷과 칼을 주었습니다. 그러나 이것은 나의 것이 아닙니다. 사울의 것입니다. 인간은 없을 때에는 남에게 빌려 쓰지만 하나님은 우리에게 주신 것, 바로 그것을 원합니다. 절대로 없는 것을 요구하지 않습니다.

성경의 예를 보면 베드로를 부르실 때에는 베드로가 가진 그의 배를 사용하여 그것을 강대상으로 삼고 많은 군중들에게 복음을 전하였던 것입니다. 그러나 바울을 부르실 때에는 그의 학식을 이용하셨습니다. 배를 요구치 않았습니다. 왜 그렇습니까? 하나님은 우리가 가진 것을 이용하시기를 원하시기 때문입니다. 없는 것을 절대로 요구치 않습니다. 여호수아를 부르실 때에는 그의 손에 있는 검을 하나님은 이용하셨습니다. 이제 하나님께서 모세를 부르실 때에도 그가 목자로서 늘 가지고 다니는 지팡이를 사용하기를 원하셨던 것입니다. 그래서 네 손에 있는 것이 무엇이냐고 물으신 것입니다.

그러면 모세가 가지고 있는 지팡이는 도대체 무엇입니까? 모세가 가지고 있는 지팡이는 목자가 양을 칠 때에 흔히 가지고 다니는 길고 튼튼한 나무 막대기입니다. 정말 보잘 것 없는 것입니다. 이 지팡이는 뭐 굉장한 장식품이 있는 것도 아니고 예쁘게 다듬어진 예술품도 아니고 아주 초라한 나무 막대기입니다. 그러나 하나님은 이 지팡이를 통하여 열 가지의 재앙을 일으키는 권능을 나타내셨습니다. 이처럼 하나님은 그것이 비록 보잘 것 없는 것이라도 이미 가지고 있는 것을 이용하여 역사합니다. 고전 1:27절 이하의 말씀대로 하나님은 미련한 것들을 택하여 지혜 있는 자들을 부끄럽게 하시고, 약한 것들을 택하사 강한 것들을 부끄럽게 하시고, 천한 것들, 없는 것들을 택하사 잘난 것, 있는 것들을 꾀하시는 하나님이 십니다. 바로 이 진리를 하나님은 모세의 지팡이를 통하여 나타내기를 원하셨던 것입니다.

그러면 하나님께서 모세의 지팡이를 통하여 나타내시기를 원하는 것은 무엇이었습니까?

첫째는 하나님께서 모세를 보내셨다는 것을 이스라엘 백성들로 하여금 알게 하는데 있었습니다. 두 번째는 하나님이 모세와 함께 하신다는 것을 확신시키는 데 있었습니다. 사실 하나님의 권능은 사명감과 확신이 만나게 될 때에 일어납니다. 모세에게 나타난 것이 바로 그것입니다. 본래 모세는 나그네였습니다. 도망자였습니다. 또 천한 직업인 목자였습니다. 그러나 하나님은 그를 입법자로 삼으셨고, 지도자로 부르셨고, 이스라엘의 구원자로 만드셨던 것입니다. 이것이 바로 하나님의 방법입니다.

3. 네 손에 있는 것이 무엇이냐고 또 물으심

지금도 네 손에 있는 것이 무엇이냐고 질문하시는 하나님을 살펴보겠습니다. 네 손에 있는 것이 무엇이냐? 이 질문은 지금도 우리에게도 똑같이 하십니다. 각자 가진 것이 다 다를 것입니다. 어떤 사람은 물질이 있고, 또 어떤 사람은 기업이 있고, 또 어떤 사람은 지식이 있습니다. 그런데 또 어떤 사람에게는 내놓기가 부끄러운 보잘 것 없는 것이 있습니다. 그러나 믿음으로 내놓을 때 이것은 큰 역사를 이룹니다. 예를 들어서 오병이어의 기적을 보십시오. 보리떡 다섯 개와 물고기 두 마리는 어린아이의 점심입니다. 당시 노동자들의 점심입니다. 그러나 믿음으로 주님에게 바쳐질 때에 이것은 오천 명을 먹이는 이적을 일으켰습니다. 중요한 것은 값이 얼마나 비싸냐? 얼마나 귀한 것이냐가 아닙니다. 비록 천하고 하찮은 것이라 해도 믿음으로 주님에게 바치면 하나님은 바로 이것을 사용하셔서 그의 권능을 나타내십니다.

여러분, 여러분들이 가장 유용하게 입는 옷은 어떤 옷입니까? 값비싼 외제 옷입니까? 아니지요. 값싼 보잘 것 없는 집에서 입는 옷입니다. 저도 늘 그런 옷을 즐겨 입습니다. 가장 많이 애용합니다. 참으로 유용한 것은 값비싼 것이 아닙니다. 하나님에게 있어서도 그렇습니다. 하나님은 보잘것없는 것, 하찮은 것, 그러나 믿음으로 바친 것을 하나님은 원하십니다. 이것을 들어 큰 이적을 나타내십니다. 아멘.

오래전 세계적인 바이올린 연주자인 파가니니에게 일어난 일입니다. 파리에서 연주를 하게 되었는데 이것이 그의 파리에서의 첫 공연이었습니다. 콧대 높은 귀족들이 어디 보자 하고 잔뜩 모여들었습니다. 그런데 그날따라 불운이 겹쳤습니다. 막 연주를 시작하는데 줄이 하나 뚝 끊어졌습니다. 그러자 사람들은 기다리기라도 했다는 듯이 우-하고 조소하며 소리를 질렀습니다. 그러나 노련한 파가니니는 당황하지 않고 나머지 세 줄로 다시 연주를 시작했습니다. 그러나 엎친 데 덮치는 격으로 이번에는 두 개의 줄이 동시에 끊어졌습니다. 큰 낭패가 아닐 수 없었습니다. 마지막 한 줄만 남았기 때문입니다. 그러나 파가니니는 혼신의 힘을 다해 하나의 줄로 전 악장을 훌륭히 연주했습니다.

바로 이것이 신앙인의 자세입니다. 없는 것을 불평하지 않고 있는 것을 선용하는 것입니다. 있는 것을 감사하고 그것을 최선을 다해 사용할 때 기적은 일어납니다. 믿습니까?

우리는 많은 것을 가져야 많은 일을 할 수 있다고 착각합니다. 그렇지 않습니다. 역사를 통하여 볼 때에 인류를 위해서 큰일을 한 사람들은 많은 것을 가진 사람이 아니고 자기 손에 있는 것을 믿음으로 하나님께 내어맡길 때, 그러면서 하나님, 원하는 대로 사용하여 주십시오 하고 믿고 헌신할 때 큰 결과가 나타났던 것입니다. 저는 폴란드의 바웬사를 참 좋아합니다. 그가 신자이기 때문만은 아닙니다. 야루젤스키와 비교하는 것은 참 재미있습니다. 한 사람은 손에 망치밖에 없습니다. 그러나 다른 한 사람은 모든 것을 가진 사람입니다. 권력과 군대가 그의 손에 있습니다. 그러나 그 나라를 움직이는 것이 누구입니까? 아무것도 가진 것이 없는, 있다면 망치밖에 없는 바웬사입니다. 여러분, 교회를 움직이는 것이 누구입니까? 당회장입니까? 당회원입니까? 아니면 돈 있는 몇몇 사람들입니까? 아니면 소위 배웠다는 지성인들입니까? 아무도 아닙니다. 교회는 비록 가진 것이 없지마는 믿음으로 주님, 내 모든 것을 맡깁니다 하고 헌신한 이름 없는 사람들입니다. 하나님이 사용하시는 것은 바로 이 헌신한 사람들입니다. 이들을 통해 역사는 창조되고, 이들을 통해 우리 교회는 움직여질 것입니다.

이제 설교를 마치려고 합니다. 지금 여러분들의 손에 무엇이 있습니까? 초라해 보입니까? 하찮은 것입니까? 아니면 굉장한 보배가 있습니까? 비록 그것이 값비싼 보배라 해도 하나님께 바쳐지지 않은 것은 큰 역사를 이루지 못합니다. 문제는 믿음으로 하나님께 바쳐진 것이어야 합니다. 한 알의 밀이 땅에 떨어져 죽을 때에 많은 열매를 맺습니다. 그러므로 이제 여러분들의 손에 있는 지팡이 같은 보잘 것 없는 것이라 해도 그것을 믿음으로 사용하시기 바랍니다. 그러면 여러분, 일생일대에 큰 역사를 이루실 줄을 믿습니다.

이제 여러분들의 손에 있는 지팡이 같은 보잘 것 없는 것을 통해 믿음으로 말미암아 하나님의 권능을 나타내시기를 주님의 이름으로 축원합니다.

네 얼굴을 보게 하라

(아2:14)

아가서는 한 마디로 말해서 솔로몬과 술람미 여자와의 사랑을 통해서 하나님과 성도들의 사랑과 그 관계를 어떻게 가져야 할 것인가를 보여주는 책입니다.

8-13절까지는 술람미 여자가 자기 자신에게 한 말이고 14절은 솔로몬이 술람미 여자에게 한 말입니다. 이 시간에는 14절의 솔로몬이 술람미 여자에게 한 말을 중심으로 함께 은혜를 나누기를 원합니다.

1. 솔로몬은 술람미 여자를 "나의 비둘기"라고 부름

마 10:16절에 보면 "비둘기같이 순결하라"는 말씀이 나옵니다. 왜 성도들을 비둘기에 비유하고 있을까요? 그것은 비둘기는 온유하고 남을 해하지 않고, 정결하고 깨끗한 먹이만 먹기 때문입니다. 그래서 비둘기는 성전에서 희생 제물로 사용하기도 합니다.

이 말씀은 성도들은 비둘기처럼 순결해야 한다는 것을 가르쳐줍니다. 사실 죄 많은 세상에서 순결하게 산다는 것은 쉽지 않습니다. 그것은 내 힘으로 되는 것이 아닙니다. 하나님께서 그렇게 만들어 주십니다. 엡 1:4절에 이런 말씀이 나옵니다. "창세전에 그리스도 안에서 우리를 택하셔서 우리로 사랑 안에서 그 앞에 거룩하고 흠이 없게 하시려고." 내 힘으로 순결케 되는 것이 아니라 우리를 택하신 하나님께서 우리를 예수 그리스도의 피로 정결케 만들어 주십니다. 우리는 다만 그것을 받기만 하면 됩니다. 내가 할 것은 아무것도 없습니다. 그냥 받기만 하면 됩니다. 그런데 많은 사람들은 어떻게 미안해서 그냥 받느냐 내가 무엇인가 해야 되지 않겠느냐 이렇게 생각하고 무엇인가 하려고 합니다. 이것은 교만입니다. 나는 아무것도 할 수 없는데 왜 무엇을 하려고 합니까? 구원의 하나님의 은혜로 주신 선물입니다. 선행도 필요 없고 무엇을 바칠까 등 갚으려고 하는 것은 범죄한 인간들의 교만입니다. 그러면 그냥 받는다는 말은 무엇인가요? 믿음의 손으로 감사함으로 받는 것을 말합니다. 예수님께서 내 죄를 대신해서 십자가에서 죽으셨는데 왜 고민합니까? 그렇게도 주님의 말씀을 믿을 수 없다는 말씀인가요?

2. 비둘기가 살아야 할 곳은?

14절 초두에 "바위 틈 낭떠러지 은밀한 곳에 있는 나의 비둘기"라고 했습니다. 즉 성도들은 바위 위에 근거지를 두어야 합니다. 그러면 바위는 무엇을 상징할까요? 고전 10:4절에 보면 "그 반석은 곧 예수 그리스도시라"고 했습니다. 왜 성도는 예수 그리스도 안에서 살아야 하나요? 비둘기는 독수리 같은 무서운 새가 습격하여 오면 바위 구멍에 숨어서 피합니다. 렘 48:28절에 "모압 거민들아 너희는 성읍을 떠나 바위 사이에 거할지어다. 깊은 골짜기에 깃들이는 비둘기같이 할지어다"라고 했습니다. 문제는 우리가 모압 사람들처럼 성읍을 의지하고 거기서 안전을 구합니다. 그러나 성경은 성읍을 떠나라고 하였습니다. 성읍이 무엇인가요? 권력이고 지식이고 세상입니다. 우리는 성읍을 떠나 바위 틈 낭떠러지 은밀한 곳 즉 주님의 품에 피하여야 합니다. 그래서 고라의 자손은 시편 46:1-3절에서 이렇게 고백했습니다. "하나님은 우리의 피난처시오 힘이시니 환난 중에 만날 큰 도움이시라. 그러므로 땅이 변하든지 산이 흔들려 바다 가운데 빠지든지 바닷물이 흉용하고 뛰놀든지 그것이 넘침으로 산이 요동할지라도 우리는 두려워 아니하리로다. "세상에 땅이 변하는 것, 산이 바다 가운데 빠지는 것보다 더 큰 사건이 어디 있습니까? 그러나 피란처 된 하나님을 의지하면 해결해 주신다고 하였습니다. 그래서 우리 성도는 주님 품으로 피해야 합니다.

3. 비둘기가 바위에 숨는 이유

비둘기가 바위에 숨는 것은 두려움 때문이며 적을 자기의 힘으로는 감당할 수 없기 때문입니다. 그런데 본문에 "나로 네 얼굴을 보게 하라"면서 우리를 초청하십니다. 왜 그런가요? 첫째로 죄악을 벗게 해주시려고, 영광의 찬송을 부르게 해주시려고, 하늘의 기쁨을 맛보게 하시려고, 영광의 주님을 보게 하려고 부르십니다. 또 사랑을 나누어 주기 위해서입니다. 우리를 격려하기 위해서입니다. 그러므로 우리의 얼굴을 주님에게 보여드려야 합니다.

(예화) 자녀들이 너무 바빠서 부모님들을 찾아뵙지 못할 때가 있습니다. 그럴 때면 반대로 부모님들이 찾아오시곤 합니다. 왜 그럴까요? 자녀가 너무나 보고 싶기 때문입니다. 사랑을 주고 싶기 때문입니다. 만나 봤자 무뚝뚝하고 때로는 소리나 꽥꽥 지르는 아들인데도 보고 싶어 합니다. 그것이 부모의 사랑입니다. 이것은 하나님과 우리의 관계도 마찬가지입니다.

그러면 우리의 얼굴을 보이게 하려면 어떻게 해야 하나요?

첫째로 망사를 벗어야 합니다. 당시 유대인들은 여자들이 얼굴에 망사를 쓰고 다녔습니다. 그것은 다른 남자들에게서 유혹을 피하고 남편에게만 얼굴을 보이기 위해서입니다. 그러나 남편에게는 망사를 벗어야 합니다. 왜냐하면 망사는 남편과의 사랑을 나누는데 방해가 되기 때문입니다. 그러면 우리의 망사는 무엇인가요? 체면이란 망사입니다. 한국 문화는 체면 문화입니다. 집의 구조를 보아도 보이기 위해서 짓지 편리를 위해서가 아닙니다. 손님에게 음식을 차려도 먹는 것은 한두 가지인데 체면 때문에 많이 차립니다. 그러나 하나님 앞에서는 이것이 큰 방해가 됩니다. 찬송을 해도 기도를 해도 체면 때문에 형식에 치우쳐서 방해가 됩니다.

둘째로 우리의 얼굴을 보이려면 가까이 가야 합니다. 우리는 너무 가깝게 가는 것을 싫어하는 습관이 있습니다. 그것이 아담이 범죄한 후부터 시작된 것입니다. 아담이 숨지 않았습니까? 그래서 오늘도 보십시오. 예배 때 사람들은 가깝게 앉는 것을 피합니다. 자기의 신분이 드러나는 것이 싫고 적극적으로 개입하면 손해를 볼 가능성이 많기 때문입니다. 그래서 적당한 거리를 유지 하려고 합니다.

셋째로 떠나 있지 말아야 합니다. 떠나 있으면 얼굴을 볼 수가 없습니다. 떠난다는 것은 죄를 의미합니다. 왜 하나님께서 주일성수를 원하는지 아십니까? 자꾸만 떠나 있으려고 하기 때문에 의무적으로라도 하나님께서 만나게 한 것입니다. 히 4:16절 말씀대로 "그러므로 우리가 긍휼하심을 받고 때를 따라 돕는 은혜를 얻기 위하여 보좌 앞에 담대히 나아갈 것 이니라."고 했습니다.

다음은 그 음성을 듣게 하라고 하였습니다. 어떤 음성인가요?

첫째는 찬양의 음성이고 둘째는 기도의 음성이고 셋째는 전도의 음성입니다.

맺는말

아가서에는 "내 사랑하는 자"란 말이 32번 나옵니다. 하나님께서 네 얼굴을 보게 하라고 하시는 것은 은혜의 보좌 앞으로 우리를 불러서 풍성한 복을 주시기 위해서입니다. 그러므로 성경은 말씀합니다. "보라 지금은 은혜 받을 만한 때요 보라 지금은 구원의 날 이로다"(고후6:2). 그러므로 이 기회를 놓치지 말아야 합니다. 지금 은혜의 보좌 앞에 나아가 우리의 얼굴을 하나님께 보입시다. 비록 못생긴 얼굴이고 못난 얼굴이지만 내 모습 이대로 하나님께 나아가 큰 은혜 받는 여러분이 되시기를 주님의 이름으로 축원합니다.

나의 도움이 어디서 올꼬?

(시121편)

방금 봉독한 시편을 우리는 흔히 '순례자의 노래'라고 부릅니다. 그 이유는 바벨론에 포로로 잡혀가 있는 이스라엘 백성들이 예루살렘으로 여행하면서 부른 노래와 고백이 기록되어 있기 때문입니다. 사실 인생은 길가는 나그네와 같습니다. 어머니의 뱃속에서 응애하고 태어난 뒤부터 푸휴하고 숨을 몰아쉬며 죽는 순간까지 우리는 다 길을 가다가 죽습니다.

우리는 최근에 나라 경제사정이 좀 좋아지면서 많은 분들이 외국여행을 할 수 있는 기회를 가지고 있습니다. 그래서 돈 좀 있는 분들은 여행에 대해 큰 흥미를 가지고 있을 것입니다. 그러나 여행이란 언제나 즐겁기만 한 것은 아닙니다. 예를 들어 인도나 애굽이나 중동 같은 아주 무더운 나라를 여행해 본 사람은 여행이 매우 큰 곤욕이라는 것을 알게 될 것입니다. 우리는 이 시편의 저자가 누구인지 잘 모르나 그는 지금 그 뜨거운 나라에서 여행을 하고 있는 사람이라는 것을 기억해야 할 것입니다. 이런 사람들에게 가장 필요한 것은 도움입니다. 바로 그런 배경에서 이 시편을 읽어야 우리는 그 뜻을 이해할 수가 있습니다.

1. 인생은 여행하는 나그네

본문이 가르쳐주는 첫 번째 교훈은 저와 여러분들도 인생이란 여행을 하고 있는 길가는 나그네입니다. 요즈음처럼 더울 때 여행을 한다면 얼마나 고달프겠습니까? 그러나 기억해야 할 것은 중동 지역은 이것보다 몇 배나 더 덥고 메마른 곳입니다. 더구나 그곳에는 사막이 많습니다. 바로 그런 인생을 우리는 지금 여행하고 있는 것과 같은 것입니다.

2. 인생이 당하는 고통

사막과 같은 세상을 사는 우리에게 다가오는 고통은 어떤 것이 있나요?

(1) 가시밭길 같은 세상에서 실족

3절에 이 세상은 잘 실족한다고 하였습니다. 실족한다는 말은 발을 잘못 디디어 추락하는 것을 말합니다. 우리는 가끔 설악산의 등반대원들이 실족하여 죽는 경우를 볼 때가 있습니다. 이 세상도 마찬가지입니다. 바위와 같은 큰일들이 우리를 가로막을 때가 있습니다. 그것을 넘어서려다가 우리는 실족하기도 합니다. 또 가시밭과 같이 고난이 다가오는 경우도 있습니다. 또는 미끄러워 넘어지기도 합니다. 그것이 바로 이 세상입니다.

(2) 졸지도 말고 자지도 말라

3절 하반절에 이 세상은 잘 존다고 하였습니다. 제가 최전방에서 근무할 때의 일이었습니다. 그러지 않아도 무서운데 빈 총을 주면서(지금은 안 그렇지만) 선임자가 보초 서는 것을 혼자에게 맡기면서 '졸면 죽는다. 알았나?' 하는 말만 남기고 갔습니다. 얼마나 무섭고 떨었는지 모릅니다. 등반하는 사람들도 추울 때는 졸면 죽는다고 하면서 손톱으로 자신을 꼬집으면서 잠을 깨우는 경우가 있다고 합니다. 그것이 바로 세상입니다. 사탄은 우리가 잠자는 것을 가장 좋아합니다. 특히 영적으로 잠자는 것을 좋아합니다. 즉 기도를 안 하는 것, 교회출석을 안 하는 것, 신앙생활 안 하는 것, 이런 것들이 다 자는 것입니다.

(3) 우리를 상하게 하는 것

6절에 보니 낮의 해와 밤의 달이 우리를 상하게 하는 곳이 바로 이 세상입니다. 사막의 여행은 해로 인해 일사병에 걸리는 것은 물론이고 밤의 추위로 얼어 죽는 경우도 있습니다. 풀핏 주석에 보니 낮의 해를 공개적인 위험으로, 밤의 달을 숨은 위험으로 묘사하고 있는 것을 볼 수 있습니다. 사실 이 세상에는 우리에게 누구나 다 볼 수 있는 가운데 임하는 위험이 있고 아무도 모르는 가운데 임하는 위험도 있습니다. 종류야 어쨌든 우리에게는 많은 위험이 항상 도사리고 있는 것입니다.

(4) 출입이 위험한 세상

출입이 위험한 이 세상에는 항상 도사리고 있습니다. 어디로 가야 하고 어디로는 가지 말아야 하는지의 몸의 출입, 무엇을 목적하고 살아야 하는지의 마음의 출입, 돈을 어떻게 벌고 또 어떻게 써야 하는지의 돈의 출입, 무엇을 배우고 무엇을 배우지 않아야 할지의 지식의 출입 등등 우리에게는 많은 출입의 문제가 놓여 있습니다. 그것이 성공의 여부를 결정하고 우리의 모든 것을 결정해 줍니다.

3. 고통과 역경, 고난과 슬픔의 극복

사람들은 당하는 고통과 역경, 고난과 슬픔 등을 극복하기 위해 어떻게 하나요?

(1) 1절의 말씀대로, 산을 향하여 눈을 든다

산은 이방인들이 그들의 신들을 모시고 있는 그런 산들입니다. 다시 말하면 많은 우상들을 의지합니다. 소화불량증으로 죽은 석가를 의지하기도 하고 이 세상일도 다 모르는데 죽은 뒤의 일을 어떻게 알겠느냐고 말한 공자를 의지하기도 합니다. 심지어 있지도 않았던 신화의 산물인 단군을 의지하기도 합니다. 또 부모의 죽은 넋을 의지하기도 합니다. 이런 저런 우상들을 사람들은 의지하는 것입니다. 이 얼마나 어리석은 인생들인가요? 그러나 행 4:12절은 분명하게 말씀합니다. "다른 이로서는 구원을 얻을 수 없나니 천하 인간에 구원을 얻을만한 다른 이름을 우리에게 주신 일이 없음이니라."

(2) 산이란 열강의 뜻으로도 해석

일절의 산이란 말은 때로는 열강의 뜻으로도 해석되기도 합니다.

그러나 우리나라는 과거에 사대주의 때문에 언제나 문제가 되었습니다. 그래서 해방 후에 이런 말이 유행하였습니다. "소련에 속지 말고 미국을 믿지 말라, 일본은 일어난다. 조선아 조심하라." 그래서 최근 대학가에서는 일본의 경제적 식민지화를 경고하고 있고 미국의 간섭을 염려하는 지식층이 점차적으로 늘어가고 있습니다.

물론 유엔군들이 육이오 때 우리를 도와준 것은 사실입니다. 그러나 그것은 그 당시의 정치적 상황이 그것이 자유우방에 유익하다고 판단되었기 때문이고 지금은 그때보다 국제의 현상은 좀 더 실리주의 외교를 하고 있습니다. 그래서 미국이 언제 우리를 포기할는지도 모릅니다.

(3) 소위 민족주의

그래서 생긴 것이 소위 민족주의입니다. 자기 자신의 힘을 믿는 것입니다. 물론 우리는 '유비무환'(有備無患)이란 말대로 항상 준비를 해야 하지만 자신을 믿는 것도 어리석은 것입니다. 자신의 연약함을 알아야 그가 참으로 지혜로운 사람입니다.

(4) 창조주 여호와를 의지

그러나 2절의 말씀대로 천지를 지으신 여호와를 의지하는 자가 가장 지혜로운 사람입니다.

4. 하나님은 어떤 분이신가

도대체 하나님은 어떤 분이기에 그를 의지할 때 모든 문제를 해결할
수 있습니까?

(1) 창조주의 능력

하나님은 천지를 지으신 창조주이십니다. 저와 여러분들의 생명을 지
으신 하나님이십니다.

(2) 보호자 하나님

항상 우리를 눈동자와 같이 보호하시는 분이십니다. 당시 이방의 신
들은 예를 들면 바알신 같은 이방신은 계절적으로 긴 잠을 잔다고 믿었
습니다. 그것은 바알신에게 기도를 드리고 제사를 드려도 응답지 않는
데서 온 개념입니다. 그러나 하나님은 그런 신이 아니십니다. 그는 항
상 보호해주시는 분이십니다.

(예화) 옛날 터키에 어떤 가난한 부인이 살고 있었습니다. 그런데 한
번은 이 여자가 술탄, 즉 왕에게 와서 자기의 분실한 물건을
배상해달라고 요구하였습니다. 하도 이상해서 왕은 어떻게 해
서 물건을 분실했는지 이유를 물었습니다. 그러자 여자는 대
답하기를 제가 잠이 들었기 때문입니다. 그럼 왜 잠을 잤느
냐? 아 그거야 왕께서 항상 깨어 계실 줄 알고 그랬죠 하고
대답했다는 것입니다. 왕은 그 대답이 하도 기특하여서 물건
값을 다 변상하도록 하였다고 합니다.

과연 이 세상에서 누가 잠을 자지 않고 우리를 지켜줄 수 있겠습니
까? 아무도 없습니다. 하나님 외에는 아무도 없습니다.

(예화) 여러 해 전에 디라는 선장이 리버풀에서 뉴욕까지 배를 운행
하고 있었습니다. 한번은 그의 가족도 태운 채 항해를 하고

있었는데 밤에 갑자기 회오리바람이 불어서 배위에 움직일만한 모든 것이 다 바람에 날려서 바다에 빠지고 말았습니다. 잠자던 손님들은 다 깨어 일어났고 혼란이 일어났습니다. 이제는 다 죽었구나 하고 절망하고 있었습니다. 그런데 이 배에는 디 선장의 딸이 타고 있었는데 사람들의 떠드는 소리에 잠에서 깨어 일어났습니다. 사람들이 야 회오리바람이 분다. 조심해라 하고 소리치자 그 선장의 딸이 물었습니다. 갑판에 아빠가 있어요? 그래 물론 있지. 그랬더니 그 딸은 얼굴에 아무런 두려움도 없이 베개를 들고 다시 침대로 가서 갔다고 합니다.

사랑하는 성도 여러분들이여, 우리의 선장되시는 예수님께서 지금 갑판에서 우리의 배를 운전하고 계시다는 것을 믿으시기 바랍니다. 그렇다면 왜 우리는 두려워하고 벌벌 떨고 있습니까? 문제는 우리의 믿음이 없기 때문입니다.

(3) 환난을 면케 하시는 하나님

다음으로 하나님은 어떤 분이신가요? 그는 7절의 말씀대로 "여호와께서 너를 지켜 모든 환난을 면케 하시며 또 내 영혼을 지키시리로다." 하신 말씀 대로 환난을 면케 하시고 또 우리의 영혼을 지켜주시는 분이십니다. 이것은 때로는 육체적 환난은 있을 수 있으나 우리의 영혼은 꼭 지켜주신다는 말입니다. 그러면 왜 하나님은 우리에게 육체적 환난을 그냥 허락하실까요? 이유는 그것이 군인들이나 선수들에게서처럼 하나의 훈련이 되기 때문입니다. 그래서 하나님은 훈련의 일환으로 육체적 환난을 허락하시지만, 그러나 우리의 영혼은 사탄이 손을 못 대도록 하시는 하나님이십니다. 예를 사도행전 27장에 보면 바울이 체포되어 이달리야로 가는 도중에 유라굴로라는 광풍이 일어나서 사람들이 살 가능성이 전혀 보이지 않았던 일이 있었습니다. 이때 바울이 하나님의 계시를 받고 이렇게 말하였습니다. "이제 안심하라, 너희 중에는 아무 손상이 없겠고 오직 배뿐이니라, 나는 내게 말씀하신 그대로 되리라고 하나님을 믿노라." 이것은 하나님께서 믿는 자들에게도 육체적 손상은 허락하실 때가 있으나, 그러나 그 영혼에게 손 하나 대지 못하도록 하신다는 것을 보여줍니다.

그러면 하나님께서 언제부터 언제까지 지켜주시는가? 8절에 그 해답이 나옵니다.

"여호와께서 너의 출입을 지금부터 영원까지 지키시리로다."

그러므로 어떤 역경이나 위기에서도 두려워 마시기를 바랍니다. 옛날 이성봉 목사는 그에게 죽음 같은 역경이 다가올 때 나 죽으면 하나님 손해야 하면서 그에게 사명이 남아 있는 동안은 하나님께서 그의 생명을 지켜주실 것을 확신하였습니다.

저는 그런 큰 믿음은 없으나 한 가지 믿는 것은 어떤 역경이 생기면 야아 이제 하나님이 큰 것 주시려고 그러는구나 하고 믿습니다. 그런 체험이 너무도 많기 때문입니다. 성도여, 그러므로 이제 믿으시기 바랍니다. 하나님이 여러분들의 그늘이 되시고 성곽이 되심을 믿으시기 바랍니다. 내가 산을 향하여 나의 눈을 들리라. 나의 도움이 어디서 올꼬? 나의 도움이 천지를 지으신 여호와에게서로다. 아멘.

네 길을 지도하시리라

(잠3:5-6)

　신미년의 새 아침이 밝아 왔습니다. 이제 지난해의 모든 쓰레기 같은 더러운 것들을 다 내어버리고, 새해의 밝은 미래와 기쁨이 여러분 가정 위에 넘치기를 진심으로 축원합니다.

　우리는 지난 한 해를 정말 살얼음 위를 걸어가는 것처럼 아슬아슬하게 보내었습니다. 페르샤 만에서의 전쟁의 위협은 어쩌면 그것이 아마겟돈 전쟁이 될는지도 모른다는 의미에서 대단히 중요한 의미가 있었습니다. 그러나 그 위기가 새해로 옮겨졌습니다. 참으로 이 역사만큼 복잡한 것도 없고, 어려운 것도 없는 것 같습니다. 바로 그런 뜻에서 우리는 하나님의 지도가 필요합니다. 마치 지뢰밭을 밟고 가는 것처럼 모든 게 아슬아슬 합니다. 그러나 이런 때 모든 것을 다 알고 계신 하나님의 지도를 받는다면 우리는 염려할 것이 전혀 없습니다. 이제 바라기는 여러분 모두가 다 하나님의 지도를 받을 수 있기를 축원합니다.

　우리가 또 하나님의 지도를 필요로 하는 이유는 미래에 대한 무지 때문입니다. 저나 여러분들은 내일 일을 알 수 없습니다. 내일 내가 어떤 일을 당할지, 내일 나에게 어떤 어려운 일이 다가올지 알 수가 없습니다. 바로 이 미래에 대한 무지 때문에 우리는 하나님의 지도를 받아야 합니다. 첫째는 인생의 복잡성 때문에 우리는 하나님의 지도가 필요하고, 둘째는 미래에 대한 무지 때문에 우리는 하나님의 지도가 필요합니다. 셋째로 우리가 하나님의 지도가 필요한 것은 해야 할 본분들을 바로 감당하기 위해서입니다. 우리는 다 자기 나름대로의 본분이 있습니다. 그러나 우리는 그 본분을 주신 하나님의 뜻을 모르고는 내 마음대로 생각하고 내 마음대로 해석하기 쉽습니다. 그런데 인생의 참 가치와 의미는 자기에게 맡겨진 본분을 바로 잘 감당할 때에 주어집니다.

어떤 가정에 아들이 하나 있었습니다. 부모님들은 비록 가난하지만 그 아이에게 큰 기대와 소망을 가지고 공부를 시키기 위해서 모든 고생을 기쁨으로 하였습니다. 그런데 갑자기 아들이 학교를 그만 두었습니다. 그 아이의 생각은 자기가 공부를 하지 않으면 부모님이 더 이상 고생을 하지 않을 것이라는 생각 때문이었습니다. 그러나 이것은 부모의 마음을 전혀 모르는 것입니다. 아들이 학교를 그만둠으로 인해서 부모들은 모든 소망이 사라지고 미래도 없어졌던 것입니다. 그러나 우리는 이 아들을 나쁘다고만 생각해서는 안 됩니다. 왜냐하면 우리의 생활이 하나님 앞에서는 언제나 그래 왔기 때문입니다. 내 생각대로 해서는 안 됩니다. 하나님의 뜻대로 해야 합니다. 그러려면 하나님의 지도하심이 꼭 필요합니다.

1. 하나님의 지도하심을 받으려면

저와 여러분들이 하나님의 지도하심을 받으려면 어떻게 해야 합니까? 본문의 말씀대로 범사에 하나님을 인정해야 합니다. 그러면 범사에 하나님을 인정한다는 말은 무슨 뜻입니까?

두 가지로 말씀드릴 수가 있습니다. 첫째는 부정적인 면에서 둘째는 긍정적인 면에서 말씀을 드리려고 합니다. 먼저 부정적인 면에서는 자신의 명철을 의지하지 않는 것입니다. 왜 그렇습니까? 네 가지의 이유가 있기 때문입니다.

① 우리는 너무 약하기 때문입니다. 튼튼한 청년들도 눈에 안 보이는 바이러스 균이 들어가니 병원에 입원하고 쓰러지는 것을 얼마든지 볼 수가 있기 때문입니다.

② 우리는 너무 변덕이 죽 끓듯 하기 때문입니다. 팥죽을 끓여 보셨습니까? 퍼덕퍼덕 가만히 있지를 않습니다. 그것이 바로 저와 여러분들의 마음입니다.

③ 우리는 무지해서 잘 속기 때문입니다.

④ 우리의 마음은 항상 악하기 때문입니다. 인간은 전적으로 타락하였기 때문에 좋아하는 것은 다 하나님의 뜻과 정반대라고 생각하면 틀림없습니다.

다음으로 중요한 것은 하나님을 범사에 인정하는 것입니다. 그것은 먼저 하나님의 지혜를 인정하는 것입니다. 그의 선하심을 인정하는 것입니다. 그가 우리를 감독해 주신다는 것을 인정하는 것입니다. 또 하나님은 우리와 맺은 언약을 절대로 변화시키지 않는다고 믿는 것입니다. 그리고 그의 왕 되심을 인정하는 것입니다. 그러면 하나님을 범사에 인정한다는 말의 구체적 뜻을 우리의 생활 속에서 살펴보겠습니다.

① 아무리 슬플 때에도 하나님께서 우리를 버리지 않고 인도하고 계심을 믿는 것입니다.

② 어떤 고난 속에서도 절망하지 않고 이것이 하나님이 주신 훈련이라고 믿는 것입니다.

③ 기쁨이 다가왔을 때에는 그것을 나의 공로로 돌리지 않고, 하나님의 은혜라고 믿고, 하나님의 은혜를 찬양하는 것입니다.

④ 어떤 문제에 부닥칠 때 자신의 힘으로 해결하려고 하지 않고 하나님과 의논하는 것을 말합니다.

⑤ 어떤 환경 속에서도 하나님의 권위 앞에 항복하고 그의 인도하심
   을 기다리는 것을 말합니다.
⑥ 모든 일에 자신에 대해서는 아니오 라고 말하고 하나님께는 예라
   고 항복하는 것입니다.
⑦ 전심으로 하나님만 믿는 것입니다.
⑧ 말씀에 의존하고, 기도 없이는 아무것도 하지 않는 것을 말합니
   다.
⑨ 하나님의 약속하심을 절대적으로 믿고 절대로 낙망하지 않는 생활
   을 말합니다.
⑩ 생의 목적을 오직 하나님의 영광만을 나타내는 것에 두고 신전의
   식을 가지고 사는 것을 말합니다.

2. 범사에 하나님을 인정할 때

범사에 하나님을 인정할 때에 하나님은 어떻게 우리를 지도하십니까?
먼저는 우리들에게 깨달음을 주십니다. 하나님의 뜻을 깨닫게 하고, 진
리를 깨닫게 하고, 무엇이 유익한지를 깨닫게 하고, 무엇이 하나님께
영광이 되는지 깨닫게 합니다.

① 이 깨달음은 양심을 통해서 오고, 영감된 가르침을 통해서 오고
   사건을 통해서 깨닫게 합니다.
② 하나님의 지도는 마음을 준비케 함으로 이루어집니다. 우리의 마
   음을 통해서 선한 것을 계획하게 합니다. 선한 것을 갈망하게 합
   니다. 주님의 뜻을 찾으려고 하고, 하는 일마다 하나님의 축복을
   받을 짓만 합니다.

사실 하나님은 준비된 마음에만 복을 주십니다. 아무리 하나님이 복
을 주시려 해도 우리가 마음 준비를 하지 않으면 절대로 주시지 않습니

다. 그러므로 우리는 항상 마음을 준비해야 합니다. 그러면 어떻게 우리의 마음을 준비할 수 있습니까? 마음은 그릇과 같아서 먼저 비워야 하고 다음은 채워야 합니다. 비운다는 것은 회개를 말합니다. 통회자복 하는 것을 말합니다. 다음은 채우는 일을 해야 합니다. 거기에는 네 가지 방법이 있습니다. 먼저 성경을 늘 상고합니다. 다음은 늘 기도를 합니다. 다음은 입을 열면 찬송이 떠나지 않습니다. 다음은 순종하는 생활을 통해서 우리는 마음을 준비할 수가 있습니다. 여러분 모두가 마음의 준비를 잘 해서 새해에는 더 많은 축복을 받기를 축원합니다.